盐铁论

[汉] 桓宽 著
刘子裕 译注

江苏凤凰文艺出版社
JIANGSU PHOENIX LITERATURE AND ART PUBLISHING

图书在版编目（CIP）数据

盐铁论 /（汉）桓宽著 ; 刘子裕译注. -- 南京 :
江苏凤凰文艺出版社, 2025. 3. -- ISBN 978-7-5594
-7266-3

Ⅰ. F092.2

中国国家版本馆 CIP 数据核字第 2024JG1034 号

盐铁论

[汉] 桓宽　著　刘子裕　译注

责任编辑　杨威威
产品监制　穆秋月　赵　月
策划编辑　苟　敏　刘　伟
封面设计　尛　玖
责任印制　杨　丹
出版发行　江苏凤凰文艺出版社
　　　　　　南京市中央路 165 号
印　　刷　天宇万达印刷有限公司
开　　本　880 毫米 ×1230 毫米　1/32
印　　张　15
字　　数　312 千字
版　　次　2025 年 3 月第 1 版
印　　次　2025 年 3 月第 1 次印刷
书　　号　ISBN 978-7-5594-7266-3
定　　价　58.00 元

前言

《盐铁论》是汉代的一部奇书。要深入了解这部书，还需从西汉时期的一场“盐铁会议”说起。

西汉初年，国家财政困难，民生凋敝。为了稳定统治，汉高祖刘邦采取减轻赋税、开放山泽、鼓励农业生产等措施，并对匈奴采取和亲政策。到汉文帝时期，政策更加宽松，允许民间铸钱、冶铁、煮盐，促进了商业繁荣，出现了“文景之治”。

到了汉武帝时期，国家虽强盛，但对匈奴的战争耗费了大量的财力。为了筹措军费，汉武帝采纳了桑弘羊等人的建议，实施了一系列经济政策，包括盐铁专卖、均输、平准、统一币制、酒类专卖等。尽管这些措施巩固了西汉政权，却给农业生产、中小工商业和百姓生活带来诸多不便，招致不满和反对。盐铁专卖和相关经济政策成为当时社会的重要议题。

汉昭帝时期，大司马大将军霍光下令召开盐铁会议。会议记录表明，当时的丞相田千秋、御史大夫桑弘羊与贤良之士、文学之士就西汉武帝时期的内外政策展开了激烈的辩论，尤其是关于盐铁官营、均输、平准等经济政策。会议持续了四个月，围绕这些问题展开了广泛讨论，被称为“盐铁会议”。

除了经济政策外，双方还讨论了其他重要议题，如对历史人物的评价、儒学价值、贫富原因、孝养父母、社会奢侈风气、官员贪腐、真假儒生、国家安全等。

阅读《盐铁论》时，需要破除认为这部书仅涉及盐铁等财经问题的误解。事实上，盐铁会议召开于武帝“多欲”之治导致社会矛盾尖锐之际，广泛探讨了当时的经济、司法、民族关系、民生、吏治、社会风俗、学术思想等问题，是一场“百科全书式”的辩论。

西汉宣帝时，汝南人桓宽根据盐铁会议的官方记录，详细整理了双方的辩论，写成《盐铁论》。全书共十卷六十篇，前四十一篇记录了会议上的正式辩论，后十八篇则是会后余谈，最后一篇是作者的后序。书中每篇采用对话文体，以生动的语言反映了当时的辩论情景，旨在总结治国的经验教训。

作为一部重点论述西汉财政经济的著作，《盐铁论》中的经济思想值得重视，主要体现在三个方面：

第一，义利之辩：贤良之士、文学之士认为人性本善，应重义轻利，而法家则认为，人性趋利避害。贤良、文学主张以礼义防民欲，反对盐铁官营政策，认为这是百姓贫穷的根源。桑弘羊则认为，趋利避害是人之本性，盐铁官营和均输、平准政策增加了财政收入，也便利了百姓。

第二，本末之辩：贤良之士、文学之士主张重本抑末，认为农业是根本，商业繁荣会导致农业荒废。桑弘羊则认为，本末并重有助于社会分工和商品流通，对经济发展有积极影响。

第三，贫富之辩：贤良之士、文学之士强调先富民、后富国，主张官府放权让百姓自由经营。桑弘羊则强调富国为先，认为国家富强，百姓自然富裕，并认为民众贫穷是因懒惰，政府补贴难以满足穷人。

《盐铁论》不仅在经济思想上有重要价值，还在其他方面具有深远意义。比如，在学术史方面，无论尊孔与否，双方都高度认同“五经”，并大量引用。这表明汉武帝的文化政策收效显著。贤良之士、文学之士高度重视孟子思想，推动了孟子在中国思想史上的地位提升。在社会史方面，书中提供了大量汉代下层社会风俗的史料，特别是《散不足》篇，详细记录了社会风俗的变化，弥补了正史的不足。另外，书中较完整地保留了桑弘羊的生平、思想和言论，是研究这位古代“理财家”的重要资料。

综上所述，《盐铁论》系统概括了社会各阶层的利益观和经济思想，是我国古代经济思想的重要组成部分。现代社会在处理经济问题时，可以从中汲取经验，正确处理个人、集体和国家利益之间的关系，建立正确的义利观和消费观，这对国家的富强和发展具有重要意义。

目录

卷一

卷二

卷五

卷六

卷九

卷十

卷一

本议第一

惟始元六年[①]，有诏书使丞相[②]、御史[③]与所举贤良[④]、文学[⑤]语。问民间所疾苦。

「注释」

① 始元六年：公元前 81 年。始元，汉昭帝年号（前 86—前 80）。

② 丞相：指当时的丞相田千秋，又称车千秋，战国田齐的后裔，汉武帝时被任命为丞相，封为富民侯。汉昭帝即位后，田千秋受遗诏辅政，其为人谨厚且持重，国家政事尽数由大将军霍光掌控。

③ 御史：指当时的御史大夫桑弘羊，汉武帝的顾命大臣之一，官至御史大夫。

④ 贤良：汉代选拔官吏的科目之一。汉文帝为询访政治得失，始诏举贤良方正能直言极谏者，中选者则授予官职。武帝时复诏举贤良或贤良文学。

⑤ 文学：汉代选拔人才的科目之一，指精通文献经典的人，多为底层文人。

「译文」

汉昭帝始元六年（前 81），皇帝颁发诏书，命令丞相田千秋、御史大夫桑弘羊同那些朝廷所察举的贤良之士、文学之士进行一场讨论，主题就是民间疾苦之事。

文学对曰："窃闻治人之道，防淫佚[①]之原，广道德之端，抑末利[②]而开仁义，毋示以利，然后教化可兴，而风俗可移也。今郡国有盐铁、酒榷[③]、均输[④]，与民争利。散敦厚之朴，成贪鄙之化。是以百姓就本者寡，趋末者众。夫文繁则质衰，末盛则本亏。末修则民淫，本修则民悫[⑤]。民悫则财用足，民侈则饥寒生。愿罢盐铁、酒榷、均输，所以进本退末，广利农业，便也。"

「注释」

① 淫佚：纵欲放荡。佚，通"逸"。

② 末利：中国历史上对经营工商业图利的贬称。

③ 酒榷（què）：天汉三年（前98），汉朝实行酒业官营，禁止私人经营。榷，专利，专卖。

④ 均输：西汉武帝时桑弘羊为调节物价、取得财政收入而采取的货物运销政策。元鼎二年（前115）实行。

⑤ 悫（què）：诚笃，忠厚。

「译文」

文学之士说："我听说管理天下的关键，在于防止纵欲放荡的源头，拓展道德的根基，要抑制工商业末利、发扬仁义之道，不要将利益展示给百姓，这样才能促使道德教化兴盛，那些粗陋的风俗也可以移除。然而，如今各个郡国都在实行盐铁官营、酒类专卖的政策，物品的收购和运输也都由官方所垄断，与百姓争夺利益。破坏了人们朴实忠厚的本性，养成贪婪卑鄙的风气。这就导致百姓中从事农业本分的人少，而去追逐工商末利的人多。如果形式繁华，那么本质就会衰弱，同样工商末利如果兴盛，那么农业之本就会受到损害。强化工商业只会使人们骄奢淫逸，而加强农业才能使民风淳朴敦厚。民风淳朴敦厚就会带来丰饶的财物，而民风奢侈就会令天下饥寒丛生。因此希望能废除盐铁专营、酒类专卖和均输官署等政令，从而促进农业根本、抑制工商末业，这对推广和兴盛农业是有益的。”

大夫曰：“匈奴背叛不臣，数为寇暴①于边鄙，备之则劳中国②之士，不备则侵盗不止。先帝哀边人之久患，苦为虏所系获也，故修障塞，饬烽燧③，屯戍以备之。边用度不足，故兴盐铁，设酒榷，置均输，蕃货④长财，以佐助边费。今议者欲罢之，内空府库之藏，外乏执备之用，使备塞乘城之士饥寒于边，将何以赡之？罢之，不便也。”

「注释」

① 寇暴：侵夺劫掠。

② 中国：中央之国，本指中原地区，此处指汉朝统治区域。

③ 烽燧（suì）：烽火，古代边防报警的烟火。

④ 蓄货：增加货物。

「译文」

御史大夫桑弘羊说："当下匈奴背叛朝廷，不愿臣服，并屡次侵夺劫掠我们的边境。如果防备他们，就会劳苦我们朝中将士；如果不加防备，匈奴就会不断侵扰。已故的武帝同情那些长期遭受匈奴之患的边境民众，苦于他们常被匈奴所俘获，因此修筑了边境的屏障要塞，修整了烽烟燧火，还派将士在边疆屯田戍守来防备匈奴。这就造成边防的用度开支不够，因而才兴办盐铁官营，设置酒类专卖，实行均输官署的政策，用这种方法来增加财货物资，以补助边防的费用。而现在你们却要废除这些政策，那样的话，对内会令国库空虚，对外则造成防守用度的缺乏，如果使那些守卫边塞、登城防守的将士挨饥受寒，朝廷还拿什么来供养他们呢？因此废除这些政策，是不行的。"

文学曰："孔子曰：'有国有家者，不患贫而患不均，不患寡而患不安。'[①]故天子不言多少，诸侯不言利害，大夫不言得丧[②]。畜[③]仁义以风之，广德行以怀之。是以近者亲附而远者悦服。故善克者不战，善战者不师，善师者不阵。修之于庙堂，而折冲[④]还师。王者行仁政，无敌于天下，恶用费哉？"

「注释」

① 语见《论语·季氏》。国指诸侯国。家指卿大夫采邑。

② 得丧：得与失。

③ 畜：通“蓄”，蓄积，培养。

④ 折冲：使敌方的战车折返，意谓抵御、击退敌人。

「译文」

文学之士说：“孔子曾经说过：‘那些有国的诸侯和有家的大夫，不害怕财富少，而是害怕财富分配不均，不害怕人口少，而是害怕人心不安。’因此天子不去谈论多少，诸侯不去计较利害，大夫不去算计得与失，而是用培养仁义的方式来教化民众，用推广道德的方式来安抚民众。所以使得近处的民众亲近并归附他们，远处的民众也心甘情愿地服从他们。因此那些善于克敌的并不依赖于战斗，善于战斗的并不依赖于军队，善于率领军队的并不依赖于阵法。只要在朝堂上修明政治，就能使敌人的战车折返，从而不战而退。只要圣明的君主推行仁政，天下就没有敌人了，还用得着什么费用呢？”

大夫曰：“匈奴桀黠①，擅恣②入塞，犯厉③中国，杀伐郡、县、朔方都尉，甚悖逆不轨，宜诛讨之日久矣。陛下垂④大惠，哀元元⑤之未赡，不忍暴士大夫于原野。纵难被坚执锐，有北面复匈奴之志，又欲罢盐铁、均输，扰边用，损武略，无忧边之心，于其义未便也。”

「注释」

① 桀黠（jié xiá）：凶悍而狡猾。

② 擅恣：任意，放肆。

③ 犯厉：侵害。

④ 垂：敬辞，多用于上对下的动作。此处意为施与。

⑤ 元元：庶民，众民。

「译文」

御史大夫桑弘羊说："匈奴凶悍狡猾，恣意入侵边塞，侵犯中原，杀害朔方等郡县的官吏，悖理叛逆、图谋不轨的情况十分严重，早就应该去出兵讨伐。只因皇帝降下大恩大惠，怜惜百姓们并不富足，也不忍将士们征战于荒野。可你们这些人不仅没有身披铠甲、手执武器到北方去抗击匈奴的志气，还要废除盐铁官营和均输官署的政策，扰乱边防的供用，损害军事的战略，丝毫没有担忧边境安危的心思，这在道义上是很不妥当的。"

文学曰："古者，贵以德而贱用兵。孔子曰：'远人不服，则修文德以来之。既来之，则安之。'今废道德而任兵革，兴师而伐之，屯戍而备之，暴兵露师[①]，以支久长，转输粮食无已，使边境之士饥寒于外，百姓劳苦于内。立盐铁，始张利官[②]以给之，非长策也。故以罢之为便也。"

「注释」

① 暴兵露师：将军队暴露在边塞原野。

② 张利官：设立主管财利之官，指盐官、铁官、均输官等。

「译文」

文学之士说："自古以来，都崇尚以德服人，而鄙视武力争伐。孔子说过：'远方的人如果不服从，那就修治文德教化以感召他们前来归附。如果来归附了，就要把他们安抚好。'可如今却不用道德感化而使用武力，出动军队去征伐，屯田戍守防备，陈兵于边塞原野，以支撑长期的征战，不间断地向前线输送粮食，使得在外的边境将士忍饥受寒，在内的百姓劳苦备战。兴办盐铁官营，设置主管财利的官员来提供边境的补给，这并不是长久之计，因此还是废除盐铁专营比较妥当。"

大夫曰："古之立国家者，开本末之途，通有无之用，市朝以一其求[①]，致士民，聚万货，农商工师各得所欲，交易而退。《易》曰：'通其变，使民不倦。'故工不出[②]，则农用乏；商不出，则宝货绝。农用乏，则谷不殖[③]；宝货绝，则财用匮。故盐铁、均输，所以通委财[④]而调缓急。罢之，不便也。"

「注释」

① 一其求：统一调剂社会需求。

② 出：生产。

③ 殖：繁殖，增产。

④ 通委财：流通积压的货物。

「译文」

御史大夫桑弘羊说："古代建立国家的人，都要开辟农业和工商业之途径，以方便人们互通有无。他们设立集市，统一调剂社会各方面的需求，招来士人和平民，聚集各种货物，农人、商贾、工匠、军人都能在这里得到各自所需的东西，互相交换后就各自回家。《易经》上说：'让它变化畅通，才能使人们不怠倦。'因此，如果工匠不生产，就会导致农具缺乏；商人不经营，就会导致物资短缺。农具缺乏，粮食就不能增产；物资短缺，财用就会匮乏。所以实行盐铁官营和均输法，就是为了流通积压的货物、调节缓急的需要。废除，是不妥当的。"

文学曰："夫导民以德，则民归厚；示民以利，则民俗薄。俗薄则背义而趋利，趋利则百姓交于道而接于市。老子曰：'贫国若有余。'非多财也，嗜欲众[①]而民躁也。是以王者崇本退末，以礼义防民欲，实菽粟[②]货财。市商不通无用之物，工不作无用之器。故商所以通郁滞[③]，工所以备器械，非治国之本务也。"

「注释」

① 嗜欲众：欲望众多。

② 菽（shū）粟：豆和小米。泛指粮食。

③ 通郁滞：流通积压的货物。

「译文」

文学之士说：“以道德引导民众，那么民风就会淳朴敦厚；用利益诱导民众，那么民风就会薄情寡义。薄情寡义就会使民众违背道义而追逐利益，若以追逐利益为目标，百姓们就会奔走往来于道路上和集市中。老子曾说过：‘贫困的国家似乎还有多余的财富。’其实并不是财富多，而是人们的欲望太多而且民心浮躁的缘故。所以圣明的君王重农抑商，用礼义来节制民众的欲望，充实粮食与货物。集市上的商人不贩卖无用的商品，工匠不制作无用的器具。因此，商人只是流通积压的货物，工匠只是准备工具器械，这并非治国的根本要务。”

大夫曰：“管子云：‘国有沃野之饶而民不足于食者，器械不备也。有山海之货而民不足于财者，商工不备也。’陇、蜀之丹漆旄羽，荆、扬之皮革骨象，江南之柟梓竹箭，燕、齐之鱼盐旃裘[1]，兖、豫之漆丝絺纻，养生送终之具也，待商而通，待工而成。故圣人作为舟楫之用，以通川谷，服牛驾马，以达陵陆；致远穷深，所以交庶物[2]而便百姓。是以先帝建铁官以赡农用，开均输以足民财；盐铁、均输，万民所载仰[3]而取给者，罢之，不便也。”

「注释」

① 旃（zhān）裘：同“毡裘”。古代西北少数民族用兽毛制成的衣服。

② 交庶物：交换各种货物。

③ 载仰：依赖。

「译文」

御史大夫桑弘羊说：“管子说过：‘国家有肥沃富饶的土地，但民众却吃不饱，那是因为农具器械不完备。有山林河海的各种特产，但民众却没有足够的财物，那是因为工商业不完备。’陇西郡、蜀郡的朱砂、树漆、旄牛尾、鸟羽，荆州、扬州的皮革、兽骨、象牙，江南的楠木、梓木、竹子、箭竹，燕齐之地的鱼、盐、毛毡、皮袄，兖州、豫州的树漆、丝绸、细葛布、粗麻布，这些都是养育生者、葬送死者所需要的物品，它们需要商人去流通各地，需要工匠去制作加工。因此上古圣人制作了船、桨，用来通行江河峡谷，驾驭牛马，以到达丘陵平原；到达边远地区，深入穷乡僻壤，就是为了交易各种货物，便利百姓。所以已故的武帝设置铁官，以满足农业生产之用，实行均输政策来满足民众对财物的需求；盐铁官营和均输的政策，被百姓所依赖，是百姓取得给养的来源。废除它们，是不妥当的。”

文学曰：“国有沃野之饶而民不足于食者，工商盛而本业荒也；有山海之货而民不足于财者，不务民用而淫巧[①]众也。故川源不能实漏卮[②]，山海不能赡溪壑。是以盘庚[③]萃居[④]，舜藏黄金，高帝[⑤]禁商贾不得仕宦，所以遏贪鄙之俗，而醇至诚之风也。排困[⑥]市井，防塞利门，而民犹为非也，况上之为利乎？传曰：‘诸侯好利则大夫鄙，大夫鄙则士贪，士贪则庶人盗。’[⑦]是开利孔为民罪梯[⑧]也。”

「注释」

① 淫巧：过于奇巧而无益之物。

② 漏卮（zhī）：渗漏的酒器。

③ 盘庚：商代国君，名旬，汤第九世孙。阳甲之弟，继阳甲即位。

④ 萃（cuì）居：聚众而居。

⑤ 高帝：指汉高祖刘邦。

⑥ 排困：排斥，抑制。

⑦ 语出西汉史学家刘向的《说苑·贵德》。

⑧ 罪梯：犯罪的阶梯。

「译文」

文学之士说：“国家有肥沃富饶的土地，但民众却吃不饱，那是工商业兴盛而农业荒废的缘故；有山林河海的各种特产，但民众却没有足够的财物，那是因为不追求民众的实际需要，而过于追求精巧无益之物。所以大河的水装不满渗漏的酒杯，山林河海的物产填不满溪谷沟壑。所以盘庚聚民而居，帝舜深藏黄金，高祖皇帝禁止商人做官，都是为了遏制贪婪卑鄙的习俗，培养淳朴诚实的民风。排斥和限制市井商人，堵塞追求利益的途径，都会有人为非作歹，更何况在上位的官员带头谋利呢？《公羊传》里说：‘如果诸侯好利，那么大夫就会卑鄙；如果大夫卑鄙，那么士人就会贪婪；如果士人贪婪，那么庶人就会偷盗。’这是打开求利的门路，为民众提供犯罪的阶梯啊。”

大夫曰：“往者，郡国诸侯各以其方物贡输，往来烦杂，物多苦恶[①]，或不偿其费。故郡国置输官以相给运，而便远方之贡，故曰均输。开委府[②]于京师，以笼[③]货物。贱即买，贵则卖。是以县官不失实，商贾无所贸利，故曰平准[④]。平准则民不失职，均输则民齐劳逸。故平准、均输，所以平万物而便百姓，非开利孔而为民罪梯者也。”

「注释」

① 苦恶：质量低劣。

② 委府：储积物资的官署。

③ 笼：收罗，掌握。

④ 平准：西汉武帝时桑弘羊为调节物价、取得财政收入而采取的商业经营政策。元封元年（前 110）实行。

「译文」

御史大夫桑弘羊说：“在以前，各个郡国的诸侯都要把当地的特产作为贡品运输到京城，这些往来既麻烦又复杂，而且那些货物大多质量低劣，有些都不值运输的费用。因此各个郡国设置均输官，以相互帮助运输，使边远地区也能方便地交纳贡物，因此叫‘均输’。在京城设置储积物资的官署，用来收购和掌握货物，物价贱时就买进，物价贵时就卖出。所以朝廷掌握了实际物资，这样让商人无法从中牟取暴利，所以叫‘平准’。施行平准，各业民众才可以各安其职；施行均输，才使得各地百姓的劳逸程度公平统一。所以推行平准、均输的政策就是用来平抑物价而方便百姓，绝不是打开谋利的门路而成为民众犯罪的阶梯。”

文学曰：“古者之赋税于民也，因其所工，不求所拙。农人纳其获，女工效其功①。今释其所有，责其所无。百姓贱卖货物，以便上求。间者②，郡国或令民作布絮，吏恣留难，与之为市。吏之所入，非独齐、阿之缣③，蜀、汉之布也，亦民间之所为耳。行奸卖平，农民重苦，女工再税，未见输之均也。县官猥发④，阖门擅市，则万物并收。万物并收，则物腾跃。腾跃，则商贾牟利。自市，则吏容奸。豪吏富商积货储物以待其急，轻贾奸吏收贱以取贵，未见准之平也。盖古之均输，所以齐劳逸而便贡输，非以为利而贾万物也。”

「注释」

① 功：纺织品或手工制品。

② 间者：近来。

③ 缣（jiān）：双丝的细绢。

④ 猥发：乱发号令。

「译文」

文学之士说："古代向百姓征税，是依据他们所擅长生产的物品进行征收，不征收他们所不擅长生产的物品。所以农民交纳农产品，妇女交纳纺织品。现在却舍弃他们所生产的东西，而强制征收他们所没有的东西。百姓们只好贱卖自家的货物，去换取官府需要征收的东西。近来，有些郡国命令百姓生产布匹棉絮，官吏任意刁难，强行交易。官吏所征收的，不仅有齐、阿的细绢，蜀、汉的麻布，还有民间所生产的其他物品。官吏用欺诈的手段低价买走，农民加倍痛苦，妇女重复纳税，我们看不到官府运输带来了什么均衡。官府乱发号令，关闭市门，垄断市场，各种货物都收购。各种货物都收购，就导致物价飞涨。物价飞涨，就会让商人牟取暴利。官吏自己经营，就会和奸商勾结。豪强富商囤积居奇，等待货物缺乏的紧要关头，不法商人和奸猾的官吏低价收购、高价卖出，我们也没有看到平准的好处。古代的均输，是用来均衡各地民众的劳逸、方便贡物的运输，而不是为获取暴利而倒卖各种货物。"

力耕第二

大夫曰："王者塞天财，禁关市，执准①守时，以轻重②御民。丰年岁登，则储积以备乏绝；凶年恶岁，则行币物；流有余而调不足也。昔禹水汤旱，百姓匮乏，或相假以接衣食。禹以历山之金，汤以庄山之铜，铸币以赎其民，而天下称仁。往者财用不足，战士或不得禄，而山东③被灾，齐、赵大饥，赖均输之畜，仓廪之积，战士以奉，饥民以赈。故均输之物，府库之财，非所以贾万民而专奉兵师之用，亦所以赈困乏而备水旱之灾也。"

「注释」

① 准：物价标准。

② 轻重：以行政力量和经济手段调控物资的供求和价格水平。轻，指物价下落。重，指物价上涨。

③ 山东：战国、秦、汉通称崤山或华山以东为山东，与当时所谓关东含义相同。

「译文」

御史大夫桑弘羊说："君王掌控自然资源、严格管理关卡集市，执掌物价标准，把握交易时机，调节物资的供求和价格水平来管理民众。在丰收的年景，就储备囤积，以防备饥荒；在灾荒的年景，就分发货币和财物。这样用丰年余下的物资去补灾年的不足。从前在大禹时发生了水患、在商汤时发生了旱灾，百姓生活物资匮乏，有的人需要靠借贷才能维持吃穿。大禹就用历山的金，商汤就用庄山的铜，铸造钱币来救赎他的子民，于是天下都称颂禹、汤的仁义。以前我们的钱物不够，有时战士的军饷都不够，而崤山以东的各地又发生水灾，齐、赵一带发生饥荒，都是靠着均输的积蓄和仓库的储备，才让战士们获得给养，让灾民们获得赈济。因此均输的物资和仓库储备的财物，并不只是为了与百姓做交易获利后去供养军队，也是用来赈济贫困、防备水旱灾荒的需要。”

文学曰：“古者，十一①而税，泽梁②以时入而无禁，黎民咸被南亩而不失其务。故三年耕而余一年之蓄，九年耕有三年之蓄。此禹、汤所以备水旱而安百姓也。草莱③不辟，田畴不治，虽擅山海之财，通百末之利，犹不能赡也。是以古者尚力务本而种树繁，躬耕趣时而衣食足，虽累凶年而人不病也。故衣食者民之本，稼穑④者民之务也。二者修，则国富而民安也。《诗》云‘百室盈止，妇子宁止’也。”

「注释」

① 十一：十分之一。

② 泽梁：湖泊和水坝。

③ 草莱：杂生的丛草。

④ 稼穑（sè）：播种曰“稼”，收获曰“穑”。泛指农业劳动。

「译文」

文学之士说：“在古代，国家征收十分之一的赋税，百姓可以按照不同的季节去湖泊、水坝捕捞而不被禁止，黎民百姓都本分地去田间耕种而不荒废农事。因此三年的耕作就可以余下一年的积蓄，九年的耕作就可以有三年的积蓄。这就是大禹、商汤用来防备水旱灾害而安顿百姓的方法。如果杂草丛生的荒地无人开垦、土地无人治理，哪怕是拥有山林河海的财富、通畅各种工商业的利益交换，也不能使百姓得到赡养。因此，古代的人崇尚努力从事农业，种植品类繁多，身体力行地按时耕作，于是丰衣足食，即使遇到凶年，人们也不至于陷入贫困。所以说，衣食是民众的根本，耕种是民众的本分。这两件事做好了，国家就会富强，百姓就会安定。就像《诗经》里说的那样‘家家积蓄满仓，妻子儿女安宁’。”

大夫曰：“贤圣治家非一宝，富国非一道。昔管仲以权谲[1]霸，而纪氏以强本亡。使治家养生必于农，则舜不甄陶[2]而伊尹不为庖。故善为国者，天下之下我高，天下之轻我重。以末易其本，以虚荡其实。今山泽之财，均输之藏，所以御轻重而役诸侯也。汝、汉之金，纤微之贡，所以诱外国而钓[3]胡、羌之宝也。夫中国一端之缦，得匈奴累金之物，而损敌国之用。是以骡驴馲驼[4]，衔尾入塞，驒騱骠马[5]，尽为我畜，鼲[6]貂狐貉，采旃文罽[7]，充于内府，而璧玉珊瑚琉璃，咸为国之宝。是则外国之物内流，而利不外泄也。异物内流则国用饶，利不外泄则民用给矣。《诗》曰：'百室盈止，妇子宁止。'"

「注释」

① 权谲（jué）：权术诡诈。

② 甄陶：烧制瓦器。甄，制造陶器的转轮。

③ 钓：诱取。

④ 馲（tuō）驼：骆驼。

⑤ 驒騱（diān xí）骠（yuán）马：驒騱，畜名，似马而小。骠马，赤毛白腹的马。

⑥ 鼲（hún）：鼠类。通称灰鼠。

⑦ 采旃文罽（jì）：采旃，彩色毛织物。文罽，图案华美的毛织品。

「译文」

御史大夫桑弘羊说："贤君圣主治理国家并非只有一种方式，使国家富强也并非只有一条道路。以前管仲以权谋辅佐齐桓公称霸，而纪国却因为只重视农业而亡国。如果治理国家、养活民众只要务农就可以，那么舜就不会去烧制陶器，伊尹也不会去做厨师了。因此善于治理国家的人，在天下人都认为低的时候我要看到它高的方面，天下人都轻视的东西我反而要重视它。要用工商业之末去换取农业之本，用不实用的东西去交易来实用的物资。如今山林湖泽的财物，均输所储存的积蓄，都是通过调节物资的供求和价格来控制诸侯的。汝、汉两地的黄金，还有那些精细的丝织贡品，就是用来诱惑并赚取外国和匈奴、西羌钱财的宝物。用我们一段没有花纹的丝织品，就可以换取匈奴价值很多黄金的物资，且能够损耗敌国的财用。才有外国的骡、驴、骆驼，接连不断地进入我国境内，各种良马也都成为我国的牲畜，鼠貂狐貉的贵重毛皮、彩纹华丽的毡毯充满了皇宫的仓库，璧玉、珊瑚、琉璃，也都成为我国的宝物。这样，外国的货物不断流入，而国中财物不向国外流泄。外国物资的内流就会使国家财用丰饶，国内的财物不外泄就会使民用充足。这才是《诗经》上说的‘家家积蓄满仓，妻子儿女安宁’。”

文学曰：“古者，商通物而不豫[①]，工致牢而不伪。故君子耕稼田鱼，其实一也。商则长诈，工则饰骂[②]，内怀窥窬[③]而心不怍[④]，是以薄夫欺而敦夫薄。昔桀女乐充宫室，文绣衣裳，故伊尹高逝[⑤]游薄[⑥]，而女乐终废其国。今骡驴之用，不中牛马之功，鼲貂旃罽，不益锦绨[⑦]之实。美玉珊瑚出于昆山，珠玑犀象出于桂林，此距汉万有余里。计耕桑之功，资财之费，是一物而售百倍其价也，一揖[⑧]而中万钟之粟也。夫上好珍怪，则淫服下流，贵远方之物，则货财外充。是以王者不珍无用以节其民，不爱奇货以富其国。故理民之道，在于节用尚本，分土井田而已。”

「注释」

① 豫：欺骗。

② 饰骂：饰巧，弄巧。

③ 窥窬（yú）：犹觊觎。谓窥伺可乘之隙。窬，状如孔洞的小户。

④ 怍（zuò）：惭愧。

⑤ 高逝：远离某地而去。多指归隐。

⑥ 薄：通“亳”，古都邑名。商汤时都城。

⑦ 锦绨（tí）：鲜艳华美的丝织品。

⑧ 一揖：一捧东西。揖，通“挹（yì）”。

「译文」

文学之士说：“古时候，商人都努力将货物流通到各地而不欺诈，工匠们都致力于将器物制作结实而不造假。因此人们无论是从事耕稼还是去打猎捕鱼，都是一样的诚实本分。而现在商人们擅长于欺诈，工匠们致力于弄虚作假，内心总想着伺机牟利而不觉羞愧，以至于刻薄的人变得更为欺诈，而敦厚的人也变得刻薄了。过去夏桀骄奢淫逸，女乐歌伎充满宫室，她们衣着华丽，所以伊尹出走，投奔了亳地的商汤，而这些歌伎也断送了夏朝的国祚。如今那些骡、驴的用处，比不上牛、马，贵重的毛皮毡毯，也比不上鲜艳华丽的丝绸实用。美玉、珊瑚出于昆仑山，珠玑、犀牛角、象牙出于桂林郡，从桂林到长安有一万多里。计算一下种田采桑的功用，再算一下购买远方这些珍奇异物的费用，便可知道获得一件物品的费用要耗去它百倍的价值，换取一捧的物品就要耗费万钟粮食。如果在上位的人喜好奇珍异物，那奇珍异物就会在下层流行；如果将远方的珍奇视为贵重之物，就会使国家钱财充实到外国。所以君王不应该珍视无用之物，以此引导民众节俭；不应该喜爱奇珍异物，以此使国家富强。所以治理民众的方法，在于节约财物、重视农业根本，将土地用古代的井田制进行分封就可以了。”

大夫曰："自京师东西南北，历山川，经郡国，诸殷富大都，无非街衢五通，商贾之所凑，万物之所殖者。故圣人因天时，智者因地财，上士取诸人，中士劳其形。长沮、桀溺[1]，无百金之积，跖蹻[2]之徒，无猗顿[3]之富，宛、周、齐、鲁，商遍天下。故乃商贾之富，或累万金，追利乘羡[4]之所致也。富国何必用本农，足民何必井田也？"

「注释」

① 长沮（jǔ）、桀溺：孔子在周游列国的过程中遇到的两个躬耕隐士，事见《论语·微子》。

② 跖蹻（zhí jué）：指盗跖与庄蹻，古代传说中的两个大盗。出自《淮南子·主术训》。一说，跖，穿。蹻，草鞋。

③ 猗（yī）顿：战国时巨商。以经营河东池盐致巨富。又曾经营珠宝，以能识别宝玉著称。一说本为鲁人，陶朱公教以畜牧。他到猗氏（今山西临猗南）大畜牛羊，十年成为巨富，因称"猗顿"。

④ 乘羡：追逐财利。羡，有余，剩余。

「译文」

御史大夫桑弘羊说："从京城到东西南北四方，经过高山大川，再到各个郡和诸侯国，那些殷实富裕的大都市，没有一个不是道路四通八达、四方商贾齐聚、各种货物云集的地方。所以有才能的人顺应天时变化，有智慧的人善于运用地利，聪明的人依靠别人劳动，中等的人依靠自己劳动。长沮、桀溺这样的隐士，没有百金的积蓄，盗跖、庄跻之辈，也不会像猗顿那样富有，宛、周、齐、鲁等地的商人遍布天下。所以商贾很富裕，有的甚至积累万金，这就是追求利润、积累盈余所带来的。使国家富有，何必一定依靠农业？使民众丰衣足食，何必一定要实行分封土地的井田制？”

文学曰：“洪水滔天，而有禹之绩；河水泛滥，而有宣房之功[①]。商纣暴虐，而有孟津之谋[②]；天下烦扰，而有乘羡之富。夫上古至治，民朴而贵本，安愉而寡求。当此之时，道路罕行，市朝生草。故耕不强者无以充虚，织不强者无以掩形。虽有凑会之要，陶、宛[③]之术，无所施其巧。自古及今，不施而得报，不劳而有功者，未之有也。”

「注释」

① 宣房之功：汉武帝时期，黄河在瓠（hù）子口（在今河南濮阳西南）决口。元封二年（前109），汉武帝亲临现场，指挥军民堵塞决口。事后在坝上筑宣房宫。事见《史记·河渠书》。

② 孟津之谋：周武王九年，武王与天下八百诸侯在孟津会盟，誓师伐纣。孟津，渡口名，在今河南孟州市西南河阳渡。

③ 陶、宛：陶，指陶朱公范蠡。春秋末越国大夫。字少伯，楚国宛（今河南南阳市）人。越为吴败后，赴吴为质三年（一说随越王勾践赴吴为质）。返越后助越王刻苦图强，灭吴国。功成后以勾践其人不可与共安乐，遂去。传后游齐国，称“鸱（chī）夷子皮”。

到陶（今山东肥城西北陶山，一说山东定陶西北），改名“陶朱公”，以经商致富。宛，指宛孔氏。战国、秦、汉间巨商。其先魏国人，秦伐魏时迁宛（今河南南阳），经营冶铁业，兼经商，富至数千金。

「译文」

文学之士说：“由于洪水滔天，才有了大禹治水的功绩；由于黄河泛滥，才有了武帝建宣房的功勋。由于商纣王残暴酷虐，才有了周武王与诸侯誓师孟津的谋略；由于天下烦扰混乱，才有了商人追逐钱财的富裕。在上古时期，那时国家治理得特别好，民风淳朴，重视农业根本，人们安居乐业，寡欲少求。在那个时候，道路上很少有行人，集市上也因很少人去而生出了杂草。因此耕种不努力的人吃不饱饭，纺织不努力的人没衣服穿。即使有人群聚集的商业要地，有陶朱公、宛孔氏的经营策略，也无法施展他们的商业技巧。从古到今，不施恩却能得到报答，不劳动却能拥有功劳，这种事还从来没有发生过。”

通有第三

大夫曰："燕之涿、蓟，赵之邯郸，魏之温、轵[①]，韩之荥阳，齐之临淄，楚之宛、陈，郑之阳翟，三川[②]之二周，富冠海内，皆为天下名都，非有助之耕其野而田其地者也，居五诸之冲，跨街衢之路也。故物丰者民衍[③]，宅近市者家富。富在术数，不在劳身；利在势居，不在力耕也。"

「注释」

① 轵（zhǐ）：战国魏轵邑，秦置县。治今河南济源市南。隋大业初废入河内县。唐初复置，贞观元年（627）废入济源县。

② 三川：郡名。战国秦庄襄王元年（前249）置，以境内有河（黄河）、雒（洛）、伊三川得名。

③ 衍：满溢，盛多。

「译文」

御史大夫桑弘羊说："燕地的涿、蓟，赵地的邯郸，魏地的温、轵，韩地的荥阳，齐地的临淄，楚地的宛、陈，郑地的阳翟，还有处在三川之滨的洛阳和巩县，是名冠海内的富庶之地，也是天下著名的都城。他们的富有依靠的并不是耕地种田，而是因为地处五大都城之要冲，占据了交通要道。因此，物产丰富的地方百姓就富有，住在靠近城市的人家就富裕。致富靠的是赚钱的方法而不是亲身劳动；获利是因为优越的地理位置，而并不在于努力耕作。”

文学曰：“荆、扬南有桂林之饶，内有江、湖之利，左陵阳之金①，右蜀、汉之材，伐木而树谷，燔莱②而播粟，火耕而水耨③，地广而饶财；然民鲎窳④偷生，好衣甘食，虽白屋草庐，歌讴鼓琴，日给月单⑤，朝歌暮戚。赵、中山带大河，纂四通神衢，当天下之蹊，商贾错于路，诸侯交于道；然民淫好末，侈靡而不务本，田畴不修，男女矜饰，家无斗筲⑥，鸣琴在室。是以楚、赵之民，均贫而寡富。宋、卫、韩、梁，好本稼穑，编户齐民，无不家衍人给。故利在自惜，不在势居街衢；富在俭力趣时，不在岁司⑦羽鸠⑧也。”

「注释」

① 金：此处指黄铜。

② 燔（fán）莱：焚烧荒草。

③ 水耨（nòu）：灌水除草。古代的一种耕作法。

④ 鲎窳（zǐ yǔ）：苟且懒惰。鲎，通“呰（zǐ）”。

⑤ 日给月单：过得了一天，过不了一个月。给，丰足。单，通“殚”，尽。

⑥ 斗筲（shāo）：筲，一种竹器，仅容一斗二升。因斗和筲都是很小的容器，故并称。

⑦ 岁司：管理农时。

⑧ 羽鸠：周时征收羽、鸠两种赋税的官吏名，此处指聚敛。

「译文」

文学之士说："荆、扬两地，南有桂林之富饶，内有长江、湖泊之水产，东边有陵阳的黄铜，西边有蜀、汉两地的木材，可以砍伐树木，可以种植稻谷，焚烧野草就可以种植庄稼，火耕和灌水除草之后就可以长出庄稼，土地既宽广又富饶。但是那里的民众苟且偷生、极其懒惰，只追求华丽的衣衫和美味的食物，即便住着简陋的草屋，也整天弹琴唱歌，吃了上顿没下顿，早上还在欢唱，晚上就要担忧衣食。赵地和中山靠近黄河，是四通八达的要冲之地，地处天下人的必经之路，商人从这里来往于各地，诸侯也时常在这里的道路上相遇。但这里的民众喜欢经商，他们奢侈浪费，好逸恶劳，不从事农业生产，不修整田地，男男女女喜欢讲究装饰打扮，家内一斗的余粮都没有，却还在屋子里弹琴作乐。所以楚、赵两地的百姓贫穷的居多，而富裕的很少。宋、卫、韩、梁四地的百姓重视农业，普通的人家也都能生活富裕，自给自足。因此，获得利益在于自己爱惜自己，而不在于是否居住在四通八达的地段；致富在于自己节俭并按时耕种，而不在于每年派人征收的那点羽鸠的赋税。"

大夫曰："五行：东方木①，而丹、章有金铜之山；南方火，而交趾有大海之川；西方金，而蜀、陇有名材之林；北方水，而幽都有积沙之地。此天地所以均有无而通万物也。今吴、越之竹，隋、唐[②]之材，不可胜用，而曹、卫、梁、宋，采棺[③]转尸；江、湖之鱼，莱、黄之鲐[④]，不可胜食，而邹、鲁、周、韩，藜藿[⑤]蔬食。天地之利无不赡，而山海之货无不富也；然百姓匮乏，财用不足，多寡不调，而天下财不散也。”

「注释」

① 东方木：战国秦汉五行家将五行与东南西北中相配——东方木，西方金，南方火，北方水，中央土。

② 隋、唐：隋，通“随”，古国名。西周初分封的诸侯国。姬姓。在今湖北随州。春秋后期成为楚国的附庸。唐，古国名。有三种说法：（1）相传为祁姓，尧的后裔。在今山西翼城西，为周成王所灭，后为其弟叔虞的封地。（2）姬姓，在今湖北随县唐县镇，公元前 505 年灭于楚。（3）西周时北方部族所建。在今山西太原西南，即北唐。

③ 采棺：指用柞（zuò）、栎之木做的棺材。

④ 鲐（tái）：亦称鲭（qīng）。

⑤ 藜藿（lí huò）：指粗劣的饭菜。

「译文」

御史大夫桑弘羊说：“按照五行的说法，东方属木，而丹阳、章山却有金矿、铜矿；南方属火，而交趾一带却有浩瀚的大海；西方属金，蜀地、陇地的树林却出产名贵木材；北方属水，而幽州地区却有沙漠。这就是天地用来平衡有无、流通万物的。现在吴、越两地的竹子，隋、唐两地的木材，多得用不完，而曹、卫、梁、宋一带却只能用简陋的柞、栎之木做棺材。长江、湖泊的水产，莱、黄一带的鲐鱼，多得吃不完，而邹、鲁、周、韩一带的百姓只能以粗粮、野菜充饥。天下的财货并不是不够赡养百姓，山海的物产也并非不丰富，然而百姓却感觉到生活困难，钱财、物品不够用，财物多少不平均，是天下的财物得不到流通的结果啊。”

文学曰：“古者，采[①]椽[②]不斫[③]，茅茨[④]不翦，衣布褐，饭土硎[⑤]，铸金为钼[⑥]，埏埴[⑦]为器，工不造奇巧，世不宝不可衣食之物，各安其居，乐其俗，甘其食，便其器。是以远方之物不交，而昆山之玉不至。今世俗坏而竞于淫靡，女极纤微，工极技巧，雕素朴而尚珍怪，钻山石而求金银，没深渊求珠玑，设机陷求犀象，张网罗求翡翠，求蛮、貉之物以眩[⑧]中国，徙邛、筰[⑨]之货，致之东海，交万里之财，旷日费功，无益于用。是以褐夫匹妇，劳罢[⑩]力屈，而衣食不足也。故王者禁溢利，节漏费。溢利禁则反本，漏费节则民用给。是以生无乏资，死无转尸也。”

「注释」

① 采：同“棌（cǎi）”，栎木。

② 椽（chuán）：椽子。

③ 斫（zhuó）：本义为大锄，引申为砍、斩。

④ 茅茨（cí）：用茅草盖的屋顶。

⑤ 硎（xíng）：通“铏（xíng）”，盛食物的器皿。

⑥ 钽（chú）：通“锄”，锄头。
⑦ 埏埴（shān zhí）：以陶土放入模型中制成陶器。
⑧ 眩：迷乱，迷惑。
⑨ 邛（qióng）、筰（zuó）：邛，汉代西南少数民族名，即“邛都夷”。分布在今四川凉山彝族自治州西昌、德昌地区。筰，即“筰都夷”。汉代西南夷之一，分布在今四川汉源一带。
⑩ 罢：同“疲”，疲惫。

「译文」

文学之士说：“在古时候，房顶的椽子不用工匠砍削，房上的茅草也不用修剪，穿的是粗布衣服，吃饭用的是土制陶碗，把金属铸成锄头等农具，把黏土揉制成器皿，工匠不去制作奇特精巧的东西，世人也不以不能吃穿的东西为宝，大家安心地住在自己的家乡，喜欢自己的风俗，吃着自己生产的食物，使用着自己生产的器物。因此不用去交换远方的物品，昆仑山的美玉也运不到这里。可现在世俗风气败坏，竞相攀比，追求享乐，妇女的织品极尽华丽细致，工匠也追求极致的技巧，他们把朴素的器物进行雕琢，崇尚珍奇稀有的东西，开山凿石去寻求金银，潜入深渊去捞取珍珠，设置机关陷阱去捕获犀牛大象，布置罗网去捕捉各种珍禽，寻找边远蛮荒之地的稀奇物品迷惑国人，将邛、筰地区的货物运到东部沿海，交换万里之外的财物，浪费时间、空耗精力，又没有什么实际用处。所以平民夫妇总是精疲力竭，却仍然衣食不足。所以君王应该禁止那些追求暴利的行为，节约不必要的费用。谋求暴利的行为被禁止后，人们就会重新回到农业生产上来；不必要的费用节约了，百姓的用度就会充足。这样的话，活着的人就不会缺乏资产，死去的人也不会被弃尸荒野了。”

大夫曰：“古者，宫室有度[①]，舆服以庸[②]；采椽茅茨，非先王之制也。君子节奢刺俭，俭则固[③]。昔孙叔敖相楚，妻不衣帛，马不秣粟。孔子曰：‘不可，大俭极下。’此《蟋蟀》所为作也。管子曰：‘不饰宫室，则材木不可胜用，不充庖厨，则禽兽不损其寿。无末利，则本业无所出，无黼黻[④]，则女工不施。’故工商梓匠[⑤]，邦国之用，器械之备也。自古有之，非独于此。弦高[⑥]贩牛于周，五羖[⑦]赁车入秦，公输子以规矩，欧冶[⑧]以熔铸。《语》曰：‘百工居肆，以致其事。’农商交易，以利本末。山居泽处，蓬蒿垸埆[⑨]，财物流通，有以均之。是以多者不独衍，少者不独馑。若各居其处，食其食，则是橘柚不鬻，朐卤[⑩]之盐不出，旃罽不市，而吴、唐之材不用也。”

「注释」

① 度：等级制度。

② 庸：功劳。

③ 固：鄙陋。

④ 黼黻（fǔ fú）：古代礼服上所绣的花纹。

⑤ 梓匠：梓人与匠人，木工。古代梓人造器具，匠人造房屋。

⑥ 弦高：春秋时郑国商人。郑穆公元年（前627），路过滑国（今河南偃师东南），遇前来偷袭的秦军，假托穆公之命以四张熟牛

皮及十二头牛犒劳，表示郑已知秦军动向，同时派人回国告急，秦将孟明以为郑国有备，即退兵。

⑦ 五羖(gǔ)：指百里奚。春秋时秦国大夫。百里氏，一说百氏，字里，名奚。原为虞大夫，虞亡时为晋所俘，作为晋献公女陪嫁之臣入秦。后出走楚，为楚人所执，又被秦穆公以五张牡黑羊皮赎回，用为大夫，世称"五羖大夫"。羖，黑色的公羊。

⑧ 欧冶：欧冶子，春秋时人。善铸剑。相传曾为越王勾践铸湛卢、巨阙、胜邪（一作"镆铘"）、鱼肠、纯钧五剑。又与干将为楚昭王铸龙渊、泰阿、工布（一作"工市"）三剑。

⑨ 垅埆（qiāo què）：土地贫瘠。

⑩ 朐（qú）卤：朐，即朐县，古县名。秦置，治今江苏连云港市西南锦屏山侧。属东海郡。卤，盐卤。一说卤为汉县，属安定郡，在今甘肃或宁夏回族自治区境内。

「译文」

御史大夫桑弘羊说："古时候，宫室房屋都有等级的规定，车马服饰也都根据功劳大小进行分配，用不经砍削的椽子和茅草盖的房屋并不是先王的制度。品行高尚的人虽不奢侈，但也讥讽过分的节俭；过分的节俭就是简陋。以前，孙叔敖为楚国宰相，他的妻子不穿丝绸，饲养马匹不用粮食。孔子说：'不能这样做，过于简朴就和下级难以区分了。'这就是《诗经·蟋蟀》这首诗的创作原因。《管子》上说：'不修饰宫室，木材就不能物尽其用；不使厨房放满肉食，禽兽就不会被杀；没有工商业，农业就无从发展；衣服不装饰花纹，女工的技艺就无法施展。'因此，商人和工匠对国家是有用的，也是制作工具器械所需要的。自古以来就是如此，并不是只有现在才出现的。弦高就曾到洛阳去卖牛，百里奚也曾受雇租车到秦国去做生意。鲁班凭借曲尺和圆规成为能工巧匠，欧冶子通过冶铁成为铸剑高手。《论语》上说：‘各种工匠居住在作坊里面，致力于完成他们的工作。’农民和商人进行交易，有利于农业和商业的发展。山间湖畔那些野草丛生的穷乡僻壤更应该进行货物流通，以均衡寡众，互通有无。这样物产多的地方不会独自富裕，物产少的地方也不会独自匮乏。如果各自都待在自己的家乡，吃自己种的粮食，那么橘子、柚子就会卖不出去，胶东一带的食盐也运不出去，毛毯和毡子也不会在市场上售卖，吴、唐之地的木材和竹子也就没什么用了。”

文学曰：“孟子云：‘不违农时，谷不可胜食。蚕麻以时，布帛不可胜衣也。斧斤以时，材木不可胜用。田渔以时，鱼肉不可胜食。’若则饰宫室，增台榭[①]，梓匠斫巨为小，以圆为方，上成云气[②]，下成山林，则材木不足用也。男子去本为末，雕文刻镂，以象禽兽，穷物究变，则谷不足食也。妇女饰微治细，以成文章，极伎尽巧，则丝布不足衣也。庖宰烹杀胎卵[③]，煎炙齐和，穷极五味，则鱼肉不足食也。当今世，非患禽兽不损，材木不胜，患僭侈[④]之无穷也；非患无旃罽橘柚，患无狭庐糠糟也。”

「注释」

① 榭（xiè）：建在高土台上的敞屋。

② 云气：指云气纹，汉魏时代流行的装饰花纹之一。是一种用流畅的圆涡形线条组成的图案。一般作为神人、神兽、四神等图像的地纹，也有单独出现的。

③ 胎卵：胎生与卵生。指鸟兽。

④ 僭（jiàn）侈：奢侈过度。

「译文」

文学之士说："《孟子》里说：'不违背农业节气时令，稻谷就吃不完；按照时令养蚕种麻，衣服就穿不完；按照时令进山砍伐，木材就用不完；按照一定的季节去打猎捕鱼，鱼和肉就吃不完。'如果不停地修饰宫室房屋，扩建亭台楼榭，让木匠将巨木砍削为小木，把圆的制成方的，在上面刻画云纹，在下面雕刻山林，那么木材就不够用了。男子放弃农业，从事工商业，雕镂刻画各种精巧细致的飞禽走兽，穷尽事物的各种变化，那么粮食就不够吃了。女子细致地刺绣，做成各种的花式纹样，极尽精巧技艺，那丝绸布匹就不够穿了。厨师宰杀兽胎禽卵，油煎火烤，精心烹制，力求五味调和的美味，那样鱼和肉就不够食用了。现在，不用担心禽兽不减少，不用担心木材用不完，而应该担心的是无穷无尽的过度奢侈造成的祸患；不用担心没有毡毯橘柚，而应该担心的是就连狭小的茅屋和粗糙的糠糟都没有啊。"

错币第四

大夫曰："交币通施[1]，民事不及，物有所并也。计本量委[2]，民有饥者，谷有所藏也。智者有百人之功，愚者有不更本之事。人君不调，民有相妨之富也。此其所以或储百年之余，或不厌[3]糟糠也。民大富，则不可以禄使也；大强，则不可以罚威也。非散聚均利者不齐。故人主积其食，守其用，制其有余，调其不足，禁溢羡，厄利涂[4]，然后百姓可家给人足也。"

「注释」

① 交币通施：流通钱币，交换有无。

② 计本量委：计算农业收入，再量入为出。

③ 厌：同"餍"，吃饱。

④ 厄利涂：堵塞牟取暴利的途径。涂，通"途"。

「译文」

御史大夫桑弘羊说："货币流通开展贸易，人们的基本生活需求却得不到满足，这是因为商品被少数人控制了。计算农作物的收成，合理安排支出，但仍有人饿肚子，这是因为有人囤积了粮食。

聪明人的收入能顶上百人劳动所得，而愚笨之人连投入的成本都收不回来。如果国君不去调节，就会出现富人侵占他人利益的情况。这也是为什么有些人的粮仓可以存放百年不尽，而有些人却连最粗野的食物都吃不上。当百姓过于富裕，就不能再用俸禄来驱使他们；当百姓过于强大，就不能再用刑罚来威慑他们。不平衡财富的分配，不均匀利益的享有，就无法达到社会的和谐。因此，国君应当储备粮食，合理使用财物，控制过剩，补充不足，禁止过度的财富积累，堵塞牟取暴利的途径，这样百姓才能做到家庭自给，人人有余。”

文学曰：“古者，贵德而贱利，重义而轻财。三王[①]之时，迭盛迭衰。衰则扶之，倾则定之。是以夏忠、殷敬、周文[②]，庠序[③]之教，恭让之礼，粲然可得而观也。及其后，礼义弛崩，风俗灭息，故自食禄之君子，违于义而竞于财，大小相吞，激转相倾。此所以或储百年之余，或无以充虚蔽形也。古之仕者不穑，田者不渔，抱关击柝[④]，皆有常秩，不得兼利尽物。如此，则愚智同功，不相倾也。《诗》云：‘彼有遗秉，此有滞穗，伊寡妇之利。’[⑤]言不尽物也。”

「注释」

① 三王：指夏禹、商汤、周文王，一说夏禹、商汤和周代文王、武王。

② 夏忠、殷敬、周文：这是董仲舒对夏、商、周三代行政风格的概括。忠，忠厚。敬，敬鬼神。文，礼乐典章。

③ 庠（xiáng）序：中国古代的学校。

④ 击柝（tuò）：敲梆子巡夜的人。柝，巡夜者击以报更的木梆。

⑤ 语见《诗经·小雅·大田》。遗秉，遗落的禾把、禾束。滞穗，遗落的谷穗。

「译文」

文学之士说："在古代，人们尊崇道德而不看重利益，看重正义而不重视金钱。在夏、商、周三朝君王的时候，道德和正义有时兴盛，有时衰败。如果出现衰败，就会有所扶持；如果有所倾斜，就会加以稳定。因此，夏朝的政风是忠诚，殷朝的政风是虔诚，周朝的政风是文雅，学校教育和恭敬礼仪都是明显而美好的，至今我们还能从历史文献中窥见一二。但三王之后，礼义之风逐渐松懈并最终崩溃，良好的风俗也随之消失。因此，那些领取国家俸禄的士人开始背离正义，争夺财富，强者吞噬弱者，相互之间激烈竞争。这就是为什么有些人能积累百年的财富，而有些人却连基本的生活都无法维持。在古时，官员不从事农耕，猎人不从事捕鱼，守卫和巡夜的人都有固定的收入，不允许他们通过其他途径获取额外的利益。这样一来，不论聪明或愚笨，每个人都能得到应有的回报，不会相互压倒。《诗经·小雅·大田》中说：'那边有遗落的庄稼，这边有落下的谷穗，这些都是寡妇的收益。'意思是不应该把所有的利益都占为己有。"

大夫曰："汤、文继衰，汉兴乘弊[①]。一质一文，非苟易常也。俗弊更法，非务变古也，亦所以救失扶衰也。故教与俗改，弊[②]

与世易。夏后以玄贝，周人以紫石，后世或金钱刀布[③]。物极而衰，终始之运也。故山泽无征，则君臣同利；刀币无禁，则奸贞[④]并行。夫臣富则相侈，下专利则相倾也。”

「注释」

① 乘弊：趁着秦王朝弊政。

② 弊：通“币”，货币。

③ 刀布：古代钱币。刀，钱币形状像刀。布，钱币形状像铲子。

④ 奸贞：假的和真的货币。奸，指假币。贞，通“正”，指真币。

「译文」

御史大夫桑弘羊说：“商汤和周文王是在夏桀和殷纣的衰败之后继位的，而汉朝则是在秦朝的乱政后崛起的。政治的本质和文化风格各不相同，并不能轻易改变既定的法则。当习俗腐败时，法律就需要更新，这并不是为了改变古代的传统，而是为了纠正错误，扶持衰世。因此，随着时代的变迁，教育和习俗也会随之改变，货币和世界也会随之变化。夏朝使用黑色的贝壳作为货币，周朝使用紫色的石头，而后来的时代则可能使用金钱刀币或布币。事物发展到极致就会走向衰退，这是它们从开始到结束的自然规律。因此，如果山林河泽不征税，那么君主和臣民将共享利益；如果不禁止私铸刀币，那么市场上就会充斥着真假货币。如果臣民变得富有，他们就会相互攀比奢华；如果个人控制了利益，他们就会相互倾轧。”

文学曰："古者，市朝而无刀币，各以其所有易所无，抱布贸丝[①]而已。后世即有龟贝金钱，交施之也。币数变而民滋伪。夫救伪以质，防失以礼。汤、文继衰，革法易化，而殷、周道兴。汉初乘弊，而不改易，畜利变币，欲以反本，是犹以煎止燔，以火止沸也。上好礼则民暗饰[②]，上好货则下死利也。"

「注释」

① 抱布贸丝：以物易物。商品交换的一种形式。见于《诗经·卫风·氓》。

② 暗饰：谓在无人看见的地方，也注意修饰自己的品德和行为。

「译文」

文学之士说："在古时候，市场上并不使用刀币，人们只是用自己拥有的东西去交换自己需要的东西，比如用手中的布匹去换取别人的丝绸。后来，开始以龟壳、贝类和金属钱币作为交易媒介。随着货币种类的不断变化，人们开始变得越来越不诚实。我们应该用朴实无华的生活来纠正这种不诚实，用礼仪来防止失误。商汤王和周文王继承了夏桀和殷纣的衰败王朝，他们改革了法律，改变了民风，使得殷周的王道得以兴盛。汉朝初期，虽然抓住了秦朝的弊端，但并未进行改革，反而积累了财富，改变了货币，试图回归到农业的基础上，这就像用烤的方法来阻止烧焦，用火来阻止水沸腾一样无效。如果统治者重视礼仪，那么百姓即使在暗处也会懂得用礼仪来约束自己的行为；如果统治者重视财富，那么百姓就会不惜一切去追求利益。"

大夫曰："文帝之时，纵民得铸钱、冶铁、煮盐。吴王[1]擅鄣海泽[2]，邓通[3]专西山[4]。山东奸猾，咸聚吴国，秦、雍、汉、蜀因邓氏。吴、邓钱布天下，故有铸钱之禁。禁御之法立，而奸伪息，奸伪息则民不期于妄得，而各务其职，不反本何为？故统一，则民不二也；币由上，则下不疑也。"

「注释」

① 吴王：刘濞（前215—前154），西汉沛县丰邑中阳里（今属江苏丰县）人。刘邦之侄。封吴王。

② 擅鄣（zhāng）海泽：擅自圈占沿海湖泽。鄣，同"障"。

③ 邓通：西汉蜀郡南安（今四川乐山）人。汉文帝时为黄头郎，后得宠幸，官至上大夫。文帝赏赐无数，并赐其蜀郡严道铜山，许其铸钱，故邓氏钱遍于天下。

④ 专西山：独占严道铜山。

「译文」

御史大夫桑弘羊说："在汉文帝的时代，百姓被允许自行铸造货币、炼制铁器和制作食盐。吴王刘濞擅自圈占沿海湖泽，而文帝的宠臣邓通则独占了西山的铜矿。东部的山区滋生了许多狡猾的人，他们纷纷涌向吴国，而秦、雍、汉中、蜀地的不法之徒则依附于邓通。由于吴国和邓通发行的货币遍布全国，朝廷不得不出台禁止私铸钱币的法令。一旦制定了严格的法律，那些奸诈和欺骗的行为就会停止；

当这些不良风气被遏制，人们就不会再期待通过不正当手段获得利益，而是各自专注于本职工作。如果没有回归到农业的基础，他们又怎么会这样做呢？因此，当货币统一由国家铸造，百姓就不会有异心；当货币的发行由国家掌控，老百姓也就不会有所疑虑。”

文学曰：“往古，币众财通而民乐。其后，稍去旧币，更行白金龟龙[1]，民多巧新币。币数易而民益疑。于是废天下诸钱，而专命水衡[2]三官作。吏匠侵利，或不中式，故有薄厚轻重。农人不习，物类比之，信故疑新，不知奸贞。商贾以美贸恶[3]，以半易倍[4]。买则失实，卖则失理，其疑或[5]滋益甚。夫铸伪金钱以有法，而钱之善恶无增损于故。择钱则物稽滞[6]，而用人尤被其苦。《春秋》曰：‘算不及蛮、夷则不行。’故王者外不鄣海泽以便民用，内不禁刀币以通民施。”

「注释」

① 白金龟龙：汉武帝时所铸的三种银合金钱币。自重至轻，以龙、马、龟三种图形分别。

② 水衡：古官名。水衡都尉的简称。西汉元鼎二年（前 115）始置，掌上林苑，兼保管皇室财物及铸钱。秩二千石。

③ 以美贸恶：用质量好的钱币换取质量差的钱币。

④ 以半易倍：用半数真钱换取成倍的假钱。

⑤ 或：通“惑”，疑惑。

⑥ 稽滞：积压。

「译文」

文学之士说："在古时，货币种类繁多，财富流转自如，百姓生活幸福。但随着时间的推移，旧货币逐渐被淘汰，新的银锡龟龙币开始流通，许多人开始巧妙地运用这些新币。货币的频繁更换让人们感到不安。因此，政府决定废止所有旧币，并专门指派水衡三官负责铸造新币。但是，负责铸币的官员和工匠贪图私利，导致新铸造的币种有的质量不一，有厚薄、轻重之分。农民对新币不太适应，他们用自己熟悉的旧币与新币进行比较，更加信任旧币，对新币持怀疑态度，难以分辨真伪。商人则利用这种情况，用好币交换劣币，甚至用半数的真币换取成倍的假币。这样一来，购买时就会损失价值，销售时就会失去公平，人们的疑虑也随之加剧。尽管对于伪造货币已有法律规定，但货币的好坏并没有因此而有所改变。挑选货币时，商品往往会积压，使用货币的人更是苦不堪言。《春秋》有云：'如果计划不如蛮夷，那就不应该执行。'因此，明智的君主在外不会垄断河海资源，以便于百姓使用，在内不会禁止铸造货币，以保证民间交易的畅通。"

禁耕第五

大夫曰："家人[1]有宝器，尚函匣[2]而藏之，况人主之山海乎？夫权利之处，必在深山穷泽之中，非豪民不能通其利。异时[3]，盐铁未笼，布衣有朐邴[4]，人君有吴王，皆盐铁初议也。吴王专山泽之饶，薄赋其民，赈赡穷乏，以成私威。私威积而逆节之心作。夫不蚤[5]绝其源而忧其末，若决吕梁，沛然，其所伤必多矣。太公曰：'一家害百家，百家害诸侯，诸侯害天下，王法禁之。'今放民于权利，罢盐铁以资暴强，遂其贪心，众邪群聚，私门成党，则强御日以不制，而并兼之徒奸形成也。"

「注释」

① 家人：平民。

② 函匣：盛物的匣子。

③ 异时：往时，从前。

④ 朐邴（bǐng）：又作曹邴氏，以经营冶铁成为富商。他是朐地（在今山东菏泽）人，故又称朐邴。

⑤ 蚤：通"早"。

「译文」

御史大夫桑弘羊说："普通人家若有贵重的器物，还会用盒子和箱子来妥善保管，更何况是国君的山川和海洋呢？掌握资源的地方，肯定深藏在群山和荒泽之中，非富有的大户人家是无法挖掘其利益的。从前，盐和铁还没有被国家统一管理，普通百姓中就有像朐邴这样的人，国君中就有像吴王刘濞这样的人，他们都是盐铁官营最初被提出的背景。吴王刘濞独占了山林河泽的丰富资源，减轻了百姓的税负，救济了贫困者，从而建立了个人的权势。个人权势积累到一定程度，就会产生反叛的念头。如果不及早切断他们的经济来源，而只是担心他们反叛的后果，那就像挖开了吕梁的堤坝，洪水汹涌，将会伤害到很多百姓。姜太公说过：'一个家庭的损害会波及百家，百家的损害会波及诸侯，诸侯的损害会波及整个天下，这些都是国法所禁止的。'现在如果任由百姓私下经营盐铁，取消盐铁的国营，以此来支持那些暴力强大的人，就会滋生他们的贪婪之心，许多邪恶之人就会聚集在一起，豪强们私下结成派系，那么对这些强大的人就越来越难以控制，割据的局面也就形成了。"

文学曰："民人藏于家，诸侯藏于国，天子藏于海内。故民人以垣墙为藏闭，天子以四海为匣匮[①]。天子适诸侯，升自阼阶[②]，诸侯纳管键[③]，执策而听命，示莫为主也。是以王者不畜聚，下藏于民，远浮利，务民之义；义礼立，则民化上。若是，虽汤、武生存于世，无所容其虑。工商之事，欧冶之任，何奸之能成？

三桓[4]专鲁，六卿[5]分晋，不以盐铁。故权利深者，不在山海，在朝廷；一家害百家，在萧墙[6]，而不在朐邴也。”

「注释」

① 匣匮：匣和柜。

② 阼（zuò）阶：堂前东阶。古代宾主相见，宾升自西阶，主人立于东阶。

③ 管键：指城门钥匙。

④ 三桓：春秋后期掌握鲁国政权的三家贵族。即孟孙氏（一作仲孙氏）、叔孙氏、季孙氏。因三家俱出自鲁桓公，故称“三桓”。

⑤ 六卿：春秋时期，晋国大夫范氏、中行氏、智氏、韩氏、赵氏、魏氏，世为晋卿，执掌晋国政权，故世称六卿。

⑥ 萧墙：门屏。《论语·季氏》：“吾恐季孙之忧，不在颛臾，而在萧墙之内也。”何晏集解引郑玄曰：“萧之言肃也。墙，谓屏也。君臣相见之礼，至屏而加肃敬焉，是以谓之萧墙。”

「译文」

文学之士说：“普通百姓将财产藏在自己的家中，诸侯将财产藏在自己的封国内，而天子则将财产藏在整个国家。因此，百姓将围墙当成闭塞掩藏的堡垒，天子将天下当成储存财物的柜子。当天子访问诸侯时，他会从东边的台阶登上大厅，诸侯则会交出城门的钥匙，手持标有自己名字和职位的令牌来听从天子的命令，这表明他们不敢自称为主人。因此，真正的君王不会积累财富，而是将财富分散给民众，远离那些浮躁的商业利益，专注于用道德和礼仪来教化民众。一旦道德和礼仪被确立，民众自然会受到上层的影响。

如果能做到这一点，即使是像商汤、周武王这样的古代圣王也不会有任何担忧。那些从事工商业的人，像欧冶子那样从事铜铁铸造，他们又怎么可能做出奸邪之事呢？在鲁国，孟孙氏、叔孙氏、季孙氏三桓家族掌握了权力；在晋国，范氏、中行氏、智氏、韩氏、赵氏、魏氏六卿家族分摊了权力。这并不是因为他们控制了盐铁。所以，真正深藏权力和财富的地方，并不是在山川河海，而是在朝廷之中；一个家庭对百家造成的伤害，发生在家族内部的争斗中，而不是在像朐邴这样的普通百姓中。”

大夫曰：“山海有禁，而民不倾；贵贱有平，而民不疑。县官设衡立准[1]，人从所欲，虽使五尺童子适市，莫之能欺。今罢去之，则豪民擅其用而专其利。决市闾巷[2]，高下在口吻[3]，贵贱无常，端坐而民豪，是以养强抑弱而藏于跖也。强养弱抑，则齐民消；若众秽[4]之盛而害五谷。一家害百家，不在朐邴，如何也？”

「注释」

① 设衡立准：设立衡量器具，规定公平标准。

② 闾巷：街巷，里门。这里指民间的豪民。

③ 口吻：意谓豪民口头决定了物价的高低。

④ 秽：田中多草，荒芜。这里指杂草。

「译文」

御史大夫桑弘羊说：“当山川和海洋受到禁令保护时，百姓之间就不会相互竞争；当贵重物品和平价物品有了一个公正的评价标准时，人们就不会怀疑。地方政府设立了称重的衡器和标准，每个人都能根据自己的需要行事，即便是一个五尺高的小孩去市场，也没人能够欺骗他。如果现在取消了国家对盐铁的控制和对价格的平衡，那么富强之人就会独占资源和利益。在市场上，决定商品价格高低的权力落在了普通民宅的巷弄之中，价格的升降完全取决于他们的一句话，没有了固定的标准，他们坐在家中就能成为富翁，这样就培养了强者，压制了弱者，财富就被那些像盗跖一样的人掌握。当强者被培养、弱者被压制，普通百姓就会受损；这就像杂草泛滥，最终会伤害到庄稼。如果一个家庭对百家造成伤害，而不是出现在像朐邴这样的普通百姓中，这又该如何是好呢？”

文学曰：“山海者，财用之宝路也。铁器者，农夫之死士也。死士用，则仇雠[①]灭；仇雠灭，则田野辟；田野辟，而五谷熟。宝路开，则百姓赡而民用给，民用给则国富。国富而教之以礼，则行道有让，而工商不相豫，人怀敦朴以相接，而莫相利。夫秦、楚、燕、齐，土力不同，刚柔异势，巨小之用，居句[②]之宜，党[③]殊俗易，各有所便。县官笼而一之，则铁器失其宜，而农民失其便。器用不便，则农夫罢于野而草莱不辟。草莱不辟，则民困乏。故盐冶之处，大傲[④]皆依山川，近铁炭，其势咸远而作剧[5]。郡中卒践更者，多不勘，责取庸[6]代。县邑或以户口赋铁，而贱平其准。良家[7]以道次发僦[8]运盐铁，烦费，百姓病苦之。愚窃见一官之伤千里，未睹其在朐邴也。”

「注释」

① 仇雠（chóu）：仇敌。此处喻为田地里的杂草。

② 居句：犹言方圆直曲。

③ 党：古代五百家为一党。

④ 大傲：大抵。

⑤ 作剧：劳动强度大。

⑥ 庸：通“佣”，雇工。

⑦ 良家：汉时指医、巫、商贾、百工以外的人家。

⑧ 发僦（jiù）：出钱雇用车子和劳力。

「译文」

文学之士说：“山川和海洋，是财富的源泉。铁器，是农人忠诚的战士。当这些战士投入使用，就能消除田间的敌人——杂草。没有了杂草，田地就能耕种；耕种了田地，五谷就能丰收。当这条财富之路畅通无阻，百姓就能生活富足，民众的需求就能得到满足；民众的需求得到满足，国家就会富强。国家富强后，通过礼教来教化民众，人们在道路上就会相互谦让，商人之间就不会相互欺骗，人们以诚恳朴实的心态相待，而不是图利相交。秦、楚、燕、齐各地的土地肥力各不相同，土质的硬度和柔韧度也有所不同，农具的大小和形状各有所适，每个地方都有其适宜之处，风俗习惯也各不相同，各地的人们也有自己的使用习惯。如果地方政府一刀切地规定统一的标准，那么铁器就不能因地制宜，农民也就失去了它带来的便利。如果农具不便于使用，农民就会在田野里劳累不堪，荒地就无法开垦。荒地无法开垦，百姓就会陷入困境。盐和铁的生产地大多依赖于山川，靠近炼铁所需的木炭，地理位置偏远，劳动条件艰苦。各郡轮流服役的士兵大多无法承受，官府就责令他们用钱雇人代替自己服役。有些地方按人口征收铁税，却压低了收购价格。陕西等六个郡根据地理位置轮流出钱雇车、雇人运输盐和铁，这既费事又花钱，百姓因此感到痛苦。我只看到一个官员的行为伤害了千里之内的百姓，并没有看到朐邴带来什么危害。”

复古第六

大夫曰："故扇水都尉彭祖宁归[1]，言：'盐铁令品[2]，令品甚明。卒徒[3]衣食县官，作铸铁器，给用甚众，无妨于民。而吏或不良，禁令不行，故民烦苦之。'令意总一盐铁，非独为利入也，将以建本抑末，离朋党，禁淫侈，绝并兼之路也。古者，名山大泽不以封，为下之专利[4]也。山海之利，广泽之畜，天地之藏也，皆宜属少府[5]；陛下不私，以属大司农[6]，以佐助百姓。浮食奇民，好欲擅山海之货，以致富业，役利细民，故沮[7]事议者众。铁器兵刃，天下之大用也，非众庶所宜事也。往者，豪强大家，得管山海之利，采铁石鼓铸[8]，煮海为盐。一家聚众，或至千余人，大抵尽收放流人民也。远去乡里，弃坟墓，依倚大家，聚深山穷泽之中，成奸伪之业，遂朋党之权，其轻为非亦大矣！今者，广进贤之途，练[9]择守尉，不待去盐铁而安民也。"

「注释」

① 宁归：告假归家办理父母丧事。

② 令品：有关于盐铁的法律条文。

③ 卒徒：从事煮盐炼铁的更卒和刑徒。

④ 专利：垄断名山大泽的利益。

⑤ 少府：始于战国。秦、汉相沿，位列九卿。秩中二千石。掌山海池泽收入和皇室手工业制造，为皇帝的私府。

⑥ 大司农：西汉太初元年（前 104）改大农令置，简称“大农”。秩中二千石。位列九卿，掌管全国租赋收支和国家财政开支。

⑦ 沮：阻止。

⑧ 鼓铸：熔金属以铸器械或钱币。

⑨ 练：通“拣”，选择。

「译文」

御史大夫桑弘羊说：“前任扇水都尉彭祖告假回家办理父母丧事归来，汇报说：‘朝廷制定的盐、铁法令条文，内容非常清晰严明。从事煮盐冶铁的吏卒刑徒，穿衣吃饭都由国家供给，铸造铁器，供给使用的地方很多，并没有妨害百姓的利益。可是有的官吏不好，没有认真执行国家的禁令，因此给百姓带来烦扰和痛苦。’国家统一经营盐铁法令的本意，并非单纯为了获得一些利润，也是为了发展农业，抑制工商业，分化瓦解朋党势力，禁止骄奢淫逸，杜绝兼并的途径。古时候，不把名山大泽分封给诸侯，是因为担心这些诸侯会独占这些自然资源。山海的资源，湖泽的物产，都是大自然的宝藏，都应该归属朝廷少府管理；但是陛下并没有把这些当作私有财产，而是交给大司农去管理，用山泽的收入来弥补百姓赋税的不足。那些依赖商贾浮利为食的奇诡不正之人，总想霸占山海的资源，以便发家致富，役使和盘剥百姓，因此阻挠盐铁官营的议论很多。铁器和兵器，是对国家有很大用处的，不适宜让众多的私人去经营。过去，豪门大户独占山海的资源，开采铁矿，铸造铁器钱币，煮海水制盐。这些豪门大户聚集徒众，有的多达上千人，所收容的大都是那些流放的犯人。这些人离乡背井，舍弃祖坟，依附于豪强大户，聚集在深山大泽之中，从事奸诈欺骗的勾当，实施结党营私的权谋，他们任意为非作歹，危害非常大啊！现在，朝廷广泛选拔贤人，谨慎地挑选地方官吏，不用取消盐铁官营也能使百姓安居乐业。”

文学曰：“扇水都尉所言，当时之权①，一切②之术也，不可以久行而传世，此非明王所以君国子民之道也。《诗》云：‘哀哉为犹，匪先民是程，匪大犹是经，维迩言是听。’此诗人刺不通于王道，而善为权利者。孝武皇帝攘九夷③，平百越④，师旅数起，粮食不足。故立田官，置钱⑤，入谷射官，救急赡不给。今陛下继大功之勤，养劳倦之民，此用麋⑥鬻之时；公卿宜思所以安集百姓，致利除害，辅明主以仁义，修润洪业之道。明主即位以来，六年于兹，公卿无请减除不急之官，省罢机利之人。人权县⑦太久，民良望于上。陛下宣圣德，昭明光，令郡国贤良、文学之士，乘传⑧诣公车，议五帝、三王之道，六艺之风，册陈⑨安危利害之分，指意粲然。今公卿辨议，未有所定，此所谓守小节而遗大体，抱小利而忘大利者也。”

「注释」

① 权：权宜之计。

② 一切：一时。

③ 九夷：泛指东北少数民族。

④ 百越：古族名。秦汉前分布于长江中下游以南，部落众多，故有百越、百粤之称。从事渔猎、农耕，以擅长金属冶炼、水上航行著称。习断发文身，居干栏。

⑤ 置钱：国家统一铸钱。

⑥ 麋：通“糜”，煮烂。

⑦ 县（xuán）：期待。

⑧ 乘传：驿站用四匹下等马拉的车。

⑨ 册陈：上书陈述。册，通“策”。

「译文」

文学之士说：“扇水都尉说的话是一时的权宜之计，不能够长久实行而延续后世，这不是贤明的君王治理国家、统治百姓的措施。《诗经》说：‘这种谋划真是可悲啊，既不遵守先王的法式，又不经营远大的计划，只是听信身边亲信之徒。’这就是诗人讽刺的那些不懂得王道又善于玩弄权势的人。武帝征伐夷狄、扫平百越，屡次出兵，粮食不够用。因此设立了管理屯田的官员，实行国家统一铸造钱币的政策，向国家交纳钱粮就可以封官，以此来拯救危急，弥补不足。如今陛下继承了武帝频繁征战创建的巨大事业，养育着劳累疲惫的百姓，正是安定百姓、休养生息的时候，朝廷公卿应该好好思考该如何让百姓安定下来，兴利除害，用仁义辅佐圣明君主，修治润饰宏图大业。如今圣明的陛下继位已有六年了，公卿们却没有上书请求裁减冗官、罢免投机取巧的小人。百姓期待权衡轻重已经很久了，对朝廷寄予了厚望。陛下宣明圣贤之德、广布恩泽，命令各郡国的贤良、文学之士乘坐官车来到京城，讨论五帝、三王的治国方法和六艺的教化，上书陈述安危利害之分野，这个旨意非常明确。可是现在公卿们的辩论仍然没有抓住主题，这就是人们所说的守住了小节而忽略了大体，只顾着小利却忘了大利啊。”

大夫曰：“宇栋[①]之内，燕雀不知天地之高；坎井之蛙，不知江海之大；穷夫否妇，不知国家之虑；负荷[②]之商，不知猗顿之富。先帝计外国之利，料胡、越之兵，兵敌弱而易制，用力少而功大，故因势变以主四夷，地滨山海，以属长城，北略河外，开路匈奴之乡，功未卒。盖文王受命伐崇[③]，作邑于丰；武王继之，载尸以行，破商擒纣，遂成王业。曹沫弃三北之耻，而复侵地；管仲负当世之累，而立霸功。故志大者遗小，用权者离俗。有司思师望之计，遂先帝之业，志在绝胡貉[④]，擒单于，故未遑扣扃之义[⑤]，而录拘儒之论。”

「注释」

① 宇栋：宇，屋檐。栋，房屋的正梁。

② 负荷：背负肩荷。

③ 崇：指崇侯虎，为有崇氏（今河南嵩县北）国君，名虎。商代时受封为侯，是纣王的重要羽翼。

④ 胡貉：代指匈奴。

⑤ 扣扃（jiōng）之义：门外汉的议论，不切实际的空谈。扣扃，叩门，敲门。

「译文」

御史大夫桑弘羊说："屋檐房梁之内的麻雀、燕子不知道天地的高远，土井里面的青蛙也不知道大江大海的广阔，不识大体的穷夫野妇不知道治理国家的忧虑，肩背担挑的小商人不知道大商人猗顿到底有多富有。已故的武帝分析了外族的利弊，估计了匈奴、百越的兵力，认为他们兵力脆弱，而且容易制服，不用费太多兵力就能获得大胜，因此根据形势的变化，来主导对四夷的攻伐，使汉朝疆界依山临海，并将长城连接了起来，向北攻取黄河以北的地区，开辟了直通匈奴地区的道路，可惜武帝的功业最终没有完成。当年周文王受天命讨伐崇侯，在丰地建立国都。武王继承了文王的事业，用车载着文王牌位征战，打败商王朝活捉了纣王，终于完成周王朝大业。曹沫用威胁齐桓公的手段，夺回被齐国侵占的土地；管仲背负着世俗的批评却帮助齐桓公成就霸业。所以说，志向远大的人不拘泥于小节，通达权变的人不拘泥于世俗之见。目前官员们正在思考如何才能像姜子牙辅佐周武王那样，去完成武帝没有完成的功业，立志消灭匈奴，活捉单于。因此，我们没有时间考虑你们这些门外汉不切实际的观点，和这种固执迂腐的儒生空论。"

文学曰："燕雀离巢宇而有鹰隼之忧，坎井之蛙离其居而有蛇鼠之患，况翱翔千仞而游四海乎？其祸必大矣！此李斯[①]所以折翼，而赵高[②]没渊也。闻文、武受命，伐不义以安诸侯大夫，未闻弊诸夏以役[③]夷、狄也。昔秦常举天下之力以事胡、越，竭天下之财以奉其用，然众不能毕；而以百万之师，为一夫[④]之任，此天下共闻也。且数战则民劳，久师则兵弊，此百姓所疾苦，而拘儒之所忧也。”

「注释」

① 李斯（？—前208）：秦朝政治家。楚上蔡（今河南上蔡西南）人。初为郡小吏，后从荀卿学。战国末入秦，初为吕不韦舍人，后被秦王政（秦始皇）任为客卿。秦统一后，任丞相，反对分封制，主张焚《诗》《书》，并以小篆为标准，整理文字，对中国文字的统一有一定贡献。秦始皇死后，他与赵高合谋篡改遗诏，迫令秦始皇长子扶苏自杀，立少子胡亥为二世皇帝，即秦二世。后为赵高所陷害，被腰斩于市。

② 赵高（？—前207）：秦大臣。本赵国人。后入秦宫，管事二十余年，任中车府令，兼行符玺令事。亲近秦始皇少子胡亥。始皇死后，与李斯篡改遗诏，逼使始皇长子扶苏自杀，立胡亥为二世皇帝。任郎中令，居中用事，指鹿为马，控制朝政。后害死李斯，任中丞相；不久又杀二世，立子婴为秦王。旋为子婴所杀。

③ 役：征讨。

④ 一夫：犹独夫。指众叛亲离的暴君。

「译文」

文学之士说：“麻雀、燕子离开巢穴就会有被鹰隼抓走的担忧，土井里的青蛙离开居所就会有被蛇鼠捕食的危险，更何况要飞翔在千仞高空、畅游于四海之内呢？所遇到的祸患必定更大！这就是李斯被杀、赵高灭亡的原因。听说过周文王、周武王受天命，讨伐不仁义的商纣王来安抚诸侯大夫，没有听过损害中原诸侯而去征讨攻打夷、狄的事情。过去，秦王朝数次发动天下的兵力讨伐匈奴、百越，竭尽天下的财力来供给战争的费用，然而最终没能完成，以百万人的军队为秦始皇一人驱使，这件事天下人都听说了。而且屡次作战，百姓就会疲惫，长期用兵，将士们也会厌倦。这些都是百姓所痛恨和苦恼的，也是我们这些固执守旧的儒生所忧虑的。”

卷二

非鞅第七

大夫曰："昔商君[1]相秦也，内立法度，严刑罚，饬政教，奸伪无所容。外设百倍之利，收山泽之税，国富民强，器械完饰，蓄积有余。是以征敌伐国，攘地斥境，不赋百姓而师以赡。故利用不竭而民不知，地尽西河[2]而民不苦。盐铁之利，所以佐百姓之急，足军旅之费，务蓄积以备乏绝，所给甚众[3]，有益于国，无害于人。百姓何苦尔，而文学何忧也？"

「注释」

① 商君：商鞅（约前390—前338），战国时政治家，卫国人，公孙氏，名鞅，亦称卫鞅。初为魏相公叔痤家臣，后入秦说服秦孝公变法图强。秦孝公六年（前356，一说在三年）任左庶长，实行变法。旋升大良造。秦孝公十二年进一步变法。后十年（前340）因战功封於（今河南内乡东）、商（今陕西商洛市东南）十五邑，号商君，因称商鞅。

② 地尽西河：秦国疆域拓展到西河。

③ 所给甚众：好处很多。

「译文」

御史大夫桑弘羊说："以前，商鞅作为秦国的宰相，他在朝廷之内制定了严格的法令和刑罚，整顿了政府的管理和教育，不留任何空间给那些欺诈和虚假行为。在地方上，他兴办了能创造极大经济利益的事业，征收山林和湖泽的税收，使得国家变得富裕，百姓强盛，武器装备一应俱全，粮食储备充足。因此，当秦国出征攻打敌国，扩张领土时，没有向百姓征税，积累的资源足够供养军队。这样一来，秦国的财富源源不断，而百姓却对此毫无察觉；国土扩张至西河，百姓也没有遭受战争带来的苦楚。盐铁官营的利润，是用来支援百姓在困难时刻的需求，补足军队的开销，努力储备粮食以防不时之需，盐铁官营的好处非常多，对国家有利，对百姓无害。百姓又有何痛苦可言，你们又有何忧虑呢？"

文学曰："昔文帝之时，无盐铁之利而民富；今有之而百姓困乏，未见利之所利也，而见其害也。且利不从天来，不从地出，一取之民间，谓之百倍，此计之失者也。无异于愚人反裘而负薪[①]，爱其毛，不知其皮尽也。夫李梅实多者，来年为之衰；新谷熟而旧谷为之亏。自天地不能两盈，而况于人事乎？故利于彼者必耗于此，犹阴阳之不并曜，昼夜之有长短也。商鞅峭法长利[②]，秦人不聊生，相与哭孝公。吴起长兵攻取，楚人搔[③]动，相与泣悼王。其后楚日以危，秦日以弱。故利蓄而怨积，地广而祸构，恶在利用不竭而民不知，地尽西河而人不苦也？今商鞅之册[④]任于内，吴起之兵用于外，行者勤于路，居者匮于室，老母号泣，怨女叹息；文学虽欲无忧，其可得也？”

「注释」

① 反裘而负薪：亦作“反裘负刍”。反穿皮衣而背柴草。《晏子春秋·杂上》：“（晏子）睹弊冠反裘负刍，息于涂侧者，以为君子也，使人问焉。”比喻处事颠倒轻重本末。

② 长利：崇尚财利。

③ 搔：通“骚”，骚动不安。

④ 册：通“策”，策略。

「译文」

文学之士说：“以前在文帝统治时期，尽管没有盐铁的官方经营，百姓依然富足；而现在虽然有了盐铁官营，但百姓却陷入了贫穷。盐铁官营的好处并未显现，其弊端却已经显而易见。再者，这些利益并非从天而降或由地而出，而是从民众那里榨取来的，虽然号称能获得百倍之利，但这实际上是一种策略上的错误。这就像那些愚蠢的人，他们将皮毛翻转穿在外面背着柴火，只顾爱护毛皮，却不知道皮板已经磨损殆尽。就像李子和梅子，如果今年结果太多，明年就会减产；新谷物成熟了，旧谷物的品质就会下降。连天地都不能做到两方盈满，何况人间的事务？因此，对一方有利必然会损害另一方，就像太阳、月亮不能同时照耀，白天黑夜也有长短之分。商鞅推行严苛的法律，崇尚财利，导致秦国的百姓生活艰难，纷纷向孝公哭泣求告。吴起强化军力进行攻伐，楚国的百姓骚动不安，一同向悼王哭诉。随后，楚国日益陷入危机，秦国也逐渐衰弱。因此，虽然财富积累，但民怨也在累积；领土虽然扩大，但灾难也随之而来。哪里有什么秦国的财利取之不尽而民众浑然不觉，领土扩张到西河而百姓不遭受战争的痛苦呢？现在，朝廷内部沿用商鞅的策略，对外则像吴起那样频繁征战，使得征夫在路上劳累，思妇缺乏生计而忍饥挨饿，老母亲哭泣，年轻女子叹息。即使我们想要无忧无虑，但这又怎能做到呢？”

大夫曰：“秦任商君，国以富强，其后卒并六国而成帝业。及二世之时，邪臣擅断，公道不行，诸侯叛弛①，宗庙隳亡②。《春秋》曰：‘末言尔，祭仲亡也。’夫善歌者使人续其声，善作者使人绍③其功。椎车之蝉攫④，负子之教也。周道之成，周公之力也。虽有裨谌⑤之草创，无子产之润色，有文、武之规矩，而无周、吕之凿枘⑥，则功业不成。今以赵高之亡秦而非商鞅，犹以崇虎乱殷而非伊尹也。”

「注释」

① 叛弛：叛离。

② 隳（huī）亡：毁坏。

③ 绍：继承。

④ 蝉攫（jué）：车轮的外圈。

⑤ 裨谌（pí chén）：春秋时期郑国大夫。郑国发布政令，先由裨谌起草，再由子产加工修饰。

⑥ 凿枘（ruì）：凿，榫卯。枘，榫头。凿枘相应，比喻互相投合。

「译文」

御史大夫桑弘羊说："秦国曾经委任商鞅为相，国家因此变得富有和强大，最终吞并山东六国一统天下，建立了帝国。但到了秦二世时期，奸臣赵高独断专行，正义之路无法实施，各地诸侯纷纷叛离，祖宗的庙宇也遭到毁坏。《春秋公羊传·桓公十五年》有云：'不用说郑厉公夺权了，因为祭仲已死。'擅长歌唱的人能让别人接续他的歌声，优秀的创始人能让后人继承他的功业。独木轮车的车辋，是古代诸侯病中的智慧发明。西周的兴盛，归功于周公。即使有裨谌的初创，但缺少子产的精细打磨，即使有文王和武王的规矩，却没有周公和姜太公的通力配合，那么周朝伟大的事业也无法成就。现在，你以赵高灭亡秦国而非难商鞅，就如同因崇侯虎扰乱殷朝的纲纪却非难伊尹一样。"

文学曰："善凿者建周而不拔①，善基者致高而不蹶②。伊尹以尧、舜之道为殷国基，子孙绍位，百代不绝。商鞅以重刑峭法为秦国基，故二世而夺。刑既严峻矣，又作为相坐之法，造诽谤，增肉刑，百姓斋栗③，不知所措手足也。赋敛既烦数矣，又外禁山泽之原，内设百倍之利，民无所开说容言。崇利而简义，高力而尚功，非不广壤进地也，然犹人之病水④，益水而疾深，知其为秦开帝业，不知其为秦致亡道也。狐刺之凿，虽公输子不能善其枘。畚[5]土之基，虽良匠不能成其高。譬若秋蓬被霜，遭风则零落，虽有十子产，如之何？故扁鹊不能肉白骨，微、箕不能存亡国也。”

「注释」

① 建周而不拔：安上榫头，周严而不脱落。

② 致高而不蹶：砌上高墙，牢固而不倒塌。

③ 斋栗：敬谨恐惧貌。

④ 病水：指得了浮肿病。

⑤ 畚（běn）：古代用草绳编成的容器，后也用竹、木或其他材料为之，即畚箕。

「译文」

文学之士说：“擅长凿榫眼的人能够打造出完美的榫卯结构，周严而不脱落；擅长打地基的人，砌出的高楼大厦牢固而不会倒塌。伊尹依循尧舜的治国之道为殷商的根基，使得商汤的后代能够世代相传，百年不衰。而商鞅用严苛的刑法作为秦国的根基，导致秦朝仅在二世就覆灭了。刑罚已经非常严厉了，他还制定了连坐法，颁布了诽谤罪，增加了肉刑，让百姓惊恐不安，不知所措到连手脚都不知道放哪儿了。赋税已经够繁重了，他还禁止民间开发山林湖泽的资源，朝廷内部设立了谋取高额利润的机构，百姓无处诉说不平。他推崇财富而轻视礼义，重视武力而尊崇功绩，并不是说秦国不能扩张领土，但这就像患有浮肿病的人，喝水越多，病情越严重。你只知道商鞅帮助秦国开创了帝国，却不知道他也为秦国的灭亡埋下了祸根。榫眼歪歪斜斜，那么即使是鲁班这样的大师也不能做好榫头。

由一畚箕土打成的不稳固的地基，即使是最好的建筑师也无法建造高楼。就像秋天的蒲公英遇到霜冻，一阵风吹过就会凋落，即使有十个子产又能怎么样呢？因此，就算名医扁鹊也无法让白骨重新长肉，仁人微子、箕子也无法挽救一个将亡的国家。”

大夫曰：“言之非难，行之为难。故贤者处实而效功，亦非徒陈空文而已。昔商君明于开塞[1]之术，假当世之权，为秦致利成业，是以战胜攻取，并近灭远，乘[2]燕、赵，陵[3]齐、楚，诸侯敛衽[4]，西面而向风。其后，蒙恬征胡，斥地千里，逾之河北，若坏朽折腐[5]。何者？商君之遗谋，备饬素修也。故举而有利，动而有功。夫畜积筹策，国家之所以强也。故弛废而归之民，未睹巨计而涉大道也。”

「注释」

① 开塞：开疆拓土。

② 乘：制服。

③ 陵：超越。

④ 敛衽：整理衣襟，表示恭敬。

⑤ 坏朽折腐：摧枯拉朽，形容极容易摧毁。

「译文」

御史大夫桑弘羊说：“谈论问题并不困难，真正的难事在于实际执行。因此，真正有智慧的人会采取实际行动并取得成就，而不仅仅是空谈。商鞅在过去精通于开拓和封锁的技巧，利用当时的权势，为秦国带来了财富、成就了帝业。因此，秦国在战争中总是胜利，攻击必定成功，吞并了邻近的国家，消灭了远方的敌人，制服燕国和赵国，凌驾于齐国和楚国之上，山东诸侯纷纷整理衣冠，向西望风归服。之后，蒙恬征服了胡人，扩张了千里疆土，越过了黄河北部，势如摧枯拉朽。这一切是怎么做到的？因为他们继承了商鞅留下的策略，平日里不断强化和准备。所以每一次行动都带来了利益，每一次举措都取得了成效。积累财富和谋略是国家强盛的关键。因此，放弃盐铁专营权归还给民众，是没有认识到国家的宏伟计划，没有理解深远的道理。”

文学曰：“商鞅之开塞，非不行也；蒙恬却胡千里，非无功也；威震天下，非不强也；诸侯随风西面，非不从也；然而皆秦之所以亡也。商鞅以权数危秦国，蒙恬以得千里亡秦社稷：此二子者，知利而不知害，知进而不知退，故果身死而众败。此所谓恋朐①之智，而愚人之计也，夫何大道之有？故曰：‘小人先合而后忤②，初虽乘马，卒必泣血③。’此之谓也。”

「注释」

① 恋朐（qú）：又作“挛拘”“拘挛”，手脚弯曲，此处指慧根浅薄。

② 小人先合而后忤：语见《淮南子·人间训》。合，迎合。忤，违逆，抵触。

③ 初虽乘马，卒必泣血：语见《周易·屯卦》。

「译文」

文学之士说："商鞅的开拓和封锁策略，并不是不可行的；蒙恬将匈奴赶出千里之外，也不是无功的；秦国的威力震撼了天下，这并不是不强大；各诸侯国西面望风归服，也不是不顺从；但这些都是秦国灭亡的原因。商鞅利用权谋危害了秦国，蒙恬因为夺取了千里之地而导致秦国社稷土崩瓦解：这两人，只懂得追求利益而不知道潜在的危害，只知道前进而不懂得何时应该后退，结果导致自己惨死，众人也跟着失败。这正是所谓的肤浅智慧和愚蠢的策略，哪里有什么伟大的道理？所以说：'小人开始时会迎合，后来却背叛，虽然一开始骑马得意，最终却必定泪流满面。'说的正是商鞅和蒙恬这两个人。"

大夫曰："淑好之人，戚施[1]之所妒也；贤知之士，阘茸[2]之所恶也。是以上官大夫短屈原于顷襄[3]，公伯寮愬[4]子路于季孙。夫商君起布衣，自魏入秦，期年[5]而相之，革法明教，而秦人大治。故兵动而地割，兵休而国富。孝公大说，封之於、商之地方五百里，功如丘山，名传后世。世人不能为，是以相与嫉其能而疵其功也。"

「注释」

① 戚施：本是蟾蜍，四足据地，无颈，不能仰视，因以比喻貌丑驼背之人。

② 阘茸（tà róng）：指地位卑微或庸碌低劣的人。

③ 顷襄：指战国楚顷襄王。

④ 愬（sù）：通“诉”，进谗言，毁谤。

⑤ 期年：一年。

「译文」

御史大夫桑弘羊说：“美丽贤淑的女子，常遭到貌丑驼背之人的嫉妒；那些有才智的贤明士人，往往被卑贱无能的人所憎恨。正因如此，上官大夫在顷襄王面前诋毁屈原，公伯寮在季孙氏面前中伤毁谤子路。商鞅本是一介布衣，从魏国来到秦国，一年便成为相国，彻底改革法制，推行明晰的教化，将秦国治理得井井有条。因此，每当秦军出征，魏国便割地求和，军队归营休整，国家富裕强盛。秦孝公对此大为欣喜，赐予商鞅於、商两地共五百里，其功绩堪比山丘，名声流芳百世。普通人难以达到商鞅的成就，因此纷纷嫉妒他的才能，并诋毁他的功劳。”

文学曰：“君子进必以道，退不失义，高而勿矜，劳而不伐，位尊而行恭，功大而理顺；故俗不疾其能，而世不妒其业。今商鞅弃道而用权，废德而任力①，峭法盛刑，以虐戾②为俗，欺旧交以为功，刑公族以立威，无恩于百姓，无信于诸侯，人与之为怨，家与之为雠，虽以获功见封，犹食毒肉愉饱而罹其咎也。苏秦合纵连横[3]，统理六国，业非不大也；桀、纣与尧、舜并称，至今不亡，名非不长也；然非者不足贵。故事不苟多，名不苟传也。”

「注释」

① 任力：凭借武力。

② 虐戾：残暴凶狠。

③ 合纵连横：战国时七雄之间在兼并战事中拉拢与国的活动方式。弱国联合进攻强国，称为“合纵”；随从强国去进攻其他弱国，称为“连横”，亦称“合横”“连衡”。

「译文」

文学之士说：“真正的君子进身仕途必须遵循正道，即使隐退也不会失去礼义，即便地位高也不自傲，功勋卓著也不夸耀，地位尊贵也保持谦逊，成就巨大也通情达理；因此，普通人不会因他的才能而怨恨，世人也不会因他的成就而嫉妒。而商鞅放弃了正道而采取权谋，摒弃了德行而任用武力，制定苛刻的法律和严厉的刑罚，以残酷和暴力为风俗，通过欺骗他的老朋友公子卬来建立功名，用惩罚贵族公子虔和公孙贾来树立威望，对百姓没有一点恩惠，对诸侯没有一丝信誉，人人都对他怀有怨恨，每个家庭都视他为敌人，尽管他因军功被封为商君，这就像吃了毒肉，虽然暂时饱足，但最终会受到毒害。苏秦推行合纵连横的策略，统一了东方六国，他的功业不可谓不伟大；桀、纣的名字与尧、舜并列，至今仍被人记住，他们的名声不可谓不长久；然而，历史上被否定的人并不值得尊敬。因此，我们不能随意赞扬过去的人事，也不能随意传颂谁的名声。”

大夫曰：“缟素[①]不能自分于缁墨[②]，贤圣不能自理于乱世。是以箕子执囚，比干被刑。伍员相阖闾[③]以霸，夫差不道，流而杀之。乐毅信功于燕昭[④]，而见疑于惠王。人臣尽节以徇名，遭世主之不用。大夫种[⑤]辅翼越王，为之深谋，卒擒强吴，据有东夷，终赐属镂[⑥]而死。骄主背恩德，听流说，不计其功故也，岂身之罪哉？”

「注释」

① 缟素：泛指白色丝织物。

② 缁墨：黑色染料。

③ 阖闾（hé lǘ）（？—前 496）：亦作“阖庐”。春秋时吴国君。吴王诸樊之子（一说夷末之子）。公元前 514—前 496 年在位。名光。用专诸刺杀吴王僚自立。

④ 燕昭：燕昭王（？—前 279），战国时燕国君。燕王哙庶子。公元前 311—前 279 年在位。名职。

⑤ 大夫种：文种，春秋末年越国大夫。字少禽（一作“子禽”），楚国郢（今湖北荆州市荆州区西北）人。越王勾践三年（前 494），越被吴击破，勾践困守会稽（今浙江绍兴市）。他献计赴吴贿赂太宰嚭求和，得免亡国。

⑥ 属镂（zhǔ lòu）：剑名。

「译文」

御史大夫桑弘羊说：“白色丝织品无法在黑色染料中保持本色，

贤明的圣人也难以在混乱的时代中保全自我。这就是为什么箕子会被囚禁、比干会被剖心。伍子胥帮助吴王阖闾称霸，但夫差无道，最终将他杀害并且把他的尸体扔进江中。乐毅曾在燕昭王时期立下赫赫战功，却在燕惠王那里遭到怀疑。忠诚的臣子们为了名誉而牺牲自己，却遇到了平庸的君主而被弃用。越国的大夫文种辅佐越王勾践，为他策划深远，最终将强大的吴国消灭，占领了吴国的土地，然而却被越王赐剑自杀而亡。这些都是因为骄横的君主忘记了恩情，听信了谗言，没有考虑到他们的功绩，这难道是他们自己的过错吗？”

文学曰：“比干剖心，子胥鸱夷[①]，非轻犯君以危身，强谏以干名也。憯怛[②]之忠诚，心动于内，忘祸患之发于外，志在匡君救民，故身死而不怨。君子能行是不能御非，虽在刑戮之中，非其罪也。是以比干死而殷人怨，子胥死而吴人恨。今秦怨毒[③]商鞅之法，甚于私仇，故孝公卒之日，举国而攻之，东西南北莫可奔走，仰天而叹曰：‘嗟乎，为政之弊，至于斯极也！’卒车裂族夷，为天下笑。斯人自杀，非人杀之也。”

「注释」

① 鸱夷：亦作“鸱鵺”。皮制的口袋。

② 憯怛（cǎn dá）：忧伤，痛悼。

③ 怨毒：极端怨恨。

「译文」

文学之士说："比干的心脏被挖出，伍子胥的尸体被装入皮囊漂浮在江上，并不是因为他们轻率地冒犯了君主而使自己置身险境，也不是为了名声而强行进谏。他们内心深处的悲痛与忠诚激荡着，忘却了外界的灾祸，他们的志向是纠正君主的过失，拯救百姓，因此即便是死，也无怨言。真正的君子能够做出正确的事，但无法阻止别人的非议，即使遭受刑罚和杀身之祸，也并非他们的过错。因此，比干之死让殷民怨恨纣王，子胥之死让吴民憎恨夫差。现在，秦国百姓对商鞅的法律充满了怨恨，甚至超过了个人恩怨，因此在孝公驾崩的那一天，整个国家的百姓奋起而攻击商鞅，商鞅无处可逃，无论东西南北。他仰望天空，叹息道：'唉，秦国的弊政，竟达到了如此地步！'最终，商鞅被车裂，他的家族被灭，成了世人的笑柄。这是他自己的选择，不是别人杀害了他。"

晁错第八

大夫曰："《春秋》之法，君亲无将[1]，将而必诛。故臣罪莫重于弑君，子罪莫重于弑父。日者[2]，淮南[3]、衡山[4]修文学，招四方游士，山东儒、墨咸聚于江、淮之间，讲议集论，著书数十篇。然卒于背义不臣，使谋叛逆，诛及宗族。晁错[5]变法易常，不用制度，迫蹙[6]宗室，侵削诸侯，蕃臣不附，骨肉不亲，吴、楚积怨，斩错东市，以慰三军之士而谢诸侯。斯亦谁杀之乎？"

「注释」

① 将：《春秋公羊传》把意欲弑君弑亲的行为称之为"将"，指犯罪意图。

② 日者：往日，从前。

③ 淮南：指淮南王刘安（前 179—前 122），西汉思想家、文学家。沛郡丰（今江苏丰县）人。汉高祖之孙，袭父封为淮南王。好读书鼓琴，善为文辞，才思敏捷，奉武帝命作《离骚传》。

④ 衡山：指衡山王刘赐，为汉高祖刘邦之孙、淮南厉王刘长之子、刘安之弟，因参与刘安谋反，案发后自杀。

⑤ 晁错（前 200—前 154）：西汉政论家。颍川（治今河南禹州）人。

初从张恢学申不害、商鞅刑名之学。文帝时，任太常掌故，曾奉命从故秦博士伏生受《尚书》。后为太子家令，得太子（即景帝）信任，号“智囊”。景帝即位，任御史大夫。提出逐步削夺诸侯王国的封地等策。不久，吴楚等七国以诛晁错为名，举兵叛乱，他为袁盎等所谮，被杀。

⑥ 迫蹙（cù）：逼迫，压迫。

「译文」

御史大夫桑弘羊说：“《春秋》的一个笔法是，对君主和父母不能怀有谋害图弑之心，一旦有此念头，必须严惩不贷。因此，在臣子的罪行中，没有什么比杀害君主更为严重的，同样，在子女的罪行中，没有什么比杀害父亲更为严重的。从前，淮南王刘安和衡山王刘赐招揽各地的学者，聚集了山东的儒家和墨家学者在江淮一带，他们共同讨论学术，著《淮南鸿烈》数十篇。但最终，他们背叛了君臣之间的义理，策划和教唆了叛乱，导致自己和家族成员被处死。晁错改变了汉朝的传统法制，不按照既定的分封制度行事，逼迫皇族宗亲，削弱了诸侯的权力和封地，使得藩国不再效忠中央，皇族内部也失去了亲情，吴国、楚国七国因此积累了深仇大恨开始反叛，最终晁错在东市被斩首，这是为了安抚军中将士和向诸侯表达歉意。那么，晁错的死，究竟是谁的责任呢？”

文学曰：“孔子不饮盗泉之流，曾子不入胜母之闾。名且恶之，而况为不臣不子乎？是以孔子沐浴而朝，告之哀公[①]。陈文子有马十乘，弃而违之。《传》曰：‘君子可贵可贱，可刑可杀，而不可使为乱。’若夫外饰其貌而内无其实，口诵其文而行不犹其道，是盗，固与盗而不容于君子之域。《春秋》不以寡犯众，诛绝之义有所止，不兼怨恶也。故舜之诛，诛鲧；其举，举禹。夫以玙璠[2]之玼[3]，而弃其璞，以一人之罪，而兼其众，则天下无美宝信士也。晁生言诸侯之地大，富则骄奢，急即合从。故因吴之过而削之会稽，因楚之罪而夺之东海，所以均轻重，分其权，而为万世虑也。弦高诞于秦而信于郑，晁生忠于汉而雠于诸侯。人臣各死其主，为其国用，此解杨之所以厚于晋而薄于荆也。”

「注释」

① 哀公：鲁哀公，姬姓，名将，是鲁国第二十六任君主。

② 玙璠（yú fán）：亦作“璠玙”。美玉。

③ 玼：通“疵”，玉的斑点。引申为事物的缺点。

「译文」

文学之士说：“孔子拒绝饮用被称为‘盗泉’的水，曾子也不会走进名为‘胜母’的巷子。有着不良名声的名字都要厌恶，更何况是做违背忠孝的坏事呢？因此，当陈成子杀害了齐简公，孔子洗浴完毕后便去朝见鲁哀公，向他报告了这一刺杀事件，请求讨伐叛贼。崔杼杀害了齐庄公后，陈文子虽然拥有四十匹马，但他选择放弃这一切，离开了齐国。《礼记·表记》中说：‘对于君子，你可以使他尊贵，也可以使他贫贱，可以对他施以刑罚，甚至可以杀死他，但绝不能让他参与叛乱之事。’那些外表装扮得体却内心空虚、口头上背诵经文而行为却不遵守其中道理的人，他们本质上与盗贼无异，不应该被纳入君子的领域。《春秋》的笔法之一，是不以少数人的过错去惩罚多数人，即便执行极刑，也有一定的限度，这是为了不扩大怨恨。所以，舜帝处决的是鲧，而提拔的是禹。如果因为美玉上的一点瑕疵就抛弃整块玉石，因为个别人的过错就连累整个群体，那么世上就不会再有美玉和值得信赖的人了。晁错告诉皇帝，诸侯的领土太大，他们一旦富有就会变得奢侈放纵，一旦形势紧急就会联合起来反叛。因此，他建议利用吴王刘濞的错误，削夺吴国的会稽郡；利用楚王刘戊的罪行，削夺楚国的东海郡。这样做是为了平衡诸侯之间的力量，分散他们的权力，为汉朝的长远安全着想。春秋时期的郑国商人弦高在秦国行骗，但他在郑国却是一个忠诚的臣子；晁错忠于汉朝，却成了吴、楚等诸侯的敌人。每个臣子都应为自己的君主和国家效力至死，这就是春秋时期晋国的解扬对晋国忠诚而欺骗楚国的原因。”

刺权第九

大夫曰："今夫越之具区，楚之云梦，宋之钜野，齐之孟诸，有国之富而霸王之资也。人君统而守之则强，不禁则亡。齐以其肠胃予人①，家②强而不制，枝大而折干，以专巨海之富而擅鱼盐之利也。势足以使众，恩足以恤下③，是以齐国内倍④而外附。权移于臣，政坠于家，公室卑而田宗强，转毂游海者盖三千乘，失之于本而末不可救。今山川海泽之原，非独云梦、孟诸也。鼓铸煮盐，其势必深居幽谷，而人民所罕至。奸猾交通山海之际，恐生大奸。乘利骄溢，散朴滋伪，则人之贵本者寡。大农盐铁丞⑤咸阳、孔仅等上请：'愿募民自给费，因县官器，煮盐予用⑥，以杜浮伪之路。'由此观之：令意所禁微，有司之虑亦远矣。"

「注释」

① 以其肠胃予人：指齐国将物产大权交给权臣管理。肠胃，借喻中枢要地，犹腹心。

② 家：卿大夫采邑。

③ 恤下：笼络臣下。

④ 倍：通"背"，违背。

⑤ 大农盐铁丞：大农，大农令为秦汉时掌管全国财政经济的主管官。盐铁丞，掌管盐铁官营。

⑥ 予用：交付国家使用，即由国家收购。

「译文」

御史大夫桑弘羊说："如今越国的具区泽、楚国的云梦泽、宋国的钜野泽、齐国的孟诸泽，这些都是国家的宝贵财富，也是霸主的重要资源。如果君主能统一管理这些资源，国家就会强大；如果不能阻止他人占有，国家就会衰亡。齐国就是因为把储藏物产大权——好比国家的肠胃——交给了他人，导致卿大夫变得强大而无法约束控制，枝叶过大终将折断树干，大夫专横地掌握了海洋的财富，独占了渔盐的利益。大夫田氏家族的势力强大到足以使唤民众，恩泽足以笼络下属，因此齐国的百姓背叛了君主，转而依附田氏。权力从君主手中转移到了大臣手中，政治权力落入了大夫采邑的手中，君主地位低微而田氏家族强大，沿海运输渔盐的车辆多达三千辆。一旦失去了资源的根本，其他问题就无法挽回了。现在山川、海泽的资源，并不仅限于云梦泽和孟诸泽。铸造和煮盐的地方，必然是深山幽谷之中、人迹罕至的地方。奸诈之人在山海之间往来，恐怕会引发大的叛乱。他们依靠财利而变得骄傲自大，破坏了朴素的风气，滋生了虚假的行为，这样就更少有人重视农业的根本了。大农令的属官、盐铁丞东郭咸阳、孔仅等人提出请求：'希望能招募百姓自费，利用官方提供的工具来煮盐，然后由国家收购，以此来堵截弄虚作假的门路。'从这里我们可以看出，盐铁政策的意图是深远的，官员们的考虑也是深远的。"

文学曰："有司之虑远，而权家之利近；令意所禁微，而僭奢之道著。自利害之设，三业[①]之起，贵人之家，云行于涂，毂击于道，攘公法，申私利，跨山泽，擅官市，非特巨海鱼盐也；执国家之柄，以行海内，非特田常之势、陪臣[②]之权也；威重于六卿，富累于陶、卫，舆服僭于王公，宫室溢于制度，并兼列宅，隔绝闾巷，阁道错连，足以游观，凿池曲道，足以骋骛，临渊钓鱼，放犬走兔，隆豺[③]鼎力，蹋鞠斗鸡，中山素女抚流徵[④]于堂上，鸣鼓巴俞作于堂下，妇女被罗纨，婢妾曳绨纻，子孙连车列骑，田猎出入，毕弋[⑤]捷健。是以耕者释耒而不勤，百姓冰释而懈怠。何者？己为之而彼取之，僭侈相效，上升而不息，此百姓所以滋伪而罕归本也。"

「注释」

① 三业：指盐铁、酒榷、均输。

② 陪臣：古代诸侯的大夫，对天子自称"陪臣"。

③ 隆豺：驯服野兽。此处指斗兽。

④ 抚流徵：指弹琴。抚，通"拊"，拍。流，婉转。徵，古代五音之一。

⑤ 毕弋：毕为捕兽所用之网，弋为射鸟所用的系绳之箭。指打猎。

「译文」

文学之士说："主管官员们的考虑是长远的，但现在权贵们的私利却近在咫尺；盐铁禁令的意图虽然深远，但僭越奢侈之风却愈发显眼。自从朝廷设立了利国的职位，盐铁、酒榷、均输等三大官营产业兴起，那些富有的家族，他们的车辆如云涌般遍布大街小巷，车轮相撞的声音在道路上此起彼伏。他们无视国家法律，只顾扩张个人的利益，占领山川湖泊，独占官方市场，不仅仅是海洋中的鱼和盐；他们掌握着国家的权柄，横行天下，不仅仅拥有田常和陪臣的势力；他们的权势超过了晋国的六卿，财富堆积如陶朱公和卫国子贡，他们的车马和服饰比王公还要奢华，他们的宫殿和房屋超出了规定的标准。他们并购了连片的住宅，切断了街巷的通道，他们的楼阁和道路错综复杂，可以供人游走观光；他们在府邸内挖掘池塘，修建曲折的小径，可以尽情驰骋；他们在池塘边钓鱼，放纵狗和兔子进行追逐，驯养野兽以供娱乐，举重较力，踢球斗鸡；中山的美女在堂上演奏优美的乐曲，巴俞的舞女在堂下随着鼓声起舞；妇女们身着轻柔的丝绸衣裳，仆妇们拖着长长的麻布裙摆；他们的子孙驾车骑马，出入打猎，捕猎鸟兽，动作敏捷有力。因此，耕种的人们放下了农具，不再勤劳工作，普通百姓也变得懒惰。这是为什么呢？因为他们自己这样做，别人也跟着效仿，奢侈和僭越成为一种风气，不断上升，永无止境。这就是普通百姓为何滋长作伪、很少回归到农业这个根本上来的原因。”

大夫曰：“官尊者禄厚，本美者枝茂。故文王德而子孙封，周公相而伯禽[①]富。水广者鱼大，父尊者子贵。《传》曰：‘河、海润千里。[②]盛德及四海，况之妻子乎？故夫贵于朝，妻贵于室，富曰苟美，古之道也。《孟子》曰：‘王者与人同，而如彼者，居使然也。’居编户之列，而望卿相之子孙，是以跛夫之欲及楼季[3]也，无钱而欲千金之宝，不亦虚望哉！”

「注释」

① 伯禽：周代鲁国始祖。姬姓，字伯禽，亦称“禽父”。周公旦长子。周公东征灭奄（今山东曲阜）后，成王以殷民六族与商奄之地封之，国号“鲁”，建都曲阜。

② 河、海润千里：语见《春秋公羊传·僖公三十一年》。

③ 楼季：战国时期魏文侯之弟，善于行走攀登。

「译文」

御史大夫桑弘羊说：“职位高的官员享有丰厚的俸禄，根基牢固的树木枝叶繁茂。因此，周文王因其德行而使子孙获封，周公作为辅佐而使伯禽富贵。水域宽广的地方鱼儿就大，父亲地位高的家庭儿子也尊贵。《春秋公羊传·僖公三十一年》中说：‘黄河和大海滋润着千里之地。’伟大的德行能够泽被四海，何况是对他的妻儿呢？所以，丈夫在朝中显贵，妻子在家中也尊贵，富裕是美好的事，这是自古以来的常理。《孟子·尽心上》中说：‘国王和普通人本是一样的，但他之所以显得阔气，是他的地位使然。’如果你是普通百姓，却期望自己的子孙能成为高官显贵，这就像是跛脚的人想要追上善跑的楼季，没有钱却想要拥有价值连城的宝物，这不是白日做梦吗？”

文学曰：“禹、稷自布衣，思天下有不得其所者，若己推而纳之沟中，故起而佐尧，平治水土，教民稼穑。其自任天下如此其重也，岂云食禄以养妻子而已乎？夫食万人之力者，蒙其忧，任其劳。一人失职，一官不治，皆公卿之累①也。故君子之仕，行其义，非乐其势也。受禄以润贤②，非私其利。见贤不隐，食禄不专，此公叔之所以为文，魏成子所以为贤也。故文王德成而后封子孙，天下不以为党，周公功成而后受封，天下不以为贪。今则不然。亲戚相推，朋党相举，父尊于位，子溢于内，夫贵于朝，妻谒③行于外。无周公之德而有其富，无管仲之功而有其侈，故编户跛夫而望疾步也。”

「注释」

① 累：过失。

② 润贤：培养贤才。

③ 妻谒（yè）：谓宫中妇女得宠弄权，多所请托。

「译文」

文学之士说：“禹和稷最初只是普通百姓，他们考虑到那些不得其所的人，仿佛是自己将他们推入了沟渠一样，因此他们站出来辅助尧帝，禹治理洪水，稷教导人们耕作。他们如此重视天下百姓，并视为己任，怎能说食用俸禄仅仅是为了养家糊口？那些依靠万民之力生活的人，应该承担民众的忧虑，分担百姓的劳苦。一个人不尽职，一个官员不称职，都是公卿的过失。因此，君子从政，是为了施行仁义，而不是为了享受权力。接受俸禄是为了培养贤才，而不是为了私利。遇到贤人不隐藏，享用俸禄不独占，这是公叔谥号被称为‘文’、魏成子被誉为贤者的原因。所以，文王的德行施行之后子孙才被封赏，世人不认为他偏私；周公的功绩完成之后才接受封赏，世人不认为他贪婪。但现在的情况已经不同。亲戚之间互相推荐，朋友之间互相举荐，父亲身居高位，子弟在家中傲慢；丈夫在朝中显贵，妻子在外接受请托。他们没有周公的德行却享有他的富贵，没有管仲的功绩却拥有他的奢华，因此普通百姓也妄想获得高官厚禄，跛脚者也梦想步伐如飞。”

刺复第十

大夫曰[1]为色矜而心不怿[2]，曰："但居者不知负载之劳，从旁议者与当局者异忧。方今为天下腹居郡[3]，诸侯并臻[4]，中外未然，心憧憧若涉大川，遭风而未薄。是以夙夜思念国家之用，寝而忘寐，饥而忘食，计数不离于前，万事简阅于心。丞史器小，不足与谋，独郁大道，思睹文学，若俟周、邵而望高子。御史案事[5]郡国，察廉举贤才，岁不乏也。今贤良、文学臻者六十余人，怀六艺之术，骋意极论，宜若开光发蒙；信往而乖于今，道古而不合于世务。意者不足以知士也？将多饰文诬能以乱实邪？何贤士之难睹也！自千乘倪宽[6]以治《尚书》位冠九卿，及所闻睹选举之士，擢升赞宪[7]甚显，然未见绝伦比，而为县官兴滞立功也。"

「注释」

① 曰：通"爰"，于是。

② 怿（yì）：喜悦。

③ 腹居郡：位于中心地区的郡县。此处指京师。

④ 并臻：指一齐到来。

⑤ 案事：考问情事。

⑥ 倪宽：西汉千乘（今山东广饶）人，治《尚书》，汉武帝时任御史大夫。

⑦ 赞宪：指辅臣。

「译文」

御史大夫桑弘羊于是神情严肃而心中不悦，说：“在家闲着的人不知道背负重担的劳苦，站在一旁空谈的人与真正做事的人担忧的事情不一样。现在我们处于天下中心的京师，各地诸侯的事都汇集到这里，京城内外的事情尚未安宁，我的心里惶惶不安，就像乘船渡河时遇到风浪还没有靠岸一样。所以日夜思虑国家所需的用度，晚上睡不着觉，白天吃不下饭，整天筹算各种数字，各项事情都要挂在心上。协助工作的史丞才识浅薄，无法和他商讨，只能独自郁闷地思考着治国之道。我一直想着早点见到你们这些文学之士，就像等待周邵二公、盼望高子一样。御史到各个郡国考察寻访，选拔孝廉，举荐贤才，每年都有不少。现在你们六十多位贤良、文学之士来到这里，个个身怀六艺之术，本希望你们尽情发表议论，展现你们精妙的思想，来启发我的蒙昧，没想到你们却只是相信古代的事情，完全不符合当下，只是称道古人，而完全不顾现在的实际需求。到底是我们没有能力识别人才呢，还是你们装饰外表、冒充贤能以扰乱真实呢？贤明的人才为何如此难以遇到呢！自从千乘人倪宽因为研究《尚书》而位列九卿之上后直到现在，我们所看到的、所听到的你们这些被选拔举荐的贤良与文学之士，虽然参议政事的很多，地位也被提拔得很高，但真正出类拔萃、能够为朝廷兴利除弊建立功业的，却从未见过。”

文学曰："输子之制材木也，正其规矩而凿枘调。师旷[①]之谐五音也，正其六律[②]而宫商调。当世之工匠，不能调其凿枘，则改规矩，不能协声音，则变旧律。是以凿枘刺戾[③]而不合，声音泛越[④]而不和。夫举规矩而知宜，吹律而知变，上也；因循而不作，以俟其人，次也。是以曹丞相日饮醇酒，倪大夫闭口不言。故治大者不可以烦，烦则乱；治小者不可以怠，怠则废。《春秋》曰：'其政恢卓[⑤]，恢卓可以为卿相。其政察察，察察可以为匹夫。'夫维纲不张，礼义不行，公卿之忧也。案上之文，期会之事，丞史之任也。《尚书》曰：'俊乂[⑥]在官，百僚师师，百工惟时，庶尹[⑦]允谐。'言官得其人，人任其事，故官治而不乱，事起而不废，士守其职，大夫理其位，公卿总要执凡而已。故任能者责成而不劳，任己者事废而无功。桓公之于管仲，耳而目之。故君子劳于求贤，逸于用之，岂云殆哉？昔周公之相也，谦卑而不邻[⑧]，以劳天下之士，是以俊乂满朝，贤智充门。孔子无爵位，以布衣从才士七十有余人，皆诸侯卿相之人也，况处三公之尊以养天下之士哉？今以公卿之上位，爵禄之美，而不能致士，则未有进贤之道。尧之举舜也，宾而妻之。桓公举管仲也，宾而师之。以天子而妻匹夫，可谓亲贤矣。以诸侯而师匹夫，可谓敬宾矣。是以贤者从之若流，归之不疑。今当世在位者，既无燕昭之下士，《鹿鸣》之乐贤，而行臧文[⑨]、子椒之意，蔽贤妒能，自高其智，訾[⑩]人之才，足己而不问，卑士而不友，以位尚贤，以禄骄士，而求士之用，亦难矣！”

大夫缪然不言，盖贤良长叹息焉。

「注释」

① 师旷：春秋晋国乐师。字子野。目盲，善弹琴，精于辨音。晋平公（前557—前532年在位）铸大钟，众乐工皆以为合乎音律，独他不以为然，后经大乐师师涓审度，果不合音律。

② 六律：古代音乐十二律中的阳律，即黄钟、太簇、姑洗、蕤宾、夷则、亡射。

③ 刺戾：乖谬，形容榫头与榫眼不相符合。

④ 泛越：不合拍。

⑤ 恢卓：宽宏卓越。

⑥ 俊乂（yì）：贤能的人。

⑦ 庶尹：众官之长。

⑧ 邻：通“吝”，贪鄙，吝啬。

⑨ 臧文：臧文仲（？—前617），“臧孙辰”的谥号。春秋时鲁大夫。历仕鲁庄公、闵公、僖公、文公。孔子曾经批评臧文仲不举荐贤士柳下惠。

⑩ 訾（zǐ）：诋毁。

「译文」

文学之士说：“鲁班用木材制作器物时，用圆规和曲尺量好尺寸，就能使榫眼和榫头准确地吻合。师旷在演奏音乐时，准确地弹奏出黄钟、太簇、姑洗、蕤宾、夷则、亡射六个阳律，来使宫商角徵羽这五音和谐。可现在你们这些‘工匠’，无法使榫眼与榫头准确配合了，就去修改圆规和曲尺；你们这些‘乐师’，演奏不出和谐的音乐了，就去改变旧有的音律。所以榫眼和榫头不相符了，声音和音调不相合了。举起圆规曲尺就知道该怎么制作器物就合适了，吹一下定调的音律就知道该怎么演奏音乐就和谐了，这就是上等水平的工匠和乐师。因循守旧而不创作，有问题了就等着有本事的人去解决，这是次一等水平的匠人和乐师。所以曹参当丞相时每日饮醇酒，倪宽为大夫时闭口不言。因此做大事的人不可以烦琐，烦琐就会导致混乱；做小事的人不可以懈怠，懈怠就会荒废工作。《春秋》说：‘办理政事宽宏、卓越，可以当卿相。办理政事苛刻、琐碎，那就只能当个普通老百姓。’国家的纲纪法度得不到贯彻，仁德礼义不能施行，这是公卿应该担忧的大事。桌案上的公文，定期上报的事务，这是丞史的职责。《尚书》上说：‘贤能的人当官，同僚们以他为师，各种事情都能按时完成，诸位官员都能和谐共处。’说的就是如果官府得到合适的人才，合适的人才也能胜任自己的工作，这样官府的治理就会井井有条而不紊乱，事业也会兴旺而不荒废，士人各自遵守其职责，大夫各自治理其分内之事，而公卿就总管那些主要的事，掌握大略就可以了。因此任用贤能的人，不需要自己劳苦，责任就完成了；自己亲力亲为的人，事业荒废，也没有功效。齐桓公任用管仲时，只是耳听他说、眼看他做。因此君子虽然在求贤时很辛苦，但在任用贤人后就能一劳永逸，怎么能说是懈怠呢？以前周公当宰相时，态度谦卑而不吝啬，慰劳天下的贤士，所以贤才满朝，贤人智士满门。孔子没有爵位，他以布衣身份让七十多个有贤能的人跟随他，这些都是可以担任诸侯卿相的人才，如果处于朝廷三公的尊位来培养天下贤士呢？如今你们凭着公卿的上等职位，享受着优厚的爵位和俸禄，却不能招揽贤士，那只能说明缺少进贤的措施。唐尧推举虞舜，把他尊为上宾，还将女儿嫁给他。齐恒公举荐管仲，也是将其尊为上宾，拜其为师。唐尧以天子之尊，将自己的女儿嫁给舜这个平民，这可以说是亲近贤人了。齐桓公以诸侯之尊，拜管仲这个平民为师，可以说是敬重宾客了。所以才有各地的贤才如流水般地去服从他们，毫不迟疑地归附他们。而如今在位的公卿，既不能像燕昭王那样礼贤下士，像《诗经·鹿鸣》里说的那样去礼敬贤人，反而效仿臧文仲、子椒的做法，埋没人才，嫉妒贤能，抬高自己的智力，诋毁他人的才能，自满自得，不肯向他人请教，轻视贤士，不肯与贤士做朋友，反而倚仗自己的地位，凌驾于贤人之上，凭着自己优厚的俸禄，在贤士面前表现骄傲，却要求士人为己所用，这当然是很困难的了！”

御史大夫桑弘羊突然深思不语，贤良们也发出了长长的叹息。

御史进曰：“太公相文、武以王天下，管仲相桓公以霸诸侯。故贤者得位，犹龙得水，腾蛇[①]游雾也。公孙丞相[②]以《春秋》说先帝，遽即三公，处周、邵之列，据万里之势，为天下准绳，衣不重彩，食不兼味，以先天下，而无益于治。博士褚泰、徐偃等，承明诏，建节[③]驰传[④]，巡省郡国，举孝廉，劝元元，而流俗不改。招举贤良、方正、文学之士，超迁官爵，或至卿大夫，非燕昭之荐士，文王之广贤也？然而未睹功业所成。殆非龙蛇之才，而《鹿鸣》之所乐贤也。”

「注释」

① 腾蛇：传说中一种能飞的蛇。

② 公孙丞相：公孙弘（前200—前121），字季。少为狱吏。年四十余始治《春秋公羊传》。建议设五经博士，置弟子员。以熟习文法吏治，被武帝任为丞相，封平津侯。

③ 建节：执持符节。古代使臣受命，必建节以为凭信。

④ 驰传：驾传车急行。传车，古代驿站专用车。

「译文」

御史大夫桑弘羊上前一步说："姜太公辅佐周文王、周武王称王天下，管仲辅佐齐桓公称霸诸侯。因此贤能的人一旦得到官位，就如同蛟龙得水那样，腾蛇乘雾一般去施展才能。公孙弘丞相向已故的武帝讲述《春秋》，很快就被提拔为丞相，位列三公，就像当年周公、邵公那样的位置，掌握国家大权，成为天下人的榜样，他不穿两种以上色彩的衣服，不吃多种味道的饭菜，为天下人做出俭朴的表率，但对治国并没有什么帮助。博士褚泰、徐偃等人尊奉皇帝英明的诏令，拿着使者符节，乘坐驿站的车辆，巡察各个郡国，举荐孝廉，勉励百姓，但陋习旧俗并没有得到改变。征招察举来的贤良、方正、文学之士，都进行破格提拔、封官加爵，有的人甚至升到了卿大夫，这难道不是像燕昭王那样提拔贤士，像周文王那样广延人才吗？然而没有看到这些人建立了什么功业。恐怕这些所谓的贤才并不是有什么特殊才能，也不是《鹿鸣》诗中所称道的那些贤人吧。"

文学曰："冰炭不同器，日月不并明。当公孙弘之时，人主方设谋垂意于四夷，故权谲之谋进，荆楚之士[①]用，将帅或至封侯食邑，而尅获[②]者咸蒙厚赏，是以奋击之士由此兴。其后，干戈不休，军旅相望，甲士糜弊，县官用不足，故设险兴利之臣起，磻溪[③]熊罴[④]之士隐。泾渭造渠以通漕运，东郭咸阳、孔仅建盐铁，策诸利，富者买爵贩官，免刑除罪，公用弥多而为者徇私，上下兼求，百姓不堪，抏弊[⑤]而从法，故憯急[⑥]之臣进，而见知[⑦]、废格[⑧]之法起。杜周、咸宣之属，以峻文决理贵，而王温舒之徒以鹰隼击杀显。其欲据仁义以道事君者寡，偷合取容者众。独以一公孙弘，如之何？"

「注释」

① 荆楚之士：能征善战的将士。

② 尅（kè）获：杀敌有功。尅，同"克"。

③ 磻（pán）溪：亦称"璜河"。古水名。在今陕西宝鸡市东南。源出南山兹谷，北流入渭水。相传吕尚垂钓于此而遇周文王。

④ 熊罴（pí）：两种猛兽。比喻勇猛的武士。

⑤ 抏（wán）弊：疲困，凋敝，衰败。

⑥ 憯急：刻薄严酷。

⑦ 见知：对知道案情而不检举的人治罪。

⑧ 废格：对不执行国家法令或执行不严的人治罪。

「译文」

文学之士说：“冰和炭不能放在同一个容器里，太阳和月亮不会同时照亮大地。在公孙弘的时候，皇帝正在设计谋划，意图征伐四夷，于是那些权术诡诈的谋略得到采纳，能征善战的勇士得到重用，有的将帅因此而分土封侯，克敌获俘的将士也都受到厚赏，因此奋勇杀敌的勇士越来越多。从此以后，战争无休无止，军队多到可以相望于道路，那些披甲将士疲惫不堪，造成朝廷费用不足，于是那些可以设置险阻关卡、兴办财利的人得到重用，像姜太公那样垂钓磻溪的韬略之士则全都隐居不见了。疏通泾水、渭水，挖凿沟渠，以便打通水运通道，东郭咸阳、孔仅建议盐铁官营，策划各种收税谋利的措施，有钱人可以购买官爵，用钱可以赎罪免刑，国家需要的费用越来越多，而经管官员也从中营私舞弊，从上到下都在谋求利益，造成百姓贫困不堪，消耗凋敝而又不得不遵从法令，因此刻薄严酷的官员得到进用，而关于知情不报、执法不力的法令出台。杜周、咸宣之流凭借着严峻的法律条文办理案件而取得富贵，但王温舒之徒凭借狂捕滥杀而获得显达。这个时候，希望依据仁义以正道事奉君主的人很少，而阿谀奉承地迎合上司的人很多。仅凭一个公孙弘，又有什么办法呢？”

论儒第十一

御史曰："文学祖述[1]仲尼，称诵其德，以为自古及今，未之有也。然孔子修道鲁、卫之间，教化洙、泗[2]之上，弟子不为变，当世不为治，鲁国之削滋甚。齐宣王[3]褒儒尊学，孟轲、淳于髡[4]之徒，受上大夫之禄，不任职而论国事，盖齐稷下[5]先生千有余人。当此之时，非一公孙弘也。弱燕攻齐，长驱至临淄，湣王[6]遁逃，死于莒而不能救；王建[7]禽于秦，与之俱虏而不能存。若此，儒者之安国尊君，未始有效也。"

「注释」

① 祖述：效法、遵循前贤的行为或学说。

② 洙、泗：古水名。孔子在洙、泗水边讲学授徒，后人遂以洙泗作为儒家学派教化的代称。

③ 齐宣王（？—前301）：名辟疆，战国时齐国君，威王之子。公元前319—前301年在位。

④ 孟轲、淳于髡（kūn）：孟轲，孟子（约前372—前289）。战国时思想家、政治家、教育家。名轲，字子舆，邹（今山东邹城东南）人。受业于子思的门人。淳于髡，战国时齐国人。姓

淳于，曾受髡刑（截去头发），因称“淳于髡”。以博学强记著称。齐威王在稷下招揽学者，被任为大夫。多次讽谏齐威王与相国邹忌，推动改革内政。

⑤ 稷下：战国时齐国都城临淄稷门（西边南首门）附近地区。齐宣王继其祖桓公、父威王，曾在这里扩置学宫，招揽文学游说之士数千人，任其讲学议论。

⑥ 湣（mǐn）王：指齐湣王（？—前284），亦作“齐闵王”“齐愍王”，战国时期齐国君，宣王之子。公元前300—前284年在位。

⑦ 王建：齐王田建，战国时期齐国末代国君。公元前221年，秦始皇灭齐，俘虏齐王田建。

「译文」

御史大夫桑弘羊说：“文学的根本是遵循孔子，赞美他的美德，认为自古至今，没有人比得上孔子。但是孔子在鲁国和卫国之间传播儒家思想，在洙水、泗水之地教育人们，他的学生们并没有因此而改变，当时的社会也没有因此而治理得更加有序，反而鲁国变得越来越衰弱。齐宣王赞扬儒家学说，孟轲和淳于髡等人，享受着高官的俸禄，却不担任实际职务，只是讨论国家大事，齐国稷下的学者大约有一千多人。在那个时候，并不只有公孙弘一个人。弱小的燕国攻打齐国，乐毅带兵直取齐国首都临淄，齐湣王逃跑了，最终死在莒县，无法被救援；齐王田建被秦国俘虏，齐国的儒生们和齐王一起被捕也无法保全国家。从这些事情来看，儒家关于安定国家、尊重君主的教导，并没有起到效果。”

文学曰："无鞭策，虽造父[①]不能调驷马。无势位，虽舜、禹不能治万民。孔子曰：'凤鸟不至，河不出图，吾已矣夫！'故轺车[②]良马，无以驰之；圣德仁义，无所施之。齐威、宣之时，显贤进士，国家富强，威行敌国。及湣王，奋二世之余烈，南举楚、淮，北并巨宋，苞[③]十二国，西摧三晋，却强秦，五国宾从，邹、鲁之君，泗上诸侯皆入臣。矜功不休，百姓不堪。诸儒谏不从，各分散，慎到、捷子亡去，田骈[④]如薛，而孙卿[⑤]适楚。内无良臣，故诸侯合谋而伐之。王建听流说，信反间，用后胜之计，不与诸侯从亲，以亡国。为秦所禽，不亦宜乎？"

「注释」

① 造父：人名，古之善御者。因献八骏，幸于周穆王。穆王使造父御，西巡狩，乐之忘归。而徐偃王反，穆王日驰千里马，攻徐偃王，大破之。乃赐造父以赵城，由此为赵氏。

② 轺（yáo）车：一马拉的轻便车。

③ 苞：通"包"，包围，引申为征服。

④ 田骈（pián）：战国时齐国人。因齐田氏出于陈，故又称"陈骈"。早年学黄老道德之术，后为彭蒙的学生。游稷下，号"天口骈"。曾以道术说齐王。

⑤ 孙卿：荀子（约前313—前238），战国末思想家、教育家。名况，时人尊而号为"卿"，汉人避宣帝讳，称孙卿，赵国人。

「译文」

文学之士说："没有马鞭子，即便是造父这样的车夫也无法驾驭四匹马。没有权力和地位，就连舜、禹这样的圣君也无法治理众人。孔子在《论语·子罕》中说：'凤凰不来，河里不现图案，我的生命就要结束了。'所以，即使有一匹马拉的车，也没有空间让它们奔跑；即使有圣德和仁义，也没有地方去实践。在齐威王和齐宣王的时代，他们提拔贤才，国家因此富强，威名远播。但到了齐湣王时期，尽管他继承发扬了前两代的辉煌功业，向南攻下了楚国的淮北，向北吞并了宋国，征服了十二个诸侯国，向西击败了赵、魏、韩三晋，抵御了强大秦国的侵略，使得燕、赵、韩、魏、楚五国成为朝贡国，邹国和鲁国的君主以及泗水周围的诸侯都成了他的臣子。然而，湣王自恃功绩，不断夸耀自己，百姓们无法忍受他的统治。儒生们的劝告被忽视，他们纷纷离去，慎到和捷子逃离了，田骈去了薛地，孙卿去了楚国。国内没有忠良之臣，因此诸侯联合起来攻打齐国。齐王田建听信了谗言，相信了秦国的离间计，采纳了后胜的谋略，没有与东方的诸侯联合，最终导致了国家的灭亡。他被秦国俘虏，这不是理所当然的吗？"

御史曰："伊尹以割烹事汤，百里以饭牛要穆公，始为苟合，信然与之霸王。如此，何言不从？何道不行？故商君以王道说孝公，不用，即以强国之道，卒以就功。邹子[1]以儒术干世主，不用，即以变化始终之论，卒以显名。故马效千里，不必胡、代；士贵成功，不必文辞。孟轲守旧术，不知世务，故困于梁宋。孔子能方不能圆，故饥于黎丘。今晚世之儒勤德，时有乏匮，言以为非，困此不行。自周室以来，千有余岁，独有文、武、成、康，如言必参一[②]焉，取所不能及而称之，犹躄者能言远不能行也。圣人异涂同归，或行或止，其趣一也。商君虽革法改教，志存于强国利民。邹子之作，变化之术，亦归于仁义。祭仲自贬损以行权，时也。故小枉大直，君子为之。今硁硁然[③]守一道，引尾生[④]之意，即晋文[⑤]之谲诸侯以尊周室不足道，而管仲蒙耻辱以存亡不足称也。”

「注释」

① 邹子：邹衍（约前305—前240），战国末思想家，阴阳家的代表人物，齐国人。游学稷下，历游魏、燕、赵等国，受到诸侯“尊礼”。

② 参一：参照文、武、成、康其中的一个。参，参验。

③ 硁（kēng）硁然：浅薄固执貌。

④ 尾生：人名。传说中坚守信约的人。

⑤ 晋文：晋文公（前697或前671—前628），名重耳，春秋时晋国君，献公之子。公元前636—前628年在位。

「译文」

御史大夫桑弘羊说：“伊尹初以厨艺入事商汤，百里奚仅以喂牛而得秦穆公青睐，最初不过是偶然的结合，但最终都赢得了君主的信任，并辅佐君主成就霸业。如此看来，有什么话语不能被采纳？

有什么理念学说不能被实践呢？因此，当商鞅初以王道理念劝说秦孝公却未被接受时，他转而采用强国策略，最终也完成了伟业。邹衍最初以儒学理念向诸侯进言未果，随后改以阴阳五行的变化论游说，终于声名远播。所以，马能日行千里，未必非得出自匈奴或代地；士人的价值在于成就，不必依赖华丽的文辞。孟子只知道坚持古老的道术，不识时务，因此在梁宋之地受困。孔子只擅长直言不讳，不善变通，因此在黎丘遭遇饥荒。现今的儒者虽勤于修德，但时常陷入窘境，若说他们不困难，那是不可能的。自周朝以来已逾千年，你们只是称颂周文王、周武王、周成王、周康王，若论及道理，总是参照文、武、成、康这四位中的一个，把自己无法企及的圣王作为楷模，这就像跛足者能谈论远方却无法前行一样。圣人虽然途径不同，但归宿相同，或行或止，其目标是一致的。商鞅虽然改革法律、更新教化，但他的目标是国家强盛、民众富裕。邹衍的著作虽讲述阴阳变化之术，最终也回归于仁义。宋国的国相祭仲自我贬低以施展权谋，这是顺应时势的做法。因此，为了大义可以有所曲折，这是君子所为。现在你们固执地坚守儒家这一条道路，效仿尾生的做法，那么晋文公利用诡计联合诸侯以尊崇周室的行为就不值一提了，管仲忍受羞辱以保国家的行为也不值得赞扬。”

文学曰：“伊尹之干汤，知圣主也。百里之归秦，知明君也。二君之能知霸主，其册素形于己，非暗而以冥冥[①]决事也。孔子曰：‘名不正则言不顺，言不顺则事不成。’如何其苟合而以成霸王也？君子执德秉义而行，故造次必于是，颠沛必于是。孟子曰：‘居今之朝，不易其俗，而成千乘之势，不能一朝居也。’宁穷饥居于陋巷，安能变己而从俗化？阖庐杀僚，公子札去而之延陵，终身不入吴国。鲁公杀子赤，叔眄[2]退而隐处，不食其禄。亏义得尊，枉道取容，效死不为也。闻正道不行，释事[3]而退，未闻枉道以求容也。”

「注释」

① 冥冥：糊里糊涂。

② 叔眄（miǎn）：应是叔肸（xī），鲁国公族，鲁文公之子，鲁宣公同母弟。叔肸颇有臣节，蔑视东门襄仲废嫡立庶，故与当权派持不合作态度，宁织履而食，亦终身不食宣公之俸禄。

③ 释事：辞职。

「译文」

文学之士说：“伊尹之所以求合于汤，是因为他认识到汤是一位圣明的君主。百里奚之所以投靠秦国，是因为他看出秦穆公是一位英明的统治者。这两位臣子之所以能辨识出他们的君主，是因为他们早已在心中有所准备，并非在黑暗中稀里糊涂地决定大事。《论语·子路》里孔子说过：‘如果名分不正，那么言辞就会不顺畅，言辞不顺畅，事情就无法成功。’他们怎能仅仅为了迎合而成就一番霸业呢？君子坚持道德和正义，因此即使在匆忙之中也会坚守这些原则，即使在困顿之时也不会忘记。《孟子·告子下》里孟子说：‘在当今的朝廷中，如果不能改变恶俗，即便拥有千乘之权势，也无法长久地保持官位。’宁可贫穷饥饿地生活在简陋的巷弄，又怎能改变自己去迎合世俗呢？阖庐命人杀害了吴王僚，公子季札因此离开都城前往延陵隐居，终身未曾踏入吴国。鲁宣公杀害公子赤，叔肸因此退隐，不再领取俸禄。牺牲正义以获得尊荣，弯曲道德以取悦于上，这是宁死也绝不为之的事。我只听说过当正道无法实行时，就放弃职位退隐的，从未听说过为了取悦于上而走弯路的。”

御史曰：“《论语》：‘亲于其身为不善者，君子不入也。’有是言而行不足从也。季氏[1]为无道，逐其君，夺其政，而冉求[2]、仲由臣焉。《礼》：‘男女不授受，不交爵。’孔子适卫，因嬖臣[3]弥子瑕以见卫夫人，子路不说。子瑕，佞臣也，夫子因之，非正也。男女不交，孔子见南子，非礼也。礼义由孔氏，且贬道以求容，恶在其释事而退也？”

「注释」

① 季氏：春秋时期鲁国执政大夫季平子。他勾结孟孙氏、叔孙氏一起驱逐鲁昭公。

② 冉求（前 522—前 489）：冉氏，名求，字子有，孔子的学生，春秋末鲁国人。鲁国贵族季氏的家臣，有政治才干。

③ 嬖（bì）臣：受宠幸的近臣。

「译文」

御史大夫桑弘羊说：“《论语·阳货》中记载孔子曾言：‘对

于那些行为不端的人，君子是不会与之为伍的。’虽然孔子说过这样的话，但他自己似乎未能做到。季孙氏行径不义，赶走了鲁国的昭公，篡夺了政权，然而孔子的学生冉求和仲由却做了季孙氏的家臣为之效力。《礼记·坊记》中也说：‘男女之间不应直接传递物品，也不应互相举杯喝酒。’当孔子前往卫国时，他借助卫国君主的宠臣弥子瑕的关系，得以见到卫国夫人南子，这让子路感到不悦。弥子瑕是个巧言令色的奸佞之人，孔子通过他来牵线搭桥，这种做法并不妥当。男女之间本应保持距离，但孔子却去见了南子，这同样违反了礼仪。孔子本是礼义的传人，但他却因为追求诸侯的欢心而有损道义，他的辞职退隐又在哪里呢？”

文学曰：“天下不平，庶国不宁，明王之忧也。上无天子，下无方伯①，天下烦乱，贤圣之忧也。是以尧忧洪水，伊尹忧民，管仲束缚，孔子周流，忧百姓之祸而欲安其危也。是以负鼎俎②、囚拘③、匍匐以救之。故追亡者趋，拯溺者濡。今民陷沟壑，虽欲无濡，岂得已哉？”

御史默不对。

「注释」

① 方伯：古代诸侯领袖之称，谓为一方之长。

② 负鼎俎（zǔ）：指伊尹为汤厨师之事。

③ 囚拘：指管仲被幽囚。

「译文」

文学之士说："天下如果不太平，各个诸侯国都不得安宁，这是明智君主所担忧的。没有一个贤明的皇帝来统治，也缺乏地方上能统管一方的诸侯，导致天下纷扰不安，这正是圣人和贤者所忧心的。正因如此，尧王担心洪水泛滥，伊尹担忧百姓的疾苦，管仲遭受囚禁，孔子周游各国，他们都是因为担心百姓遭受灾难，希望能够为他们带来安宁。所以伊尹背着烹饪用的鼎俎去见商汤，管仲忍受羞辱和束缚，孔子周游各地，都是为了拯救世人。因此，追逐逃亡者的人必须加快脚步，救助溺水者的人难免会弄湿衣服。现在，百姓们陷入沟壑之困境，即使他们不想弄湿衣服，又怎能避免呢？"

御史沉默了，没有回应。

忧边第十二

大夫曰："文学言：'天下不平，庶国不宁，明王之忧也。'故王者之于天下，犹一室之中也，有一人不得其所，则谓之不乐。故民流溺[1]而弗救，非惠君也。国家有难而不忧，非忠臣也。夫守节死难者，人臣之职也；衣食饥寒者，慈父之道也。今子弟远劳于外，人主为之夙夜不宁，群臣尽力毕议，册滋国用[2]。故少府丞令请建酒榷，以赡边，给战士，拯民于难也。为人父兄者，岂可以已乎！内省衣食以恤在外者，犹未足，今又欲罢诸用[3]，减奉边之费，未可为慈父贤兄也。"

「注释」

① 流溺：受到水淹，比喻处于水深火热之中。

② 国用：指国家财政收入。

③ 罢诸用：指废除盐铁官营、酒类专卖、均输平准。

「译文」

御史大夫桑弘羊说："正如你们文学之士所言：'天下不太平，百姓与诸侯都不得安宁，这是圣明的君王所忧虑的。'因此君王对于天下民众来说，就如同是一个家庭里的家长，只要家里有一个人得不到很好的安置，君王就会为此闷闷不乐。因此，如果民众处于水深火热之中而不去拯救，就不能算仁爱之君。国家有困难而不感到忧虑，就不能算是忠义之臣。坚守气节，为国殉难，是做一个臣子的职责。给饥寒的人提供衣食，这是做一个慈父的道理。现在，将士们在遥远的边塞劳苦征战，陛下也为此日夜不宁，群臣们尽心地提供建议，策划增加国家财政收入的办法。所以少府丞令才请求设立酒类专卖，以便补充边境的开支，供给边防的将士，拯救灾难中的民众。作为百姓的父兄，怎么还能要求废除这些政令呢！我们在内地节衣缩食以供给边疆的战士尚且不够，如今你们又要废除盐铁官营、酒类专卖、均输平准这些政策，减少边境费用的供给，这不是一个慈父贤兄应该做的啊。"

文学曰："周之季末，天子微弱，诸侯力政，故国君不安，谋臣奔驰。何者？敌国众而社稷危也。今九州[①]同域，天下一统，陛下优游岩廊[②]，览群臣极言至论，内咏《雅》《颂》，外鸣和銮[③]，纯德粲然，并于唐、虞，功烈流于子孙。夫蛮、貊之人，不食之地，何足以烦虑，而有战国之忧哉？若陛下不弃，加之以德，施之以惠，北夷必内向，款塞[④]自至，然后以为胡制于外臣，即匈奴没齿[⑤]不食其所用矣。"

「注释」

① 九州：《尚书·禹贡》载禹治水成功之后，将中国划分为九州——

冀州、兖州、青州、徐州、扬州、荆州、豫州、梁州、雍州。

② 岩廊：高峻的廊庑，借指朝廷。

③ 和銮：同“和鸾”，古代车上的铃铛。挂在车前横木（轼）上的称“和”，挂在车架（衡）上的称“鸾”。

④ 款塞：叩塞门，谓外族前来通好。塞，边关。

⑤ 没齿：指老年。

「译文」

文学之士说：“周朝后期，天子力量衰微，诸侯之间互相以武力征讨，所以各国君主都为之不安，各种谋臣也纷纷奔走游说。这是为什么呢？因为那时候敌国众多，而且天下社稷非常危险。可是如今九州均在同一个中国，天下一统，陛下可以在宫殿内悠闲自在，批阅群臣言辞恳切的奏章，在宫内吟咏《雅》《颂》，在宫外有銮驾上的铃铛和鸣，皇帝的美德光辉灿烂，可与唐尧、虞舜齐名，伟大的功业流芳后世。而那些落后的蛮荒异族，地处遥远的不毛之地，有什么值得烦恼和焦虑，而产生像周朝之后的战国时代那样的担忧呢？如果陛下不想抛弃他们，那就赐予恩德，施加仁惠，这样匈奴一定会内向中国，敲开塞门，自己来朝归附。然后还用他们原来的匈奴的制度，把他们当作塞外番臣那样加以控制，这样匈奴到老也不会后悔他们归顺的行为了。”

大夫曰：“圣主思中国之未宁，北边之未安，使故廷尉评等问人间所疾苦。拯恤贫贱，周赡不足。群臣所宣明王之德，安宇内者，未得其纪，故问诸生。诸生议不干天则入渊[1]，乃欲以闾里之治，而况国家之大事，亦不几矣！发于畎亩[2]，出于穷巷，不知冰水之寒，若醉而新寤，殊不足与言也。”

「注释」

① 不干天则入渊：不上天就入地，比喻不切实际。干，冲犯。

② 畎（quǎn）亩：田间，田地，借指农村。

「译文」

御史大夫桑弘羊说：“圣明的皇帝考虑到天下尚未太平、北部边境没有安定，就委派前任廷尉王平等人去了解民间的疾苦。帮抚贫贱的民众，周济衣食不足的百姓。群臣所宣扬英明君王的圣德，安抚天下百姓，但尚未得到要领，因此才询问诸位儒生。可诸位儒生的建议脱离实际，不是上天就是入地，居然想用治理乡里的办法来处理国家大事，这相差也太远了！你们出身田野农村，生长在穷街陋巷，就如夏蝉不知冬天冰水的寒冷那样没有见识，好像喝醉了酒刚刚醒过来一样胡言乱语，根本不值得和你们讨论。”

文学曰：“夫欲安民富国之道，在于反本，本立而道生。顺天之理，因地之利，即不劳而功成。夫不修其源而事其流，无本以统之，虽竭精神，尽思虑，无益于治。欲安之适足以危之，欲救之适足以败之。夫治乱之端，在于本末而已，不至劳其心而道可得也。孔子曰：‘不通于论[1]者难于言治，道不同者，不相与谋。’今公卿意有所倚[2]，故文学之言，不可用也。”

「注释」

① 不通于论：不明道理。

② 倚：偏于一边。

「译文」

文学之士说：“要得到百姓安定、国家富强的方法，就在于返回事情的根本，根本确立了，方法也就产生了。只要顺应天理、遵循地利，那么不用费什么劳苦就能大功告成。可是如果不去追寻问题的源头而只抓一些支流末节，缺乏根本来统领全局，即使竭尽精力、耗尽脑汁，对国家治理也是毫无帮助的。结果只会是希望能使国家安定却反而给国家带来危险，希望能拯救国家却反而败坏了国家。国家治乱的关键，在于厘清根本与末枝就行，这样的话不必太劳费心思就可以得到治国的方法。孔子说：‘与不明晓道理的人很难讨论治国的问题，信奉不同治国主张的人也不能在一起互相谋划国家大事。’如今你们这些公卿的思想有所偏向，所以我们这些文学之士的主张，也不会被你们采纳。”

大夫曰：“吾闻为人臣者尽忠以顺职，为人子者致孝以承业。君有非，则臣覆盖之。父有非，则子匿逃之。故君薨，臣不变君之政，父没，则子不改父之道也。《春秋》讥毁泉台[①]，为其隳先祖之所为，而扬君父之恶也。今盐铁、均输，所从来久矣，而欲罢之，得无害先帝之功，而妨圣主[②]之德乎？有司倚于忠孝之路，是道殊而不同于文学之谋也。”

「注释」

① 泉台：台名，即郎台，春秋时鲁庄公所筑。

② 圣主：指汉昭帝刘弗陵。

「译文」

御史大夫桑弘羊说：“我听说作为人臣应该尽忠并理顺自己的职责，作为人子应该尽孝来继承父亲的事业。君主有过失，臣下应该尽量予以遮掩。父亲有错误，儿子应该尽量予以隐瞒。所以君主去世了，臣下不能去改变君主的政策。父亲去世了，儿子不能去改变父亲的主张。孔子在《春秋》讽刺鲁文公拆毁了鲁庄公所建的泉台，因为他毁坏先祖所建的泉台，就是在宣扬君父的过错。如今盐铁官营和均输等政策，都由来已久，你们却要求废除，这岂不是要伤害已故武帝的功业，也妨碍当今圣明君主的仁德吗？主管官员倚重的是忠孝之路，因为这种道路的差异，所以和你们文学之士的主张不相同了。”

文学曰：“明者因时而变，知者随世而制。孔子曰：‘麻冕，礼也，今也纯，俭，吾从众。’故圣人上贤不离古，顺俗而不偏宜[①]。鲁定公序昭穆，顺祖祢[②]，昭公废卿士，以省事节用，不可谓变祖之所为，而改父之道也。二世充大阿房以崇绪，赵高增累秦法以广威，而未可谓忠臣孝子也。”

「注释」

① 偏宜：偏向迎合时宜。

② 顺祖祢（mí）：理顺祖庙的昭穆关系。祖，宗庙，祖庙。祢，父庙。

「译文」

文学之士说：“聪明的人会根据时势的不同而变化，智慧的人会随当世情况而制定措施。孔子说：‘过去礼帽用麻布来织，这是合乎周礼的，今天大家都用丝料，这样俭省些，我同意大家的做法。’因此圣人崇尚贤德但离不开古礼，顺应时俗但不偏向迎合时宜。鲁定公重新排列祖庙的昭穆次序，理顺祖庙位置；鲁昭公废除鲁襄公设置的中军卿士，以减少事务和节省费用开支，这不能说是改变了祖先的行为，背离了父辈的成规。但是秦二世胡亥以扩建阿房宫来继承秦始皇功业，赵高以增设秦朝法令来扩大自己的威望，他们不可以算是忠臣孝子吧。”

卷三

园池第十三

大夫曰："诸侯以国为家，其忧在内。天子以八极[①]为境，其虑在外。故宇小者用菲，功巨者用大。是以县官开园池，总山海，致利以助贡赋，修沟渠，立诸农[②]，广田牧，盛苑囿[③]。太仆、水衡、少府、大农岁课诸入田牧之利，池籞[④]之假，及北边置任田官，以赡诸用，而犹未足。今欲罢之，绝其源，杜其流，上下俱殚，困乏之应也，虽好省事节用，如之何其可也？"

「注释」

① 八极：八方。

② 诸农：诸位农官，指大司农属官，如太仓、均输、平准、都内、籍田五令丞等。

③ 苑囿（yòu）：畜养禽兽的圈地。

④ 籞（yù）：古代帝王的禁苑。

「译文」

大夫一方说："诸侯把封国当成自己的家，他们担心的是内忧。而天子则把八方极远之地当成疆界，他忧虑的是外患。因此，疆域小的用度微薄，功用大的用度巨大。所以，朝廷要开设有池塘的园林，统辖山林海域，获取金钱财物，以增加国家的贡赋收入，还修建沟渠，设立太仓、均输、平准、都内等诸多农业部门，扩大农牧业，兴建园林，增加养殖牲畜的苑囿。太仆、水衡、少府、大农等农官每年税收得来的农牧业收益，维护陂池禁苑剩余的钱财，以及在北边设置任用的农官的收入，用以供给朝廷各方面的开支，但仍然不太够用。现在想废除这些制度，断绝财税来源，阻截它们流入，朝廷上下把积蓄全都用光了，贫困也就无疑了。大家虽喜好精简事务、节约用度，但这样做怎么行得通呢？”

文学曰：“古者，制地足以养民，民足以承其上。千乘之国，百里之地，公侯伯子男[①]，各充其求赡其欲。秦兼万国[②]之地，有四海之富，而意不赡，非宇小而用菲，嗜欲多而下不堪其求也。语曰：‘厨有腐肉，国有饥民，厩有肥马，路有馁[③]人。’今狗马之养，虫兽之食，岂特腐肉肥马之费哉！无用之官，不急之作，服淫侈之变，无功而衣食县官者众，是以上不足而下困乏也。今不减除其本而欲赡其末，设机利，造田畜，与百姓争荐草[④]，与商贾争市利，非所以明主德而相国家也。夫男耕女绩，天下之大业也。故古者分地而处之，制田亩而事之。是以业无不食之地，国无乏作之民。今县官之多张苑囿、公田、池泽，公家有鄣假之名，而利归权家。三辅[⑤]迫近于山、河，地狭人众，四方并凑，粟米薪采，不能相赡。公田转假，桑榆菜果不殖，地力不尽。愚以为非。

先帝之开苑囿、池籞，可赋归之于民，县官租税而已。假税殊名，其实一也。夫如是，匹夫之力，尽于南亩，匹妇之力，尽于麻枲[6]。田野辟，麻枲治，则上下俱衍，何困乏之有矣？”

大夫默然，视其丞相、御史。

「注释」

① 公侯伯子男：五个级别的诸侯。

② 万国：实指山东六国，万国是夸张的说法。

③ 馁（něi）：同“馁”，饥饿。

④ 荐草：茂盛的牧草。

⑤ 三辅：西汉景帝二年（前155）分内史为左、右内史，与主爵中尉（不久改主爵都尉）同治长安城中，所辖皆京畿之地，故合称“三辅”。

⑥ 麻枲（xǐ）：即枲麻，麻类植物的总名。

「译文」

文学之士说：“古时候，朝廷的田地制度足以养活百姓，百姓足以供养上位者。千乘之国，只需百里的土地，公、侯、伯、子、男五等诸侯，便可满足各自的需求和欲望。秦兼并了山东六国的土地，拥有四海之内的财富，却感到不满足，这不是因为疆域小而用度微薄，而是因为贪欲过度，而百姓不堪忍受它的索取。谚语有云：‘厨房里有腐烂的肉，国内有饥饿的黎民，马厩里有肥健的马，路上有饥饿的人。’现今养狗养马的开销，珍虫奇兽的吃食，岂止是腐肉和肥马消耗的钱财啊！尸位素餐的官员，不着急用的建筑，穿着的奢侈变化，毫无功劳而领朝廷俸禄的人太多了，所以上面财资不足，下面生活贫困。现在不解决根本问题，却想舍本求末，以机巧牟利，建造畜牧场地，和百姓争夺茂盛的牧草，和商人争夺做生意的利润，这可不是能用来弘扬君王仁德和助力国家兴盛的。男耕女织，是普天之下的大事业。因此，古人划分土地来管理，制定田亩制度来行事。所以，国内没有一块不产粮的土地，没有一个不劳作的百姓。现在朝廷开设了很多的苑囿、公田、池泽，公家有出租以收取税利的名目，而收益却归于权贵之家。三辅（右扶风、左冯翊、京兆尹）地区接近山川（华山和黄河），土地狭小，人口众多，周围的人全都会集到这里，粮食和柴火难以满足需求。公田被转租，桑树、榆树、蔬果无法种植，土地肥力不能尽用。我觉得这是不合理的。先帝所开设的苑囿和园林，可以归还给百姓，朝廷只需收取租税即可。租和税名称不同，其实质是相同的。这样一来，男人的气力就能全部用在种田上，女人的气力就能全部用在种麻纺织上。荒地被开垦，种麻纺织也得以经营，那么上上下下都会富足有余，哪里还有贫困呢？”

大夫们沉默不语，看向他们的丞相和御史。

轻重第十四

御史进曰："昔太公封于营丘，辟草莱而居焉。地薄人少，于是通利末之道，极女工之巧。是以邻国交于齐，财畜货殖，世为强国。管仲相桓公，袭先君之业，行轻重之变，南服强楚而霸诸侯。今大夫君修太公、桓、管之术，总一盐铁，通山川之利而万物殖。是以县官用饶足，民不困乏，本末并利，上下俱足，此筹计[1]之所致，非独耕桑农也。"

「注释」

① 筹计：谋划，盘算。

「译文」

御史走上前来说："以前姜太公被封于营丘，他到封地后开荒建宫而居。营丘土地贫瘠，人口稀少。于是，他大力发展工商业，极力提高当地女红的纺织水平。因此，齐国与邻国得以通商，财富不断累积，世代为强国。管仲辅佐齐桓公，继承了先辈国君的事业，实行价格按需而定的商品政策，向南降伏了强大的楚国，最终称霸诸侯。如今，大夫们修习姜太公、齐桓公、管仲的治国方法，统一盐铁管理，开发山川资源，使物品不断丰富。因此，朝廷财用充足，百姓不再贫困，农业与工商业均能获利，国家上下都富足，这些是善于筹算的结果，而不是只靠种地养蚕专门发展农业能获得的。”

文学曰：“礼义者，国之基也，而权利者，政之残也。孔子曰：‘能以礼让为国乎？何有？’伊尹、太公以百里[①]兴其君，管仲专于桓公，以千乘之齐，而不能至于王，其所务[②]非也。故功名隳坏而道不济。当此之时，诸侯莫能以德，而争于公利，故以权相倾。今天下合为一家，利末恶欲行？淫巧恶欲施？大夫君以心计策国用，构诸侯，参以酒榷，咸阳、孔仅增以盐铁，江充、杨可之等，各以锋锐，言利末之事析秋毫，可为无间矣。非特管仲设九府，徼[③]山海也。然而国家衰耗，城郭空虚。故非特崇仁义无以化民，非力本农无以富邦也。”

「注释」

① 百里：指商、周兴起之前的封地。

② 所务：所采用的措施。

③ 徼（yāo）：拦截。

「译文」

文学之士说：“礼法道义是国家的根基，而权势货利则是政治的败因。孔子说：‘能以守礼谦让来治理国家吗？还有什么呢？’

伊尹、姜太公仅凭百里封地使他们的君主兴盛，管仲一心辅佐齐桓公，凭借兵车千辆的齐国，仍未能让自己的国君达到称王的地步，这是因为他所推行的措施是错误的。所以，功绩和名声败坏了，大道就无法实现。在那个时候，诸侯没有谁会以仁德治国，而是争相追求功名利禄，所以就利用权势相互倾轧。如今天下统一为一家，怎么还想经营工商业图利？怎么还想施加不正当的巧饰？大夫们用心谋划国家用度，算计各方诸侯，施加了酒类专卖的政策。东郭咸阳、孔仅又扩大到盐铁官营，还有江充、杨可等人，他们各自凭借聪敏的头脑，分析起经营工商图利的事可谓精明至极，可以做到不放过任何一点小利。这些措施，不过是效仿管仲设立九府来搜刮山海的财富罢了。然而，国家却衰落空耗，城郭空虚无物。因此，若不特别推崇仁义就没办法教化百姓，若不大力发展农业就没办法使国家富强。”

御史曰：“水有猵獭[1]而池鱼劳，国有强御而齐民消。故茂林之下无丰草，大块之间无美苗。夫理国之道，除秽锄豪，然后百姓均平，各安其宇。张廷尉论定律令，明法以绳天下，诛奸猾，绝并兼之徒，而强不凌弱，众不暴寡。大夫君运筹策，建国用，笼天下盐铁诸利，以排富商大贾，买官赎罪，损有余，补不足，以齐[2]黎民。是以兵革东西征伐，赋敛不增而用足。夫损益之事，贤者所睹，非众人之所知也。”

「注释」

① 猵獭（biān tǎ）：獭的一种。

② 齐：平均财富。

「译文」

御史说："水中有猵獭，池塘里的鱼儿就不安；国内有豪强，平头老百姓就要遭殃。所以，茂密的森林之下没有繁茂的草木，大大的土块之间长不出好的禾苗。治国之道，在于清除奸邪、铲除豪强，然后百姓才能贫富均衡，安居乐业。张廷尉（即张汤）制定刑律法令，严明法纪，以统治全国，诛灭奸诈之徒，绝除企图兼并土地的恶徒，使得强者不欺凌弱者，人多势众的不欺压势单力薄的。大夫们谋划算计，想方设法筹措国家经费，垄断天下的盐、铁等各种财利，以遏制富商大贾，用买官赎罪的方式，削减财力过剩的，补贴生活贫困的，从而使平民百姓的财富更为均衡。正因为如此，国家用兵东征西伐，尽管赋税没有增加，但费用仍然充足。损减和增益这类事，有才能的人看得明白，但不是一般人所能理解的。"

文学曰："扁鹊抚息脉而知疾所由生，阳气盛，则损之而调阴，寒气盛，则损之而调阳，是以气脉调和，而邪气无所留矣。夫拙医不知脉理之腠[1]，血气之分，妄刺而无益于疾，伤肌肤而已矣。今欲损有余，补不足，富者愈富，贫者愈贫矣。严法任刑，欲以禁暴止奸，而奸犹不止，意者非扁鹊之用针石，故众人未得其职也。"

「注释」

① 脉理之腠（còu）：脉理分布状态。腠，皮肤或肌肉的纹理。

「译文」

文学之士说："扁鹊把脉便知晓疾病是从哪里生出来的，阳气过盛则减弱它以调理阴气，阴气过盛则减弱它以调理阳气，这样一来，体内的气血与脉息得以调和，而邪气便荡然无存了。然而，愚拙的医者不懂得脉络之理，也不了解血气的分别，胡乱施针却无益于疾病，只会损伤肌肉和皮肤而已。如今，是想削减财力过剩的，补贴生活贫困的，结果却是富有的人更加富有，贫困的人则更加贫困。以严刑峻法治理国家，希望能够禁除暴力、遏制奸邪，可作奸犯科的事依然止不住。想来，这么做并不像扁鹊治病那般精准，所以大家还没找到合适的方法。"

御史曰："周之建国也，盖千八百诸侯。其后，强吞弱，大兼小，并为六国。六国连兵结难[①]数百年，内拒敌国，外攘四夷。由此观之：兵甲不休，战伐不乏，军旅外奉，仓库内实。今以天下之富，海内之财，百郡之贡，非特齐、楚之畜，赵、魏之库也。计委量入[②]，虽急用之，宜无乏绝之时。顾大农等以术体躬稼，则后稷之烈，军四出而用不继，非天之财少也？用针石，调阴阳，均有无，补不足，亦非也？上大夫君与治粟都尉[③]管领大农事，灸刺稽滞，开利百脉[④]，是以万物流通，而县官富实。当此之时，四方征暴乱，车甲之费，克获之赏，以亿万计，皆赡大司农。此者扁鹊之力，而盐铁之福也。”

「注释」

① 结难：指战祸。

② 计委量入：量入为出。委，支出。

③ 治粟都尉：西汉官名，掌管军粮。

④ 开利百脉：使全身血脉流通顺畅。

「译文」

御史说：“周朝建立国家时，大概有一千八百个诸侯国。后来，强国吞并弱国，大国兼并小国，合并为六个大国。这六个国家连续交战结仇打了数百年，对内抵御敌国，对外抗击四方夷狄。由这件事来看：尽管兴兵不断，征战不休，但军队在外面受封赏，国内仓库依旧充实。如今天下的财富，各个郡县的贡奉，不再只是齐国、楚国的积蓄，赵国、魏国的库存了。量入为出，即便有紧急需用，应该也不会出现财政困难的情况。大司农等人想方设法地亲自去务农，就像后稷那样执着，可军队四处征战，经费难以为继，不是因为天下的财富少吧？用针石治病，调和阴阳，平均有无，补益不足，也没错吧？上大夫君以治粟都尉的身份，统领大司农事务，以类似针灸的方法治理滞积，疏导血脉通道使其畅通，使得各种货物流通，朝廷也因此富足。在这个时候，国家用兵到四方讨伐暴乱，军费开支，战功赏赐，数以亿万，都靠大司农供给。这正是扁鹊那样的能力，也是盐铁官营带来的福利呀！”

文学曰："边郡山居谷处，阴阳不和，寒冻裂地，冲风飘卤[1]，沙石凝积，地势无所宜。中国，天地之中，阴阳之际也，日月经其南，斗极出其北，含众和之气，产育庶物。今去而侵边，多斥不毛寒苦之地，是犹弃江皋[2]河滨，而田于岭阪菹泽[3]也。转仓廪之委，飞府库之财，以给边民。中国困于繇赋，边民苦于戍御。力耕不便种籴，无桑麻之利，仰中国丝絮而后衣之，皮裘蒙毛[4]，曾不足盖形，夏不失复，冬不离窟，父子夫妇内藏于专室土圜[5]之中。中外空虚，扁鹊何力？而盐铁何福也？"

「注释」

① 飘卤：把地上的盐碱都吹起来了。卤，不生谷物的咸卤地。

② 江皋（gāo）：江边的高地。

③ 菹（jù）泽：水草繁茂的沼泽地。

④ 蒙毛：乱糟糟的样子。

⑤ 土圜（huán）：指土房子，因四面环以土墙，故称。

「译文」

文学之士说："边远郡县地处山谷，这里阴阳不调和，寒冷时节土地都被冻得开裂，暴风肆虐，把盐碱土都吹起来，沙石处处堆积，没有适合生活的地方。中原地区，是天地的中心，阴阳的交汇处，日月行经它的南方，北斗星由它的北方升起。这里包含了众多和谐之气，所以能育产万物。如今戍边的人离开这里而去侵占边境，大量开拓寸草不生的苦寒之地，这相当于放弃了江岸河滨，而在山上斜坡、沼泽里耕种。国家转移谷仓里积攒的粮食，快速地带走府库里的钱财，用来供给边民。其结果是，中原地区的百姓因为徭役赋税而困苦，边民因为戍边防御而受罪。在边境，用尽全力耕种的收益也买不起种子，没有种植桑麻的利润，只能依赖中原地区运来丝绸和棉絮后才有衣服穿，毛皮做的衣服上的毛乱糟糟的，连整个身体都盖不住，夏天没有衣服穿，冬天离不开窑洞，全家男女老少都躲在狭小的土房子里。内外都空虚，扁鹊的能力用在了哪里？盐铁官营又带来了什么福利呢？”

未通第十五

御史曰："内郡人众，水泉荐草，不能相赡，地势温湿，不宜牛马；民跖[1]耒而耕，负檐而行，劳罢而寡功。是以百姓贫苦，而衣食不足，老弱负辂于路，而列卿大夫，或乘牛车。孝武皇帝平百越以为园圃，却羌、胡以为苑囿，是以珍怪异物，充于后宫，騊駼、駃騠[2]，实于外厩，匹夫莫不乘坚良[3]，而民间厌橘柚。由此观之：边郡之利亦饶矣！而曰：'何福之有？'未通于计也。"

「注释」

① 跖：践，踏。

② 騊駼（táo tú）、駃騠（jué tí）：均为古时良马。

③ 乘坚良：乘坚车，驾良马。

「译文」

御史说："内地的郡县人口众多，水源牧草无法满足供应，这里地理环境温湿，不适合放养牛马；百姓们脚踏耒锄耕种，背负肩挑出行，疲惫不堪却成果甚微。所以，百姓们贫困艰苦，吃穿不足，老弱在路上拉着车，而一些公卿大夫却乘坐牛车。汉孝武皇帝平定百越并将那里作为果蔬园子，驱逐羌、胡并将那里作为畜养禽兽的苑囿，因此珍奇异物充斥于后宫，各种名马则挤满了外面的马厩。平民百姓都乘上了好车、骑上了好马，而且民间也吃够了橘柚。由此看来，边远郡县的财力也是富足的！可你们却说：‘哪有什么福利呀？’真是不清楚策略和计划啊。”

文学曰：“禹平水土，定九州，四方各以土地所生贡献，足以充宫室，供人主之欲，膏壤①万里，山川之利，足以富百姓，不待蛮、貊之地，远方之物而用足。闻往者未伐胡、越之时，繇赋省而民富足，温衣饱食，藏新食陈，布帛充用，牛马成群。农夫以马耕载，而民莫不骑乘；当此之时，却走马以粪。其后，师旅数发，戎马不足，牸牝②入阵，故驹犊生于战地。六畜不育于家，五谷不殖于野，民不足于糟糠，何橘柚之所厌？传曰：‘大军之后，累世不复。’方今郡国，田野有陇而不垦，城郭有宇而不实③，边郡何饶之有乎？”

「注释」

① 膏壤：肥沃的土地。

② 牸牝（zì pìn）：雌性的牲畜。牸，本指母牛，亦泛指雌性的牲畜。牝，母马。

③ 不实：没有人居住。

「译文」

文学之士说："大禹治理水土，划定了九州，四方各自贡献本地所产，足以充满宫室，满足君主的欲望，肥沃的土壤遍及万里，经营山川可图之利足以使百姓富足，不需要边远荒僻之地，也不需要遥远的地方的物产，就已经够用了。听说过去尚未征伐胡、越的时候，没什么徭役和赋税，百姓富裕，穿得暖、吃得饱，储藏新粮，食用陈粮，布料足够用，牛马成群。农民们用马耕田，人人都能骑乘；在那个时候，马匹都用于耕地和积肥。后来，战争频繁，军马不足，母牛母马都进入战场，所以马驹、牛犊都出生在战场上。六畜（泛指家畜）无法在家中繁育，五谷无法在田野生长，百姓连糟糠都吃不上，怎么会吃够橘柚了呢？古书上说：'大军交战之后，几代人都恢复不过来。'当前各地的状况，有田埂却没有人开垦，城郭里有房屋却没有人住，边远郡县哪里有什么富足啊？"

御史曰："古者，制田百步为亩，民井田而耕，什而籍一[①]。义先公而后己，民臣之职也。先帝哀怜百姓之愁苦，衣食不足，制田二百四十步而一亩，率三十而税一[②]。堕[③]民不务田作，饥寒及己，固其理也。其不耕而欲播，不种而欲获，盐铁又何过乎？"

「注释」

① 什而籍一：交税十分之一。籍，税。

② 率三十而税一：大概交税三十分之一。

③ 堕：通“惰”，懈怠。

「译文」

御史说：“古时候，规定一百步的田地为一亩，百姓依据井田制耕种，十成收成里征收一成作为税赋（十分之一）。公义在先而私利在后，这是百姓和臣子的分内之事。先帝怜悯百姓的忧愁与苦恼，衣食不足，于是将一亩田地的大小定为两百四十步，大概征税三十分之一。懒散的百姓不再务农耕种，饥寒临身，原本就是理所应当的。他们不翻土就想要播种，不播种就想要收获，盐铁官营又有什么过错呢？”

文学曰：“什一而籍，民之力也。丰耗①美恶，与民共之。民勤②，己不独衍；民衍，己不独勤。故曰：‘什一者，天下之中正也。’田虽三十，而以顷亩出税，乐岁粒米狼戾③而寡取之，凶年饥馑而必求足。加之以口赋更繇之役，率一人之作，中分其功④。农夫悉其所得，或假贷而益之。是以百姓疾耕力作，而饥寒遂及己也。筑城者先厚其基而后求其高，畜民者先厚其业而后求其赡。《论语》曰：‘百姓足，君孰与不足乎？’”

「注释」

① 丰耗：指丰收之年和歉收之年。

② 勤：通“堇（jǐn）”，缺少。

③ 粒米狼戾：谷粒撒得满地都是。形容粮食充盈。

④ 中分其功：交纳一半的收成。

「译文」

文学之士说："以十分之一来征收税赋，这是百姓力所能及的。丰年歉年，收成好坏，都与百姓共同分担。百姓欠收，朝廷不会独自富足；百姓富足，朝廷也不会独自欠缺。所以说：'十分之一的税，是合乎天下的公平的。'虽然田地以三十抽一征税，但是以顷或亩来计税，丰年粮食到处堆积，收取的却少，荒年收成不好，连菜都吃不上，却一定要索取足够的税赋。再加上人口税和更役，大概一个人的劳动成果，要交纳一半赋税。农民尽其所有，有些通过借贷来补助。所以，百姓们辛勤耕耘，最终自己却饥寒交迫。修筑城墙要先加厚地基再考虑加高，养育百姓要先使其家业厚实再谋求他们的供给。《论语》有云：'百姓富足了，国君怎么会不富足呢？'"

御史曰："古者，诸侯争强，战国并起，甲兵不休，民旷于田畴，什一而籍，不违其职[①]。今赖陛下神灵，甲兵不动久矣，然则民不齐出于南亩，以口率[②]被垦田而不足，空仓廪而赈贫乏，侵益日甚，是以愈惰而仰利县官也。为斯君者亦病矣，反以身劳民；民犹背恩弃义而远流亡，避匿上公之事。民相仿效，田地日芜，租赋不入，抵扞县官。君虽欲足，谁与之足乎？"

「注释」

① 职：常。

② 口率：人口总数。

「译文」

御史说：“古时候，诸侯争霸，群雄并起，战事不断，百姓荒废了田地，十分之一的税还要征收，不能违背它的常规。如今多亏陛下圣明，军队很久没出动了，可百姓却并没有全都下到田地里，将人口总数与开垦的田地数相比较，田地的数量是不足的。朝廷的粮库空空却要赈济贫困的人，被侵蚀得日益严重，因此百姓越发懒惰，只仰仗朝廷给以好处。做这样的君主也痛苦啊，反而要身体力行，慰勉百姓；而百姓却背弃恩德，流落逃亡到远方，躲避公家之事。百姓相互效仿，田地日渐荒废，租税也无法入账，他们还与朝廷对抗。国君即便想要富足，谁又跟他一起富足呢？”

文学曰：“树木数徙则殇[①]，虫兽徙居则坏。故代马[②]依北风，飞鸟翔故巢，莫不哀其生。由此观之，民非利避上公之事而乐流亡也。往者，军阵数起，用度不足，以訾征赋，常取给[③]见民，田家又被其劳，故不齐出于南亩也。大抵逋流[④]，皆在大家，吏正畏惮，不敢笃责，刻急细民，细民不堪，流亡远去；中家为之绝出，后亡者为先亡者服事[⑤]；录民数创于恶吏，故相仿效，去尤甚而就少愈者多。《传》曰：‘政宽者民死之，政急者父子离。’

是以田地日荒，城郭空虚。夫牧民之道，除其所疾，适其所安，安而不扰，使而不劳，是以百姓劝业而乐公赋。若此，则君无赈于民，民无利于上，上下相让而颂声作。故取而民不厌，役而民不苦。《灵台》之诗，非或使之，民自为之。若斯，则君何不足之有乎？”

「注释」

① 殇（wěi）：通“萎”，枯萎。

② 代马：北地所产良马。代，古代郡地，后泛指北方边塞地区。

③ 取给：取得物力或人力以供需用。

④ 逋（bū）流：逃亡，流亡。此处意为逃税。

⑤ 服事：诸侯定期朝贡，各依服数以事天子。此处意为服役纳税。

「译文」

文学之士说：“树木频繁移植就会枯萎，动物频繁迁徙就会受伤。所以，代马都依恋于北风，飞鸟盘旋于旧巢之上，没有不为出生之地感到眷恋的。由此可见，百姓并非喜欢逃避公家的事而享受流亡的生活。以往，战事频繁发生，军事用度不足，只得根据大家的资财来征税，常常是从当地百姓那里征税，农民还要承受其间的劳苦，因此他们没办法全都下地耕作。大体上，逃避赋税的都是世家望族，官吏因畏惧而不敢严厉追责，却对小民刻薄催促，小民难以承受，只得逃亡到远方。中等家庭为此承担了全部赋税，后流亡的人为先流亡的服役纳税。寻常百姓受到恶劣官吏的多次伤害，因此相互效仿，离开税收太重的地方而去税收少的地方的人就越来越多。《传记》

上说：‘政策宽松则百姓拼死效命，政策苛刻则父子也会离心。’因此，田地日渐荒芜，城郭空虚无物。治理百姓之道在于解决他们的疾苦，满足他们的安宁，安抚而不增加他们的麻烦，役使他们而不让他们疲惫不堪，这样就能激励百姓劳作，让他们乐意缴纳公家的税赋。如果能这样做，那么君主就不必为百姓提供救济，百姓也不必寻求从上面获利了，上上下下互相礼让，赞颂之声由此兴起。这样的话，即便征税，百姓也不会感到厌烦；即便服役，百姓也不会觉得疲苦。《灵台》（出自《诗经·大雅》）这首诗中说，不是朝廷役使他们，而是百姓自发去做。如果能这样，那么君主还有什么不足呢？”

御史曰：“古者，十五入大学，与小役；二十冠而成人，与戎；五十以上，血脉溢刚，曰艾壮[①]。《诗》曰：‘方叔元老，克壮其猷[②]。’故商师若乌[③]，周师若荼[④]。今陛下哀怜百姓，宽力役之政，二十三始傅，五十六而免，所以辅耆壮而息老艾也。丁者治其田里，老者修其唐园[⑤]，俭力趣时，无饥寒之患。不治其家而讼县官，亦悖矣。”

「注释」

① 艾壮：称年逾五十而身体强健者。

② 猷（yóu）：谋划。

③ 商师若乌：商朝军队头发乌黑。这说明商朝以年少为贵。

④ 周师若荼（tú）：周朝军队头发像白茅花。这说明周人以年老为贵。

茶，茅、芦之类的白花。

⑤ 唐园：园地。

「译文」

御史说："古时候，十五岁入读大学，从事一些小的杂役；二十岁成年后，参与战事；五十岁以上，血脉充盈身体强壮，被称为年老体壮。《诗经》上说：'方叔这位元老，体壮又有谋略。'所以，商朝的军队头发乌黑，周朝的军队头发像白茅花。如今陛下怜悯百姓，放宽了徭役政策，从二十三岁开始服徭役，五十六岁则免除，以此使年老而强壮的人得到照顾，使老年人得到休息。青年壮丁负责整理农田，老年人打理菜园，既能合理分配劳力，又能按时耕种，不再有吃不饱、穿不暖的担忧。有些人自己不治理自己的家庭，反而责怪朝廷，这也不合情理啊。"

文学曰："十九年已下为殇，未成人也；二十而冠；三十而娶，可以从戎事；五十已上曰艾老，杖于家，不从力役，所以扶不足而息高年也；乡饮酒之礼[①]，耆老异馔，所以优耆耄[②]而明养老也。故老者非肉不饱，非帛不暖，非杖不行。今五十已上至六十，与子孙服挽输，并给繇役，非养老之意也。古有大丧者，君三年不呼其门，通其孝道，遂其哀戚之心也。君子之所重而自尽者，其惟亲之丧乎！今或僵尸，弃衰绖[③]而从戎事，非所以子百姓，顺孝悌之心也。周公抱成王听天下，恩塞海内，泽被四表，矧[④]惟人面，含仁保德，靡不得其所。《诗》云：‘夙夜基命宥密⑤。’陛下富于春秋，委任大臣，公卿辅政，政教未均，故庶人议也。”

御史默不答也。

「注释」

① 乡饮酒之礼：先秦一种尊贤养老的礼仪。

② 优耆耄（mào）：优待老年人。耄，《礼记·曲礼上》：“八十、九十曰耄。”《盐铁论·孝养》：“七十曰耄。”亦泛指年老。

③ 衰绖（cuī dié）：丧服。古人丧服胸前当心处缀有长六寸、广四寸的麻布，名衰，因名此衣为衰；围在头上的散麻绳为首绖，缠在腰间的散麻绳为腰绖。衰、绖两者是丧服的主要部分，故以此为称。

④ 矧（shěn）：况且，何况。

⑤ 宥（yòu）密：谓存心仁厚宁静。

「译文」

文学之士说：“十九岁以下的人去世称为‘殇’，他们尚未成年；二十岁行冠礼；三十岁结婚，可以参军；五十岁以上被称为艾老，在家中扶杖，不再从事劳役，以此使年幼或残疾之人得到帮扶，使高龄老人得到休息。在乡饮酒礼的仪式上，老年人享用的美食也有所不同，以此来优待老人，明晰养老之道。所以，老年人不吃肉就不算吃饱，没有帛衣就不算穿暖，没有拐杖就不能行走。如今五十岁以上甚至到了六十岁的人，却与子孙一同负责运送的工作，一同服徭役，并没有养老的意思。古时候有大丧的人，君主三年不上门叫他们服役，这是因为懂得孝道，体谅他们悲痛的心情。君子最重视而且会尽心尽力做的事情，大概就是双亲的丧事！如今有些人刚刚故去，家人就要脱掉丧服去打仗，这并不是以百姓为子民，顺从孝悌之心的方式啊！周公抱着年幼的成王倾听天下政事，恩泽充塞海内，覆盖四方，何况人人都含有周公的仁爱，保持德行，没有人未得到适当的安顿。《诗经》上说：‘周王日夜操劳，顺应天命，政治上主张宽仁宁静。’陛下年富力强，委任大臣处理政事，有公卿辅助政务，只是法令与教化尚未调和，所以百姓有所议论。”

御史闭口不答了。

卷四

地广第十六

大夫曰："王者包含并覆，普爱无私，不为近重施，不为远遗恩。今俱是民也，俱是臣也，安危劳佚不齐，独不当调邪？不念彼而独计此，斯亦好议矣？缘边之民，处寒苦之地，距[1]强胡之难，烽燧一动，有没身之累。故边民百战，而中国恬卧者，以边郡为蔽捍[2]也。《诗》云：'莫非王事，而我独劳。'刺不均也。是以圣王怀四方独苦，兴师推却胡、越，远寇安灾，散中国肥饶之余，以调边境，边境强，则中国安，中国安则晏然无事。何求而不默也？"

「注释」

① 距：通"拒"，抗拒。

② 蔽捍（hàn）：屏障，屏藩。

「译文」

御史大夫桑弘羊说："君王应该包容护佑所有人，博爱无私，不因为亲近就大施恩德，也不因为疏远就漏失恩德。如今我们都是百姓，都是臣子，安、危、劳、逸全不一样，难道不应该进行调整吗？不考虑他人而只为自己打算，这也太容易引起议论了吧？边境百姓生活在苦寒之地，抵抗凶猛胡人的侵扰，一旦边境战火燃起，便有性命之虞。因此，边境百姓身经百战，而内地百姓却安享太平，这是因为边境郡县成了抵挡敌寇的屏障。《诗经》上说：‘都是君王的事情，却只有我劳苦。’这是在讽刺不公平啊。因此，圣明的君王感念四方边境的百姓独自受苦，兴兵击退胡人、越人，驱离敌寇，平定灾祸，分拨内地富余的物资，以调剂边境郡县。边境郡县强盛，内地才能安宁；内地安宁，百姓才能平安无事。你们还要求什么？为什么不沉默呢？”

文学曰：“古者，天子之立于天下之中，县内方不过千里，诸侯列国，不及不食之地，《禹贡》至于五千里；民各供其君，诸侯各保其国，是以百姓均调，而繇役不劳也。今推胡、越数千里，道路回避[①]，士卒劳罢。故边民有刎颈之祸，而中国有死亡之患，此百姓所以嚣嚣[②]而不默也。夫治国之道，由中及外，自近者始。近者亲附，然后来远；百姓内足，然后恤外。故群臣论或欲田轮台[③]，明主不许，以为先救近务及时本业也。故下诏曰：‘当今之务，在于禁苛暴，止擅赋，力本农。’公卿宜承意，请减除不任，以佐百姓之急。今中国弊落不忧，务在边境。意者地广而不耕，多种而不耨，费力而无功，《诗》云：‘无田甫田，维莠骄骄[④]。’其斯之谓欤？”

「注释」

① 回避：迂回僻远。避，通“僻”。

② 嚣（áo）嚣：众口怨愁声。

③ 轮台：在今新疆轮台东南。本仑头国（亦作“轮台国”），汉武帝时（前140—前87）为李广利所灭，置使者校尉，屯田于此。武帝晚年颁发《轮台罪己诏》中的轮台即此。后并于龟兹。

④ 骄骄：草盛且高貌。

「译文」

文学之士说：“古时候，天子身处天下的中心，王畿的范围不过千里，而诸侯列国的领地，延伸不到无人居住的荒地。据《禹贡》所述，当时国家的领土达到五千里。百姓们各自供养自己的国君，诸侯各自保卫自己的国家，因此百姓得到了平等的待遇，徭役也不至于使人过于劳累。如今驱逐胡人、越人数千里，千里迢迢地进军，道路迂回偏远，士兵劳累不堪。因此，边境百姓面临着被杀头的祸患，而内地百姓也有性命之虞，这就是百姓们愁苦悲伤而不安静的原因。治理国家的方法，应该由内而外，从近处开始。近处的人亲近归附，然后才引来远方的人；百姓内部富足了，才能救济外部的人。因此，群臣中有人主张在西域轮台屯田，英明的君主不同意，认为应该先解决近处的紧急问题，及时发展农业。因此，他下诏说：‘当今要做的事，在于禁止苛政，制止滥征赋税，大力发展农业。’公卿们应该按照陛下的意思，减轻不合理的徭役，以帮助百姓渡过难关。如今内地不振，朝廷不担忧，反倒将关注点都放在边境上。恐怕边地虽然广阔却不适合耕种，种了许多庄稼却无法锄草，费尽了力气却没有任何收获。《诗经》上说：‘田地宽大不可耕，唯有野草高深茂密。’大概说的就是这种情况吧？”

大夫曰：“汤、武之伐，非好用兵也；周宣王辟国千里，非贪侵也；所以除寇贼而安百姓也。故无功之师，君子不行；无用之地，圣王不贪。先帝举汤、武之师，定三垂[1]之难，一面[2]而制敌，匈奴遁逃。因河、山以为防，故去砂石咸卤不食之地，故割斗辟[3]之县，弃造阳之地以与胡，省曲塞，据河险，守要害，以宽徭役，保士民。由此观之：圣主用心，非务广地以劳众而已矣。”

「注释」

① 三垂：指东、南、西三方边境。垂，通“陲”，边陲。

② 一面：指北面匈奴。

③ 斗辟：绝险偏僻。斗，通“陡”。辟，通“僻”。

「译文」

御史大夫桑弘羊说：“商汤、周武王发兵征讨昏君，并非喜好使用武力；周宣王辟出千里之地，也并非贪图侵略。他是为了铲除敌寇，使百姓安居乐业。因此，没有功德的出兵征伐，高尚的人不会去做；没有用处的土地，圣明的君主不会贪恋。先帝动用像商汤和周武王那样的军队，平定了东、西、南三个方向的边境动乱，又在北面一举制敌，迫使匈奴退逃。他以黄河和阴山山脉作为屏障，故意放弃荒漠和盐碱地这些不长庄稼的地方，割让地势险绝偏僻的县，遗弃造阳的土地给胡人，减少曲折偏远的边塞，据守黄河天险，坚守要害之地，放宽徭役政策，保护将士和百姓。由此看来，圣明君主的想法，并不只是为了追求广阔的领土来让百姓受苦受累呀！”

文学曰：“秦之用兵，可谓极矣，蒙恬斥境，可谓远矣。今逾蒙恬之塞，立郡县寇虏之地，地弥远而民滋劳。朔方[1]以西，长安以北，新郡之功，外城之费，不可胜计。非徒是也，司马[2]、唐蒙凿西南夷之涂，巴、蜀弊于邛、筰；横海征南夷，楼船戍东越，荆、楚罢于瓯、骆[3]；左将伐朝鲜，开临屯，燕、齐困于秽貉[4]；张骞通殊远，纳无用，府库之藏，流于外国；非特斗辟之费，造阳之役也。由此观之：非人主用心，好事之臣为县官计过也。”

「注释」

① 朔方：郡名。西汉元朔二年（前 127）置。治朔方（今杭锦旗北），辖境相当于今内蒙古河套西北部及后套地区。

② 司马：指司马相如（约前 179—前 118），字长卿，西汉辞赋家，蜀郡成都（今属四川）人。

③ 瓯、骆：东瓯，越族中的一支，亦称“瓯越”。秦、汉时分布在今浙江南部瓯江、灵江流域，相传是越王勾践的后裔。骆越，古越人的一支。汉时分布在交趾、九真和合浦等郡，大抵在今广西南宁西南至今越南北部和中部，下及今广东省雷州半岛和海南省。

④ 秽貉：古族名。又称濊貊。西周前，貊、濊单称，后常复称“濊貊”。一说原为两族，西周至春秋融为一族。初分布于中国北方地区。秦汉前，居今长城以内者，或迁东北，或与当地居民融合；居今关外者，分布在松嫩平原、鸭绿江流域及朝鲜半岛。

「译文」

文学之士说：“秦朝的用兵，可以说是到极限了；蒙恬开拓秦朝的边境，可以说是十分遥远了。如今我们越过了蒙恬当年驻守的边塞，在敌寇的土地上建立起郡县，地域更加远阔，可百姓的疲劳也增加了。朔方郡以西，长安以北，新郡县的建造工程，修建外城的费用，不可胜数。不仅如此，司马相如、唐蒙要开辟通往西南夷地的道路，结果导致巴地、蜀地的百姓因开辟邛、筰两地的交通而疲累；横海将军要征讨南夷，楼船将军扼守东越，结果导致荆地、楚地的百姓因被迫对瓯、骆用兵而疲惫不堪；左将军出兵征讨朝鲜，开设临屯郡，结果导致燕地、齐地的百姓被困于秽、貉之患；张骞开通通往遥远西域的道路，收来无用之物，国库储藏的财富却流向外国。这些并不是割让地势险绝偏远之县可节省的费用，遗弃造阳可省去的徭役。由此看来，这并不是君主的想法，而是一些好事的大臣给朝廷出谋划策导致的过失。”

大夫曰：“挟管仲之智者，非为厮役[1]之使也。怀陶朱之虑者，不居贫困之处。文学能言而不能行，居下而讪上，处贫而非富，大言而不从，高厉而行卑，诽誉訾议，以要名采善于当世。夫禄不过秉握者，不足以言治，家不满檐石[②]者，不足以计事。儒皆贫羸，衣冠不完，安知国家之政，县官之事乎？何斗辟造阳也！”

「注释」

① 厮役：执劳役供使唤的人。

② 檐石：指一石粮食。言粮少。

「译文」

御史大夫桑弘羊说：“拥有管仲般智慧的人，不会做奴仆的差事。怀揣陶朱般心思的人，不会住在贫困之地。文学之士能言善辩但不能做事，居于下位却讥笑上级，身处贫困而责怪富人，口头上说大话却不付诸行动，高高在上却行为卑劣，诋毁他人声誉，妄议他人缺点，用以在当世博取好的名声和赞美。俸禄不过一把禾稻的人，没资格谈论治国之道；家产不到一石粮食的人，没资格筹谋国家事务。儒生全都贫穷瘦弱，衣服和帽子都不完备，怎么可能了解国家的政务、朝廷的事务呢？更别说‘斗辟’‘造阳’了！”

文学曰：“夫贱不害智，贫不妨行。颜渊[①]屡空，不为不贤。孔子不容，不为不圣。必将以貌举人，以才进士，则太公终身鼓刀，宁戚不离饭牛矣。古之君子，守道以立名，修身以俟时，不为穷变节，不为贱易志，惟仁之处，惟义之行。临财苟得，见利反义，不义而富，无名而贵，仁者不为也。故曾参[②]、闵子[③]，不以其仁易晋、楚之富。伯夷[4]不以其行易诸侯之位，是以齐景公有马千驷，而不能与之争名。孔子曰：‘贤哉回也！一箪食，一瓢饮，在于陋巷，人不堪其忧，回也不改其乐。’故惟仁者能处约、乐，小人富斯暴，贫斯滥矣。杨子曰：‘为仁不富，为富不仁。’苟先利而后义，取夺不厌。公卿积亿万，大夫积千金，士积百金，利己并财以聚；百姓寒苦，流离于路，儒独何以完其衣冠也？”

「注释」

① 颜渊（前521—前490）：名回，字子渊，孔子的学生，春秋末鲁国人。好学不倦，贫居陋巷，箪食瓢饮，而不改其乐。

② 曾参（前505—前434）：名参，字子舆，孔子的学生，春秋末鲁国南武城（一说为今山东嘉祥南，一说为今山东平邑南）人。以孝著称，提出“吾日三省吾身”（《论语·学而》）的修养方法。

③ 闵子：闵子骞，孔子的弟子。

④ 伯夷：商末孤竹君长子。墨胎氏，名允，字公信。初孤竹君遗命立其弟叔齐为君，孤竹君死后，叔齐让位，他不受，两人一起投奔周文王。路遇武王伐纣，他们拦马劝谏。武王灭商后，兄弟俩隐居首阳山，不食周粟而死。

「译文」

文学之士说：“卑贱并不妨碍智慧，贫穷也不会妨碍德行。颜渊多次陷入困乏，但这并不能说他不是贤人。孔子虽然不容于当时之世，但这并不能说他不是圣人。如果我们执意以外貌来举荐人才，以财富多少来录用士人，那么姜太公终其一生只能宰杀牲畜，宁戚也只能喂喂牛。古代的君子们，他们坚守道义以树立自己的名声，修身以待时机的到来，不因贫穷而改变节操，不因卑微而改变志向，只遵守仁爱之道，只践行义理之事。见财就想以不正当的手段而取得，见利就抛弃义理，不顾道义而富有，没有名声却尊贵，仁义之士是不会这么做的。因此，曾参、闵子骞不愿以自己的仁义去换取晋国、楚国的富贵，伯夷也不愿以自己的品行去换取诸侯的尊位，因此齐景公虽拥有千辆战车，却无法与伯夷相提并论。孔子说：'颜回真是贤德呀！一碗饭，一瓢水，在陋巷里居住，其他人或许无法忍受那样的愁苦，但颜回却依然不改他的快乐。'所以，只有仁义之人才能坦然面对贫穷，也只有仁义之人才能获得快乐，而小人如果富有便会骄横跋扈，如果贫穷则会毫无底线。杨子说过：'行仁义之事就无法得富贵，得富贵就无法行仁义。'若是将利益置于前，而道义放在后，那么必然会导致巧取豪夺、贪婪不止。若是公卿们积累财富亿万，大夫们积累财富千金，士人积累财富百金，都为了自身利益而聚敛财富，那么百姓必将贫穷困苦，流落他乡，无家可归，而儒生们又如何能使自己的衣冠完备呢？"

贫富第十七

大夫曰："余结发束脩[1]，年十三，幸得宿卫，给事辇毂[2]之下，以至卿大夫之位，获禄受赐，六十有余年矣。车马衣服之用，妻子仆养之费，量入为出，俭节以居之，奉禄赏赐，一二筹策之，积浸以致富成业。故分土若一，贤者能守之；分财若一，智者能筹之。夫白圭[3]之废著，子贡之三至千金，岂必赖之民哉？运之六寸[4]，转之息耗，取之贵贱之间耳！"

「注释」

① 束脩（xiū）：脩，干肉。十条干肉为束脩。指学生入学致送教师的礼物。

② 辇（niǎn）毂：皇帝的车舆，代指皇帝。

③ 白圭：战国时周人，与魏文侯同时。主张采用"人弃我取，人取我与"的办法经商，谷成熟时收进粮食，出售丝、漆；茧出产时收进帛、絮，出售粮食。认为经商必须掌握时机，运用智谋，犹如孙吴用兵、商鞅行法。

④ 六寸：指六寸长的算筹。

「译文」

御史大夫桑弘羊说："我束发拜师求学，十三岁时有幸被选为宫廷警卫，在皇帝近旁供职，逐渐晋升至卿大夫之位，领取俸禄，蒙受赏赐，至今已有六十多年了。车马、衣物的花销，家人仆役的开支，都是量入为出，过着节俭的生活。所得俸禄和赏赐，都是一点一滴地谋划安排，逐渐积累才富起来，成了一份家业。因此，分到的土地也是一样，只有贤明的人才守得住；分到的财富也是一样，只有有智慧的人才能安排好。白圭之所以贱买贵卖，子贡三次拥有一千金，难道完全是靠剥削百姓得来的吗？他们只是精于算计，在利息消耗中运转，在物品高价与低价之间获利罢了！"

文学曰："古者，事业不二，利禄不兼，然诸业不相远，而贫富不相悬也。夫乘爵禄以谦让①者，名不可胜举也；因权势以求利者，入不可胜数也。食湖池，管山海，刍荛②者不能与之争泽，商贾不能与之争利。子贡以布衣致之，而孔子非之，况以势位求之者乎？故古者大夫思其仁义以充其位，不为权利以充其私也。"

「注释」

① 乘爵禄以谦让：处于高官厚禄的地位而懂得谦让。

② 刍荛（ráo）：割草打柴的人。

「译文」

文学之士说："古时候，不能同时从事两种事业，经商所得的利润与做官所得的俸禄不能兼得。这样一来，各行各业的收入相差不会太多，贫富之间的差距也不会太悬殊。那些在高位享受厚禄而且懂得谦让的人，他们的美名举不胜举；而那些凭借权势谋求私利的人，他们的收入则数之不尽。他们占据湖泊和沼泽，垄断山林海域的财富，割草打柴的百姓无法与他们争夺一丝利益，商贾也无法与他们争夺财利。子贡靠着布衣平民的身份致富，孔子都责怪他，更不用说那些凭借权势地位来谋求私利的人了！所以，古代的大夫想以仁义来充实自己的官位，而不是为了私利填满自己的口袋。”

大夫曰：“山岳有饶，然后百姓赡焉。河、海有润，然后民取足焉。夫寻常之污[①]，不能溉陂泽[②]，丘阜之木，不能成宫室。小不能苞大，少不能赡多。未有不能自足而能足人者也。未有不能自治而能治人者也。故善为人者，能自为者也，善治人者，能自治者也。文学不能治内，安能理外乎？”

「注释」

① 污：池塘。

② 陂（bēi）泽：湖泽。

「译文」

御史大夫桑弘羊说：“山岳物产丰饶，然后百姓就能富足。河、海物产丰富，然后百姓就能充分获取。寻常的小池塘的水无法灌注大湖泽，小土丘上的树无法建造成帝王的宫殿。小的不能包纳大的，少的不能供养多的。从来没有不能自给自足却能满足他人的人，也从来没有不能自我管理却能管理好他人的人。所以，善于为他人办事的人，也能为自己办好事；善于管理他人的人，也能管理好自己。你们连自己都管理不好，又怎么管理得了外在的事务呢？”

文学曰：“行远道者假于车，济江海者因于舟。故贤士之立功成名，因于资而假物者也。公输子能因人主之材木，以构宫室台榭，而不能自为专屋狭庐①，材不足也。欧冶能因国君之铜铁，以为金炉大钟，而不能自为壶鼎盘杅②，无其用也。君子能因人主之正朝，以和百姓，润众庶，而不能自饶其家，势不便也。故舜耕历山，恩不及州里，太公屠牛于朝歌③，利不及妻子，及其见用，恩流八荒④，德溢四海。故舜假之尧，太公因之周，君子能修身以假道者，不能枉道而假财也。”

「注释」

① 专屋狭庐：狭小简陋的房屋。

② 杅（yú）：盛汤浆或食物的器皿。

③ 朝歌：古都邑名。在今河南淇县。商代帝乙、帝辛（纣）的别都。周武王封康叔为卫侯，项羽封司马卬（qióng）为殷王，皆都于此。

④ 八荒：八方荒远之地。

「译文」

文学之士说："走远道的人需要借助车辆，渡江海的人需要依靠船只。所以，贤士建立功业、成就名声，需要依赖和借助外界的资源和东西。鲁班能用君主提供的木材建造宫殿台榭，却不能为自己建造狭小简陋的房屋，因为木材不够。欧冶子能用国君提供的铜铁铸造铜炉大钟，却不能为自己铸造壶鼎盘盆，因为他没有这些材料。君子能借助君主的政策来协调百姓，施惠众民，却不能使自己的家庭富足，因为情势不允许。所以，舜在历山务农，恩惠未及本乡本土；姜太公在朝歌宰牛，好处未及妻儿。等到他们得到重用，恩泽传布八方，德泽充满四海。所以，舜借助尧帝，姜太公依靠周王。君子可以借助道义修身，但不能违背道义去借助钱财。"

大夫曰："道悬于天，物布于地，智者以衍，愚者以困。子贡以著积显于诸侯，陶朱公以货殖尊于当世。富者交焉，贫者赡焉。故上自人君，下及布衣之士，莫不戴其德，称其仁。原宪、孔急[①]，当世被饥寒之患，颜回屡空于穷巷，当此之时，迫于窟穴，拘于缊袍[②]，虽欲假财信[③]奸佞，亦不能也。"

「注释」

① 孔急：指孔伋（jí）（前 483—前 402），字子思，战国初儒家学者。孔子之孙。相传曾受业于曾子。把儒家的道德观念"诚"说成是世界的本原——"诚者，物之终始。不诚无物"（《中庸》）。以"中

庸”为其学说的核心。

② 缊（yùn）袍：用乱麻旧棉絮做的袍子，古为贫者所服。

③ 信：通“伸”，施展。

「译文」

御史大夫桑弘羊说：“道理悬挂在天空，万物散布于大地，聪明的人因此富足，而愚蠢的人则因此贫困。子贡因为囤积财货而在诸侯之间显露声名，陶朱公则因为经商营利而在当世备受尊崇。富有者与他们交往，贫穷者得到他们的帮助。所以，上到国君，下到布衣百姓，无不对他们感恩戴德，称赞他们的仁德。原宪、孔伋，在他们那个时代饱受饥寒之苦，颜回在简陋的巷子屡屡陷入穷困。在那个时候，他们不得不居住在简陋的土屋里，拘谨地穿着破烂的衣服，即便想借助金钱施展奸滑谄媚的手段，也是办不到的。”

文学曰：“孔子云：‘富而可求，虽执鞭之事，吾亦为之；如不可求，从吾所好。’君子求义，非苟富也。故刺子贡不受命而货殖焉。君子遭时则富且贵，不遇，退而乐道。不以利累己，故不违义而妄取。隐居修节，不欲妨行，故不毁名而趋势。虽付之以韩、魏之家，非其志，则不居也。富贵不能荣，谤毁不能伤也。故原宪之缊袍，贤于季孙之狐貉，赵宣孟[①]之鱼飧，甘于智伯[②]之刍豢，子思之银佩，美于虞公之垂棘[③]。魏文侯轼段干木[④]之闾，非以其有势也；晋文公见韩庆，下车而趋，非以其多财，以其富于仁，充于德也。故贵何必财，亦仁义而已矣！”

「注释」

① 赵宣孟：赵盾（？—前 602）。春秋时晋国执政。赵衰之子。晋襄公七年（前 621），为中军帅，掌握国政。

② 智伯（？—前 453）：春秋战国之际晋国四卿之一。

③ 垂棘：古地名。春秋晋地，在今山西长治市潞城区北，以出美玉著称。

④ 段干木：战国时魏国人。姓段干，名木。曾求学于子夏，修业行道，名声甚高。因魏成子推荐，魏文侯加以礼敬，给予爵禄官职，均推辞不受。文侯乘车过他的住所门口，必伏轼致敬。

「译文」

文学之士说：“孔子说：‘如果富贵值得追求，即便做拿着鞭子驾车的工作，我也会去做；如果不值得追求，那就做我所喜爱的事情。’君子追求的是道义，而不是随随便便追求富贵。所以，孔子批评子贡不守本分而去经商做生意。君子遇到时运就能获得富贵，若遇不到，就退隐享受清贫，快乐追求道义。不因为私利而拖累自己，所以就不会违背道义，在未经认可的情况下擅自取用。隐居修行，不愿妨害自身的品行，所以不会为了追求权势而损害名誉。就算有人给予你韩、魏之财，若不符合志向，你也不会接受。富贵不能让他感到光荣，谤言攻击也不能伤害他。因此：原宪破烂的长袍，比季孙氏的狐貉皮袍更为珍贵；赵盾简朴的鱼饭，比智伯的肉食还要甜美；子思的白银配饰，比虞公的垂棘玉饰更为美丽动人。魏文侯经过段干木家的街巷，用手扶着车厢前的横木表示尊重，不是因为段干木的权势；晋文公见到韩庆，下车快走去迎接，不是因为韩庆钱财多，而是因为他富有仁义，德行充盈。所以说，尊贵哪里需要什么财富，只要有仁义就可以了！”

毁学第十八

大夫曰："夫怀枉而言正，自托于无欲而实不从，此非士之情也？昔李斯与包丘子[①]俱事荀卿，既而李斯入秦，遂取三公，据万乘之权以制海内，切侔伊、望，名巨泰山；而包丘子不免于瓮牖[②]蒿庐，如潦岁[③]之蛙，口非不众也，卒死于沟壑而已。今内无以养，外无以称，贫贱而好义，虽言仁义，亦不足贵者也！"

「注释」

① 包丘子：一作浮丘伯，西汉初儒生，齐人，荀子的学生。秦始皇时，以《诗》教授，申公、楚元王均从他受学。汉初，复在长安教授。其门人申公为《诗》最精，始为《诗》传，号"鲁诗"。

② 瓮牖（yǒu）：以破瓮为窗。瓮，一种陶制的盛器。

③ 潦（lǎo）岁：水涝之年。潦，雨后地面积水。

「译文」

御史大夫桑弘羊说："心怀不轨却说正直公道，自称无欲无求而实际却不践行，这难道不是你们这些文学之士的状况吗？当年，李斯和浮丘伯都是荀卿的学生。后来，李斯去了秦国，最终位列三公，凭借掌握的军事大权统治天下，其地位可与伊尹、吕望相提并论，名声响亮得连泰山都比不上。而浮丘伯却只能窝在用破瓮做窗户的简陋草屋里，像那遭遇洪水的青蛙一样，虽然叫声很大，但最后还是死在了沟渠中。现在你们既无法在家中供养家人，也没有在外建立什么值得夸耀的功业，贫困、卑贱却喜欢谈论仁义，即便满嘴仁义道德，也没什么值得看重的。”

文学曰：“方李斯之相秦也，始皇任之，人臣无二，然而荀卿谓之不食，睹其罹不测之祸也。包丘子饭麻蓬藜，修道白屋[①]之下，乐其志，安之于广厦刍豢，无赫赫之势，亦无戚戚之忧。夫晋献垂棘，非不美也，宫之奇[②]见之而叹，知荀息之图之也。智伯富有三晋，非不盛也，然不知襄子之谋之也。季孙之狐貉，非不丽也，而不知鲁君之患之也。故晋献以宝马钓虞、虢，襄子以城坏诱智伯。故智伯身禽于赵，而虞、虢卒并于晋，以其务得不顾其后，贪土地而利宝马也。孔子曰：‘人无远虑，必有近忧。’今之在位者，见利不虞害，贪得不顾耻，以利易身，以财易死。无仁义之德，而有富贵之禄，若蹈坎阱，食于悬门[③]之下，此李斯之所以伏五刑也。南方有鸟名鹓雏[④]，非竹实不食，非醴泉不饮，飞过泰山，泰山之鸱，俯啄腐鼠，仰见鹓雏而吓。今公卿以其富贵笑儒者，为之常行，得无若泰山鸱吓鹓雏乎？”

「注释」

① 白屋：古代指平民的房屋。因无色彩装饰，故名。

② 宫之奇：亦作“宫奇”。春秋时虞国大夫。晋献公十九年（前658），晋以良马和璧向虞借道攻虢（guó），虞君应允，他劝谏不听。后三年，晋又向虞借道攻虢，他以“辅车相依，唇亡齿寒”劝谏，虞君又不听，因而率族奔曹。三月后，晋灭虢，回师灭虞。

③ 悬门：古时城门所设的门闸。平时挂起，有警时放下，以便加固防守。

④ 鹓（yuān）雏：传说中与凤凰同类的鸟。

「译文」

文学之士说：“李斯成为秦国宰相之时，受到秦始皇的高度信任，臣子中无人能与之匹敌。但是，他的老师荀卿却因担心他将遭遇不测而吃不下饭。浮丘伯只吃粗茶淡饭，住简陋的草房，却因为追求自己的理想而感到快乐，就像居住在豪华宅邸中一样安闲自在。他没有显赫的地位，也就没有烦恼和忧愁。晋献公的垂棘玉璧虽美，但宫之奇看到后却感叹，因为他知道荀息包藏险恶用心。智伯虽然拥有三晋之地的财富，不能说不强盛，但他没察觉赵襄子对他的阴谋。季孙氏的狐貉皮袍，不能说不华丽，但他没察觉到鲁国君主将他看作心腹之患。因此，晋献公用宝马做诱饵钓取虞国和虢国，赵襄子则用城墙浸坏来诱捕智伯。最终，智伯被赵国俘虏，虞国和虢国也被晋国吞并。这都是因为他们只顾眼前的利益，贪图土地和宝物，而不考虑后果。孔子说：‘人没有长远的考虑，必定有近在眼前的忧患。’如今的上位者一见利益就忘了危害，贪婪地追求利益而不顾廉耻，用利益交换性命，用财富换取死亡。他们不施仁义，却享有富贵，就像在陷阱上行走，或者在悬空的闸门下进食，这正是李斯最终遭受五种酷刑的原因。南方有一种鸟，叫作鹓雏，它只吃竹子的籽实，只喝甜美的泉水。当它飞过泰山时，泰山上的猫头鹰正低头啄食腐烂的老鼠，抬头看到鹓雏，便大叫一声："吓。"如今的高官们凭借自己的富贵来嘲笑儒生，习以为常，这不就像泰山上的猫头鹰吓唬鹓雏一样吗？"

大夫曰："学者所以防固辞[①]，礼者所以文鄙行也。故学以辅德，礼以文质。言思可道，行思可乐。恶言不出于口，邪行不及于己。动作应礼，从容中道。故礼以行之，孙以出之。是以终日言，无口过；终身行，无冤尤。今人主张官立朝[②]以治民，疏爵分禄[③]以褒贤，而曰'悬门腐鼠'，何辞之鄙背而悖于所闻也？"

「注释」

① 固辞：不文明的语言。

② 张官立朝：设置官职，建立朝政。

③ 疏爵分禄：区分官爵，划分俸禄。

「译文」

御史大夫桑弘羊说："学习是为了防止粗鲁不文明的言辞，而礼仪则是为了文饰粗鄙的行为。因此，学习用以辅助德行，礼仪用以文饰品质。说话要考虑到合乎道理，行为要考虑到令人愉悦。恶毒的言辞不应该从口中说出，邪恶的行为不应该涉及自己。动作要符合礼节，态度要从容得体，符合道理。因此，要以礼仪规范自己的行为，以谦逊的态度表达自己。这样，一整天说话，也不会失言；一辈子行事，也不会招致怨仇。但如今，君主们设立官职，建立朝政来治理百姓，区分官爵，分配俸禄，以表彰贤能。可你们却说‘悬在空中的闸门’‘腐烂的老鼠’，话怎么说得这么粗鄙，完全违背我们所听到的道理呢？”

文学曰：“圣主设官以授任，能者处之；分禄以任贤，能者受之。义贵无高，义取无多[①]。故舜受尧之天下，太公不避周之三公；苟非其人，箪食豆羹犹为赖[②]民也。故德薄而位高，力少而任重，鲜不及矣。夫泰山鸱啄腐鼠于穷泽幽谷之中，非有害于人也。今之有司，盗主财而食之于刑法之旁，不知机之是发，又以吓人，其患恶得若泰山之鸱乎？”

「注释」

① 义贵无高，义取无多：由义而贵，不嫌其高；由义而取，不嫌其多。

② 赖：有害。

「译文」

文学之士说：“圣明的君主设立官职授予职务，有能力的人才能担任；分配俸禄来任用贤才，有能力的人才能享受。由道义而显贵，不嫌职位太高；以道义获取俸禄，不嫌俸禄太多。因此舜接受了尧的天下，姜太公也毫不推辞周朝的三公之位；若不是那样的人，即使俸禄再微薄也会成为对百姓有害的人。所以那些道德低下但官位很高、能力很差但任务很重的人，很少能不遭遇灾祸。泰山的猫头鹰在穷泽幽谷中啄食腐烂的老鼠，并不会对人造成伤害。而现今的官员们，窃取君主的财产，在刑法之旁享用，却不知道'悬在空中的闸门'机关已经被启动，还拿来威吓别人，这样的祸患又怎么能与泰山的猫头鹰相提并论呢？"

大夫曰："司马子[①]言：'天下穰穰[②]，皆为利往。'赵女不择丑好，郑妪不择远近，商人不愧耻辱，戎士不爱死，力士[③]不在亲，事君不避其难，皆为利禄也。儒、墨内贪外矜，往来游说，栖栖然[④]亦未为得也。故尊荣者士之愿也，富贵者士之期也。方李斯在荀卿之门，阘茸与之齐轸，及其奋翼高举，龙升骥骛[⑤]，过九轶二，翱翔万仞，鸿鹄华骝且同侣，况跛牂[⑥]燕雀之属乎！席天下之权，御宇内之众，后车百乘，食禄万钟。而拘儒布褐不完，糟糠不饱，非甘菽藿而卑广厦，亦不能得已。虽欲吓人，其何已乎！"

「注释」

① 司马子：指司马迁（约前145或前135—？），西汉史学家、文学家、思想家。字子长，夏阳（今陕西韩城南）人。司马谈之子。

② 穰（rǎng）穰：同"攘攘"，纷乱貌。

③ 力士：即吏士。力，应为"吏"的误写。

④ 栖栖然：忙碌不安的样子。

⑤ 骥骛（jì wù）：千里马奔腾。骥，千里马。

⑥ 跛牂（zāng）：跛足的母羊。

「译文」

御史大夫桑弘羊说：“司马迁说：‘天下人忙忙碌碌，都是为了追求利益而奔波。’赵国的女子不考虑相貌好坏，郑国的女子不考虑距离远近，商人们不以耻辱而羞愧，战士们不惜用生命来战斗，士人们不以亲情为重，为君效力时也毫不避难，都是为了追求功名利禄啊。儒、墨之徒内心贪婪，外表矜持，四处奔走游说，奔波忙碌，也是因为未能获得重用。因此，受尊荣、得富贵，是士人们的愿望和期待。当年李斯在荀卿门下，那些卑贱的人同他并驾齐驱，等到后来他振翅高飞，如同龙一样飞腾、骏马一样奔驰，超越九重天，自由翱翔于万米高空，就连鸿鹄良驹也望尘莫及，更何况瘸羊、燕子和麻雀呢！掌握天下大权，统治天下百姓，随行上百车辆，享受万钟俸禄。而你们这些固执己见的儒生，麻布衣服都穿不齐整，连糟糠都不够吃。你们并不是喜欢吃粗粮，也不是鄙视高楼大厦，只是得不到罢了。即使你们想要吓唬人，又有什么资本呢！”

文学曰：“君子怀德，小人怀土。贤士徇名，贪夫死利。李斯贪其所欲，致其所恶。孙叔敖早见于未萌，三去相而不悔，非乐卑贱而恶重禄也，虑患远而避害谨也。夫郊祭之牛，养食期年，衣之文绣，以入庙堂，太宰①执其鸾刀，以启其毛；方此之时，愿任重而上峻阪，不可得也。商鞅困于彭池，吴起之伏王尸，愿被布褐而处穷鄙之蒿庐，不可得也。李斯相秦，席天下之势，志小万乘；及其囚于囹圄，车裂于云阳之市，亦愿负薪入东门，行上蔡曲街径，不可得也。苏秦、吴起以权势自杀，商鞅、李斯以尊重②自灭，皆贪禄慕荣以没其身，从车百乘，曾不足以载其祸也！”

「注释」

① 太宰：商置，为掌王室家务之总管。西周、春秋王室及诸国皆置，为执掌国政的主要大臣。此处指掌管君主膳食的官员。

② 尊重：尊贵显要。

「译文」

文学之士说：“君子心怀德行，小人心怀田地。有德行的人为了名声而牺牲，贪婪之徒则为了利益而送命。李斯贪恋他所追求的权势，最终招致他所不愿面对的灾难。孙叔敖在事情尚未发生之前就有预见，三次失去官位却毫不后悔，他并非喜欢卑贱而看不上高官厚禄，而是因为深谋远虑，想谨慎地规避祸患。就像近郊祭祀时所用的牛，经过一整年的喂养，披上有花纹的绸缎，被牵着走入庙堂，太宰手持鸾刀，拔除它脖子上的毛；这时候，它希望能够背负重物，攀登险峻的山坡，但这也已经不可能了。商鞅困于彭池，吴起伏在楚王尸体之上，这时候他们或许希望穿着麻布居住在简陋的茅屋里，但这也已经无法实现了。李斯担任秦国丞相，掌握天下大权，甚至连拥有兵车万辆的诸侯都不放在眼里。等到他被下了狱，被五马分尸于云阳街市时，即便是想背负柴薪进入东城门，穿行在上蔡县曲折的大街上，也已经不可能了。苏秦、吴起为权势而自取灭亡，商鞅、李斯因贪图尊贵显赫而自我毁灭，都是因为贪利慕荣而害了自己。他们身后跟随的百辆车，也无法完全装载他们的灾祸呀！”

褒贤第十九

大夫曰："伯夷以廉饥，尾生以信死。由小器而亏大体，匹夫匹妇之为谅[1]也，经于沟渎而莫之知也。何功名之有？苏秦、张仪，智足以强国，勇足以威敌，一怒而诸侯惧，安居而天下息。万乘之主，莫不屈体卑辞，重币请交，此所谓天下名士也。夫智不足与谋，而权不能举当世，民斯为下也。今举亡而为有，虚而为盈，布衣穿履[2]，深念徐行，若有遗亡，非立功名之士，而亦未免于世俗也。"

「注释」

① 谅：诚信。此处指拘泥小的信义、小的节操。

② 穿履：犹言"空履"，破鞋。

「译文」

御史大夫桑弘羊说："伯夷因为清廉而承受饥饿，尾生因为信义而溺死于水中。这是由于格局太小而罔顾了大局。平民百姓拘泥于小小的信誉，在山沟里结束了自己的生命却无人知晓。这样又有什么名声可言呢？苏秦和张仪，他们的智慧足以使国家变得强大，他们的勇气足以震慑敌人，他们一发怒，诸侯都会感到恐惧，他们安静下来，天下都会变得安定。那些掌握着成千上万战车的诸侯，没有一个不向他们俯身施礼，用谦卑的话语致敬，以重金寻求结交。这些人就是所谓的天下名士。那些智慧不足以参与筹谋，权谋不能左右时局的人，都是下等之人。而现在，你们无中生有，以虚当实，穿着布衣和破鞋，沉思缓步，仿佛丢了什么东西，显然不是什么能建功立名的贤人，不过是些世俗之人。”

文学曰：“苏秦以从显于赵，张仪以横任于秦，方此之时，非不尊贵也，然智士随而忧之，知夫不以道进者必不以道退，不以义得者必不以义亡。季、孟之权，三桓之富，不可及也，孔子为①之曰‘微’。为人臣，权均于君，富侔于国者，亡。故其位弥高而罪弥重，禄滋厚而罪滋多。夫行者先全己而后求名，仕者先辟害而后求禄。故香饵非不美也，龟龙闻而深藏，鸾凤见而高逝者，知其害身也。夫为乌鹊鱼鳖，食香饵而后狂飞奔走，逊头屈遰②，无益于死。今有司盗秉国法，进不顾罪，卒然有急，然后车驰入趋，无益于死。所盗不足偿于臧获③，妻子奔亡无处所，身在深牢，莫知恤视。方此之时，何暇得以笑乎？”

「注释」

① 为：通“谓”。

② 屈遰（dì）：躲避。

③ 臧获：古代对奴婢的贱称。

「译文」

文学之士说：“苏秦凭借合纵的策略而在赵国显贵，张仪凭借连横的主张而在秦国任职。在那个时候，他们可谓极其尊贵。然而，有见识的人却为他们担忧，因为他们知道，那些不按照道义进取的人一定也不会按照道义身退，那些不凭借正义手段获得尊贵的人一定也不会以正义的方式失去尊贵。季孙家、孟孙家的权势，三桓家（即指鲁国卿大夫孟孙氏、叔孙氏和季孙氏）的财富，是无人能比的，但孔子却说三桓家‘衰微’。那些权势等同于君主、财富与国家相匹敌的臣子，注定会灭亡。因此，他们的地位越高，罪责就越重；俸禄越丰厚，罪孽就越多。做事的人要首先保全自身，然后再追求名声；做官的人要首先避免灾祸，然后再追求俸禄。所以，香饵并不是不美味，但乌龟和龙一闻到就会深深隐藏到水下，鸾鸟和凤凰一见就会飞得更高，因为它们知道这对自己是有害的。而那些乌鸦、喜鹊、鱼和鳖，在吃了香饵之后就会疯狂地奔逃，低头弯腰以躲避，结果难逃一死。现在的一些官员，用不正当的手段秉持国家的法律，却只顾自己的晋升，不顾是否犯罪，突然有了紧急情况，他们才驾车狂奔，最终也难逃一死。他们所窃取的财富不足以赎免他们的妻子和孩子做奴婢，他们的妻子和孩子无处可逃，身处深牢，无人怜悯或探望。在这个时候，他们哪儿有空闲去嘲笑别人呢？”

大夫曰：“文学高行，矫然若不可卷；盛节絜言[①]，皦然若不可涅。然戍卒陈胜[2]释挽辂，首为叛逆，自立张楚[3]，素非有回、由处士之行，宰相列臣之位也。奋于大泽，不过旬月，而齐、鲁儒墨缙绅[4]之徒，肆其长衣，——长衣，容衣也——负孔氏之礼器、《诗》、《书》，委质为臣。孔甲为涉博士，卒俱死陈，为天下大笑。深藏高逝者固若是也？”

「注释」

① 絜言：洁净的言辞。絜，通“潔”（洁），洁净。

② 陈胜（？—前 208）：秦末农民起义首领。字涉，阳城（今河南登封东南）人。

③ 张楚：秦末农民起义首领陈胜建立的政权。秦二世元年（前 209）秋，陈胜率起义军攻克陈县（今河南淮阳）后建立，意为“张大楚国”。

④ 缙（jìn）绅：插笏于绅带，旧时官宦或儒者的装束。亦用作官宦或儒者的代称。

「译文」

御史大夫桑弘羊说：“文学之士行为高洁，洁身自好到仿佛不能被弯曲。崇高的节操和洁净的言论，皎洁得好似不能被污染。然而，驻守边境的小卒陈胜，放下自己拉的车子，率先反叛，自立为张楚政权。他平素并不具备颜回或仲由那样未做过官的士人的品行，也没有宰相及诸大臣那样的高位。在大泽乡一举起兵，不过一个月，齐鲁的儒家、墨家和士大夫们，纷纷脱下了他们的长衣——这长衣是儒生行礼时穿的礼服——携带着孔子的礼仪用具和《诗经》《尚书》，纷纷投诚为臣。孔子的第八代孙孔甲，成为陈胜的博士，最终与陈胜一同在陈地丧命，成为世人的大笑柄。那些深藏、隐居的人原来就是这样的吗？”

文学曰：“周室衰，礼乐坏，不能统理，天下诸侯交争，相灭亡，并为六国，兵革不休，民不得宁息。秦以虎狼之心，蚕食诸侯，并吞战国以为郡县，伐能矜功①，自以为过尧、舜而羞与之同。弃仁义而尚刑罚，以为今时不师于文而决于武。赵高治狱于内，蒙恬用兵于外，百姓愁苦，同心而患秦。陈王赫然奋爪牙②为天下首事，道虽凶而儒墨或干之者，以为无王之矣，道拥遏不得行，自孔子以至于兹，而秦复重禁之，故发愤于陈王也。孔子曰：‘如有用我者，吾其为东周乎！’庶几成汤、文、武之功，为百姓除残去贼，岂贪禄乐位哉？”

「注释」

① 伐能矜功：自夸才能、功绩。

② 爪牙：犹羽翼。比喻辅佐的人。

「译文」

文学之士说：“周朝王室衰弱，礼乐制度崩坏，无法治理国家。各地的诸侯开始互相争斗，相继灭亡，最终兼并为六个诸侯国。战争持续不断，百姓们无法享有片刻的安宁。秦国怀着凶残的野心，一步步侵吞了这些诸侯国，将战国时期各诸侯国并入其版图，设立了郡县。秦始皇自夸功绩，炫耀功业，认为自己的功绩胜过尧、舜，甚至以与他们相提并论为耻。他摒弃了仁义，崇尚刑罚，认为当时的社会不应该效法文治，而应该依靠武力来解决问题。赵高在朝中掌管司法，蒙恬在边疆进行战争，百姓们生活在愁苦之中，心中共同怀有对秦朝的不满。陈胜怒而发动戍边的士卒，首先挥舞起反秦的旗帜。虽然前路充满危险，但仍有一些儒生和墨者前来求助于他，这是因为天下没有了王道，道路已经拥塞不堪，其他方法行不通了，从孔子时代直到现在都是如此。而秦朝，又加强了对王道的禁制，因此他们怀着愤怒投靠了陈胜。孔子说：'如果有起用我的人，我也许会在东方复兴周朝的王道。'这些儒生希望能够实现商汤、周文王、周武王的伟业，为百姓除去暴政和罪恶，哪里是贪图俸禄、喜好官位？"

大夫曰："文学言行虽有伯夷之廉，不及柳下惠之贞，不过高瞻下视，絜言污行，觞酒豆肉①，迁延相让，辞小取大，鸡廉狼吞②。赵绾、王臧之等，以儒术擢为上卿，而有奸利残忍之心。主父偃③以口舌取大官，窃权重，欺绐宗室，受诸侯之赂，卒皆诛死。东方朔④自称辩略，消坚释石，当世无双；然省其私行，狂夫不忍为，况无东方朔之口，其余无可观者也？"

「注释」

① 觞酒豆肉：觞，古代盛酒器。豆，古代盛食器。因以"觞酒豆肉"泛指饮食。

② 鸡廉狼吞：鸡廉，比喻小处廉洁。狼吞，比喻贪得无厌。

③ 主父偃（？—前126）：西汉临淄人，复姓主父。初至长安上书，即被汉武帝召见，从郎中到中大夫，一岁之中四次升迁。

④ 东方朔（前154—前93）：西汉文学家。字曼倩，平原厌次（今山东德州市陵城区东北，一说今山东惠民东）人。武帝时，为太中大夫。性诙谐滑稽。

「译文」

御史大夫桑弘羊说："文学之士的言行虽然有如伯夷般清廉，但并未达到柳下惠那般坚贞，只是眼界高远却看重卑下的东西，言辞纯洁却做肮脏的事情。面对酒肉之欲，他们表面谦让，实际上是为了舍小利得大利，看似廉洁如鸡，实则贪婪如狼。赵绾、王臧这样的人，借助儒学之名升为高官，却怀有奸诈与残忍之心。主父偃凭借巧言令色攀上高位，篡夺权力，欺骗宗室，收受各诸侯的贿赂，最终遭到了诛杀。东方朔自诩有智慧、有谋略，声称能软化坚硬之物，分解石块，天下无双；但若观察他的个人行为，连疯子都不愿意那样做，更何况你们没有东方朔那样的口才，其余的还有什么值得一看的呢？"

文学曰："志善者忘恶，谨小者致大。俎豆[①]之间足以观礼，闺门[②]之内足以论行。夫服古之服，诵古之道，舍此而为非者，鲜矣。故君子时然后言，义然后取，不以道得之不居也。满而不溢，泰而不骄。故袁盎[③]亲于景帝，秣马不过一驷；公孙弘即三公之位，家不过十乘；东方先生说听言行于武帝，而不骄溢；主父见困厄之日久矣，疾在位者不好道而富且贵，莫知恤士也，于是取饶衍之余以周穷士之急，非为私家之业也。当世嚣嚣，非患儒之鸡廉，患在位者之虎饱鸱咽④，于求览无所孑遗耳。”

「注释」

① 俎豆：俎和豆都是古代祭祀、设宴用的器具。

② 闺门：古代称内室的门为闺门。亦指家门。

③ 袁盎（？—前 148）：亦作“爰盎”。西汉楚人，后徙安陵（今陕西咸阳东北），字丝。本为游侠，历任齐相、吴相。后因受吴王财物，被御史大夫晁错告发，降为庶人。

④ 虎饱鸱咽：像老虎和猫头鹰那样吞服食物，比喻官员疯狂侵吞财富。

「译文」

文学之士说：“有志向善的人不会去作恶，谨小慎微的人能够成就大事。通过一俎一豆，足以观察一个人的礼仪；通过家中的行为，足以评论一个人的品行。穿着古人的服饰，吟诵古人的道理，舍弃这些而去做违法之事的人，是非常少见的。因此，真正的君子会在适当的时候发言，在正义的基础上取得他之所需，如果不是通过正道获得的，他宁愿不要。他们内心充实但不自满，处境安泰但不骄傲。因此，袁盎虽然与景帝关系亲密，但他的马匹不超过四匹；公孙弘虽然位高权重，但他们家仅有十辆车；东方朔虽然得到了武帝的信从，但他并不骄傲自满，盛气凌人；主父偃长期处于困境，他痛恨那些位高权重却不追求道义、只求富贵的人，他们不懂得怜悯士人，于是他拿取富人多余的财物来周济贫穷的士人，这并不是为了自己的家业。在这个喧哗的当世，我们不是担心儒生像小鸡一样廉洁，而是担心那些位高权重的人如同饥饿的老虎和猫头鹰一样贪婪地吞食食物，他们在索求时可是什么都不剩啊。”

卷五

相刺第二十

大夫曰：“古者，经井田，制廛里[①]，丈夫治其田畴，女子治其麻枲，无旷地，无游人。故非商工不得食于利末，非良农不得食于收获，非执政不得食于官爵。今儒者释耒耜而学不验之语，旷日弥久，而无益于治，往来浮游[②]，不耕而食，不蚕而衣，巧伪良民，以夺农妨政，此亦当世之所患也。”

「注释」

① 廛（chán）里：古代城市中住宅的通称。廛，古代城市平民的房地。

② 浮游：游手好闲。

「译文」

御史大夫桑弘羊说：“古时候，人们经营井田，划定住宅，男人负责耕作土地，女人负责纺织麻布，没有荒废的土地，也没有闲散的百姓。因此，如果不从事商业和手工业，就不能靠经营工商业的收益来生活；如果不是擅长耕种的农民，就不能靠收获的粮食来生活；如果不是掌握政府权力的官员，就不能靠俸禄来生活。但现在的儒生们放弃了农具，专注于学习那些不切实际的道理，花费了大量时间，却对国家的治理没有任何帮助。他们往来游荡，不去耕种却有饭吃，不去养蚕却有衣穿，用巧言欺骗善良的百姓，干扰农业生产，妨碍政府的运作，这也是当今社会的忧患呀。”

文学曰：“禹慼[①]洪水，身亲其劳，泽行路宿，过门不入。当此之时，簪堕不掇，冠挂不顾，而暇耕乎？孔子曰：‘诗人疾之不能默，丘疾之不能伏。’是以东西南北七十说而不用，然后退而修王道，作《春秋》，垂之万载之后，天下折中焉，岂与匹夫匹妇耕织同哉！《传》曰：‘君子当时不动，而民无观也。’故非君子莫治小人[②]，非小人无以养君子，不当耕织为匹夫匹妇也。君子耕而不学，则乱之道也。”

「注释」

① 慼（qī）：忧虑。

② 小人：指被统治的劳动者。

「译文」

文学之士说：“大禹忧心洪水，亲自投入治水的辛勤工作，在水泽中行走，在道路旁过夜，路过自己的家门也不进。在那个时候，即使头上的发簪掉落也无暇捡起，头冠被树枝挂住也无暇顾及，更别说有闲暇去耕作了！孔子说：‘诗人心有痛恨无法沉默，我孔丘心有痛恨也无法隐忍不发。’因此，他奔波于四方，向七十个国君陈述自己的见解，却未被采纳。之后，他回到鲁国，专心致志地阐述王道，撰写《春秋》，该书流传至千秋万代，成为世人讨论六艺时判断是非的准则，这怎能与普通百姓的耕作和纺织相提并论呢？《传》说：‘君子这个时候不行动，民众就无从观察。’因此，没有君子就无法整治小人，没有小人就无法培养君子。君子只耕作而不学习儒家学说，那是导致社会混乱的歧路。”

大夫曰：“文学言治尚于唐、虞，言义高于秋天，有华言矣，未见其实也。昔鲁穆公之时，公仪为相，子思、子柳为之卿，然北削于齐，以泗为境，南畏楚人，西宾秦国。孟轲居梁，兵折于齐[①]，上将军死，而太子虏，西败于秦，地夺壤削，亡河内、河外。夫仲尼之门，七十子之徒，去父母，捐[②]室家，负荷而随孔子，不耕而学，乱乃愈滋。故玉屑满箧，不为有宝；诗书负笈，不为有道。要在安国家，利人民，不苟繁文众辞而已。”

「注释」

① 兵折于齐：公元前341年，魏国与齐国在马陵相遇，齐国用孙膑减灶之计大败魏军，魏将庞涓被迫自杀，太子申被俘。

② 捐：舍弃。

「译文」

御史大夫桑弘羊说：“文学之士所言的治国之道崇尚唐、虞两代，所说的道义高过了秋天澄澈的天空，但这些都只是华而不实的言语，尚未看到实际成效。以前鲁穆公在位时，公仪休担任宰相，子思和子柳担任他的大臣，但鲁国的北方被齐国侵夺，以泗水为北界，而向南畏惧楚国，向西服从秦国。孟轲在魏国的梁都时，魏军打仗败给了齐国，主将庞涓战死，太子申被俘；在西面，魏军败给了秦国，领土被削夺，丢了河内、河外的土地。孔子的弟子，七十人之众，他们离开了父母，抛弃了家人，背负着书籍跟随孔子，不务农耕而专心学习，结果社会混乱更加严重了。所以，即使宝箱里满是珠玉，也不能算是拥有宝物；肩负着满箱诗书，也不能算是拥有道义。最重要的是稳定国家，造福人民，而不仅仅是随随便便地讲些繁冗的言辞。”

文学曰：“虞不用百里奚之谋而灭，秦穆用之以至霸焉。夫不用贤则亡，而不削何可得乎？孟子适梁，惠王问利，答以仁义。趣舍[①]不合，是以不用而去，怀宝而无语。故有粟不食，无益于饥；睹贤不用，无益于削。纣之时，内有微、箕二子，外有胶鬲[②]、棘子，故其不能存。夫言而不用，谏而不听，虽贤，恶得有益于治也？”

「注释」

① 趣舍：亦作“取舍”“趋舍”。进取或退止。

② 胶鬲（gé）：人名。殷末贤人。生卒年不详。初隐于商贩鱼卖盐，文王举以为商纣王大臣。

「译文」

文学之士说："虞国因未采纳百里奚的智谋而遭到灭亡，而秦穆公却因为使用他的智谋而成为霸主。不任用贤才，国家便会灭亡，又怎么可能不被削割领土呢？孟子到了魏国，魏惠王询问他能带来什么好处，孟子的回答是'仁义'。由于取舍的理念不合，所以孟子因建议未被采纳而离开，怀揣治国良策却无处言说。就像有粮食却不吃，对解决饥饿并无帮助；见到贤人却不任用，对挽回领土损失也无益。在殷纣王的时代，宗亲大臣中有微子和箕子这样的贤臣，朝廷上有胶鬲和棘子这样的忠良，但由于他们的忠告未被采纳，所以王朝最终无法存续。忠言不被采纳，忠告不被听取，即便有贤者，又怎么能对国家治理有所帮助呢？"

大夫曰："橘柚生于江南，而民皆甘之于口，味同也；好音生于郑、卫，而人皆乐之于耳，声同[①]也。越人子臧、戎人由余，待译而后通，而并显齐、秦，人之心于善恶同也。故曾子倚山而吟，山鸟下翔；师旷鼓琴，百兽率舞。未有善而不合、诚而不应者也。意未诚与？何故言而不见从，行而不合也？"

「注释」

① 声同：听觉相同。

「译文」

御史大夫桑弘羊说："橘与柚出产于江南，人们都觉得它们吃起来甘甜，这是因为大家的味觉是一致的。悦耳的乐曲源自郑国和卫国，人们都觉得它们听起来悦耳，这是因为大家对声音的感受相同。越国的子臧和西戎的由余，他们需要翻译才能沟通，但他们最终都在齐国和秦国显贵，这是因为人们对于善与恶的判断是一致的。所以，曾子靠着山吟诵诗歌，山中的鸟儿都飞来聆听；师旷击打琴弦，各种动物都随之起舞。从未有过行善不被接纳、真诚不被回应的。是心意不够真诚吗？为何言辞不被听从、行为不被人接受呢？”

文学曰：“扁鹊不能治不受针药之疾，贤圣不能正不食谏诤之君。故桀有关龙逄而夏亡，纣有三仁[①]而商灭，故不患无由余、子臧之论，患无桓、穆之听耳。是以孔子东西无所遇，屈原放逐于楚国也。故曰：‘直道而事人，焉往而不三黜？枉道而事人，何必去父母之邦？’此所以言而不见从，行而不得合者也。”

「注释」

① 纣有三仁：指比干、箕子、微子。语出《论语·微子》。

「译文」

文学之士说：“扁鹊无法医治那些对针灸和药物无效的病症，圣贤也无法矫正那些不愿接受忠告和劝诫的君主。因此，尽管夏桀有忠臣关龙逄在身边，夏朝还是没能免于亡国；纣王虽然有比干、箕子、微子这三个仁人，但商朝最终还是灭亡了。所以，我们不担心没有由余和子臧那样的思想主张，我们担心的是没有齐桓公、秦穆公那样从善如流的君主。所以，孔子东奔西走，无处安身，屈原在楚国被迫流放。因此有人说：‘如果你遵循正道去侍奉他人，去哪里不是一次又一次地被贬黜？如果你罔顾正道去侍奉他人，又何必离开自己父母所在的国家呢？’这就是儒生的话没人听、行为也不被接纳的原因。”

大夫曰：“歌者不期于利声，而贵在中节[①]；论者不期于丽辞，而务在事实。善声而不知转，未可为能歌也；善言而不知变，未可谓能说也。持规而非矩，执准而非绳，通一孔[②]，晓一理，而不知权衡，以所不睹不信人，若蝉之不知雪，坚据古文以应当世，犹辰参[③]之错，胶柱而调瑟[④]，固而难合矣。孔子所以不用于世，而孟轲见贱于诸侯也。”

「注释」

① 中节：合于节拍。

② 一孔：一孔之见，指狭隘的见解。

③ 辰参：指心宿和参宿。两星宿此出彼没，永不相逢。喻人之分离不得相见。

④ 胶柱而调瑟：柱，瑟上短木，用以张弦并调节声音。柱被粘住，音调就不能调节。比喻固执拘泥，不知变通。

「译文」

御史大夫桑弘羊说：“唱歌的人不追求尖厉的声音，而注重旋律和节奏的和谐；辩论的人不追求华丽的言辞，而注重于陈述事实。声音虽美但不懂得变换旋律，那不能称其为善唱；言辞虽好但不懂得变通，那也不能称其为善辩。就像持着圆规却否认直尺的作用，拿着水平仪却否认绳墨的作用，只有一孔之见，只知道一种道理，而不懂得根据情况做出权衡，因为没有目睹就不相信别人，就像蝉不知冬天的雪一样，固执地用古文来应对现今的世界，就像辰星和参星永远不会相遇一样，用胶水固定的琴柱来调整琴弦，自然难以和谐。这就是孔子在当时不被诸侯所用，而孟轲在诸侯那里受到轻视的原因。”

文学曰：“日月之光，而盲者不能见，雷电之声，而聋人不能闻。夫为不知音者言，若语于喑[1]聋，何特蝉之不知重雪耶？夫以伊尹之智，太公之贤，而不能开辞于桀、纣，非说者非，听者过也。是以荆和抱璞而泣血，曰：‘安得良工而剖之！’屈原行吟泽畔，曰：‘安得皋陶[2]而察之！’夫人君莫不欲求贤以自辅，任能以治国，然牵于流说，惑于道谀，是以贤圣蔽掩，而谗佞用事，以此亡国破家，而贤士饥于岩穴也。昔赵高无过人之志，而居万人之位，是以倾覆秦国而祸殃其宗，尽失其瑟，何胶柱之调也？”

「注释」

① 喑（yīn）：哑。

② 皋陶：亦作“咎繇”。传说中东夷族的首领。偃姓。相传曾被舜任为掌管刑法的官，后被禹选为继承人，早死未继位。春秋时英、六等国之君即其后裔。

「译文」

文学之士说：“日月的光辉，盲人是看不见的；雷电的轰鸣，聋人是听不到的。对那些不懂音乐的人讲解音乐，就像对聋哑人说话一样，岂止是夏蝉不知道冬天的大雪呢？凭借伊尹的智慧、姜太公的贤能，却无法向桀王和纣王进言，这不是说者的不是，而是听者的过错。因此，卞和抱着未开的玉石在荆山下泣血，说：‘哪里找一个好的工匠来剖开它！’屈原在湖边吟诗，说：‘哪里找一个像皋陶那样的法官来体察我的冤情！’每一个君主都希望找到贤人来辅佐自己，任用有能力的人来治理国家，但他们往往被没有根据的言语所牵制，被阿谀奉承所迷惑，因此真正的圣贤被掩藏，而那些造谣和谄媚的小人却掌握了大权，因此导致国家灭亡、家族破落，而贤人却在山洞中挨饿。从前赵高并没有超越常人的志向，却占据了高高在上的地位，所以导致秦国的覆灭以及他自己家族的灾殃。琴瑟全都丢了，还有什么胶柱可调整呢？”

大夫曰：“所谓文学高第[①]者，智略能明先王之术，而姿质[2]足以履行其道。故居则为人师，用则为世法。今文学言治则称尧、舜，道行则言孔、墨，授之政则不达，怀古道而不能行，言直而行枉，道是而情非，衣冠有以殊于乡曲[3]，而实无以异于凡人。诸生所谓中直者，遭时蒙幸，备数[4]适然耳，殆非明举[5]所谓，固未可与论治也。”

「注释」

① 高第：谓弟子中才学优良者。

② 姿质：通“资质”，谓人的天资、禀赋。

③ 乡曲：乡里。亦指穷乡僻壤。因偏处一隅，故称“乡曲”。

④ 备数：充数。多作谦辞。

⑤ 明举：指汉昭帝诏举贤良文学。

「译文」

御史大夫桑弘羊说：“所谓文学高才，其智谋要能够了解古代帝王治理国家的方法，并且其资质要足以践行古代帝王的治国之道。因此，他在家中可以作为别人的导师，在朝中则可以作为世人的典范。但现在的文学之士讨论治国就说尧、舜如何如何，谈到实行政策就提孔子和墨子如何如何，一旦安排他们处理政务，他们就搞不清楚状况，怀念古人的治国之道却无法实行，说得头头是道却做得一塌糊涂，口头上说是这样，可实际情况却又是另一回事，衣着打扮与乡里百姓不同，但本质上跟平常人没什么不同。诸位儒生所谓的因符合标准被选中，其实是因为幸运地赶上时机，出于偶然来凑数罢了，恐怕并不符合皇上诏令所说的公开选拔的标准，本就不能与你们讨论如何治理国家。”

文学曰：“天设三光[①]以照记，天子立公卿以明治。故曰：公卿者，四海之表仪，神化之丹青[②]也。上有辅明主之任，下有遂圣化之事，和阴阳，调四时，安众庶，育群生，使百姓辑睦，无怨思之色，四夷顺德，无叛逆之忧，此公卿之职，而贤者之所务也。若伊尹、周、召三公之才，太颠、闳夭[③]九卿之人。文学不中圣主之明举，今之执政，亦未能称盛德也。”

大夫不说，作色不应也。

「注释」

① 三光：指日、月、星。

② 丹青：中国古代绘画常用朱红、青色，故称画为“丹青”。此处引申为榜样。

③ 闳夭（hóng yāo）：西周初大臣。闳氏，名夭。与散宜生、太颠等同辅周文王、周武王。

「译文」

文学之士说：“上天创造日、月、星三光来照耀大地，天子设立公卿来明晰治国之道。所以说，公卿就是天下的表率，是神灵教化的榜样。他们对上有辅助明君的责任，对下有推行圣人教化的事业，平衡阴阳，调节四季，安定百姓，抚育众生，让人们和谐相处，没有怨恨的情绪，让边疆的民族也遵循朝廷的德化教育，免去反叛的担忧。这是公卿的责任，也是有德之人追求的目标。他们应当具备伊尹、周公、召公那样的三公之才，太颠、闳夭那样的九卿之德。文学之士如果没有达到圣明君主的选拔标准，那么现在的执政者，也不能被认为是道德高尚的人吧。”

御史大夫桑弘羊不悦，神情严肃，未作回应。

文学曰：“朝无忠臣者政暗，大夫无直士者位危。任座正言君之过，文侯改言行，称为贤君。袁盎面刺绛侯[①]之骄矜，卒得其庆[②]。故触死亡以干主之过者，忠臣也；犯颜以匡公卿之失者，直士也。鄙人不能巷言面违。方今入谷之教令，张而不施，食禄多非其人，以妨农商工，市井之利，未归于民，民望不塞也。且夫帝王之道，多堕坏而不修，《诗》云：‘济济多士[③]。’意者诚任用其计，非苟陈虚言而已。”

「注释」

① 绛侯：周勃（？—前169），西汉初大臣。沛县（今属江苏）人。早年织薄曲（蚕具）为生，并充当丧事中的吹箫乐人。秦末从刘邦起义，以军功为将军，封“绛侯”。

② 庆：吉庆，指袁盎说汉文帝释放周勃。

③ 济济多士：形容有才能的人很多。

［译文］

文学之士说："如果朝廷没有忠诚的臣子，政治就会变得昏沉不明；如果大夫周围没有敢于直言的士人，他的地位就会变得岌岌可危。任座曾经直言不讳地指出君主的错误，文侯听从了他的建议，改正了自己的行为，因此被誉为贤明的君主。袁盎曾经当面指责绛侯周勃的傲慢，周勃最终得到他保释的福庆。所以，那些不惜生命去指出君主错误的是忠诚的臣子，那些敢于冒犯尊严去纠正公卿失误的是正直的士人。我们不能当面赞成，在背地里议论。目前朝廷实施'入谷'政策，紧抓不放，领取俸禄的官员很多都不称职，这阻碍了农业、工商业和手工业的发展，市场上的官营财利也没有回到百姓手中，百姓的不满情绪持续不断。而且，帝王之道已经大多数被破坏，未得到整治，《诗经》上说：'英才济济。'意思是，应该真正地采纳贤士的计策，而不仅仅随意地说些空话。"

殊路第二十一

大夫曰："七十子躬受圣人之术，有名列于孔子之门，皆诸侯卿相之才，可南面者数人云。政事者冉有、季路，言语宰我、子贡。宰我秉事，有宠于齐，田常[①]作难，道不行，身死庭中，简公杀于檀台。子路仕卫，孔悝作乱[②]，不能救君出亡，身菹[③]于卫；子贡、子皋遁逃，不能死其难。食人之重禄不能更[④]，处人尊官不能存，何其厚于己而薄于君哉？同门共业，自以为知古今之义，明君臣之礼。或死或亡，二三子殊路，何道之悖也！"

「注释」

① 田常（？—前456）："田"亦作"陈"。春秋时齐国大臣。名常，一作恒。田僖子之子。

② 孔悝（kuī）作乱：卫国大夫孔悝与流亡太子蒯聩合谋，攻击卫出公，蒯聩即位，是为卫庄公。

③ 菹（zū）：亦作"葅"。剁成肉酱。

④ 更：偿还。

「译文」

御史大夫桑弘羊说："孔子的七十个弟子恭敬地受教于圣人的学说，他们的名字都被列在了孔子门下，都有成为诸侯或卿相的才华，可以南面称君的有那么几位。擅长处理政务的，有冉有和季路；擅长言辞的，有宰予和子贡。宰予在齐国掌管政事，深受简公的宠爱，但当田常作乱，他所信奉的王道无法施行，最终在宫中丧命，简公也在檀台上被杀。子路在卫国任职，当孔悝造反时，他未能保护君主逃离，自己也在卫国被剁成肉酱；子贡和子皋在国家危难时刻逃离，不能与国生死共难。他们享受君主的厚赏却未能回报，担任高官却未能保护君主安全，为何对自己如此优待而对君主却如此凉薄？他们都是孔子的门生，一同受业，自认为理解古今的道义，懂得君臣之间的礼仪。然而，面对危难，有的战死，有的逃亡，孔子的弟子们各走各路，他们的行为何其相悖啊！"

文学曰："宋殇公知孔父之贤而不早任，故身死。鲁庄知季有之贤，授之政晚而国乱。卫君近佞远贤，子路居蒲[①]，孔悝为政。简公不听宰我而漏其谋。是以二君身被放杀，而祸及忠臣。二子者有事而不与其谋，故可以死，可以生，去止其义一也。晏婴不死崔、庆之难，不可谓不义；微子去殷之乱，可谓不仁乎？"

「注释」

① 蒲：蒲邑，在河南长垣。子路治理蒲邑，孔子称赞他有三善，即恭敬、忠信、明察。

「译文」

文学之士说："宋国的殇公知晓孔父的才能，却迟迟不用他，结果导致自己被杀。鲁国的庄公虽然知道季友有才，但是让他掌权太晚，结果国家陷入混乱。卫国的君主接近奸佞，疏远贤臣，子路只能任蒲邑大夫，孔悝却在朝中执政。齐国的简公不采纳宰予的建议，反而泄露了他的计谋。因此，卫国的君主被迫流亡，齐国的简公被杀，灾祸也殃及忠臣子路和宰予。子贡和子羔两人没有参与谋划，所以他们可以选择为保全节操而死，也可以选择活下来，无论留下还是离开，他们的行为都是符合道义的。晏婴没有在崔杼和庆封的叛乱中丧命，这不能说他不义；微子逃避殷国的乱局，可以说他不仁吗？"

大夫曰："至美素璞，物莫能饰也。至贤保真，伪文莫能增也。故金玉不琢，美珠不画。今仲由、冉求无檀、柘之材①，隋、和之璞，而强文之，譬若雕朽木而砺铅刀②，饰嫫母③画土人也。被以五色，斐然成章，及遭行潦流波，则沮矣。夫重怀古道，枕籍④《诗》《书》，危不能安，乱不能治，邮里逐鸡，鸡亦无党也？"

「注释」

① 檀、柘之材：比喻优秀人才。檀、柘，两种良木。

② 铅（qiān）刀：铅质的刀，言其不锋利。比喻才力微弱，有鄙视或自谦之意。铅，通"铅"。

③ 嫫（mó）母：古之丑妇，传说为黄帝妃。

④ 枕籍：枕头与垫席。引申为沉溺、埋头。

「译文」

御史大夫桑弘羊说："最美的璞玉，没什么东西能够再装饰。最贤的本性，没有什么虚饰能再增色。因此，金玉不需要雕琢，美珠不需要涂饰。现在的仲由和冉求，并非檀木、柘木那样的栋梁之材，也不是隋侯珠或和氏璧那样的璞玉，但你们却硬要对他们进行文饰，这就像在雕刻腐朽的木头、磨砺铅刀，装扮丑陋的嫫母、涂画泥塑的人物一样。虽然涂上了五彩斑斓的颜色，看起来似乎章法分明，但一旦遇到水流冲刷，就会被破坏。你们深深怀念传统的治国正道，沉迷于古代经典《诗经》和《尚书》，面对危机却无法带来安宁，面对混乱却无法恢复秩序，就如同邻里之间的鸡在被追逐时，难道就找不到自己的家吗？"

文学曰："非学无以治身，非礼无以辅德。和氏之璞，天下之美宝也，待礛诸[①]之工而后明。毛嫱[②]，天下之姣人也，待香泽脂粉而后容。周公，天下之至圣人也，待贤师学问而后通。今齐世庸士之人，不好学问，专以己之愚而荷负巨任，若无楫舳[③]，济江海而遭大风，漂没于百仞之渊，东流无崖之川，安得沮而止乎？"

「注释」

① 礛（jiān）诸：治玉用的石。

② 毛嫱（qiáng）：春秋时期越国的美女。

③ 舳（zhú）：舵。

「译文」

文学之士说："不学习，就不能修养自身；无礼仪，就不能辅助德行。和氏璞石，是世间的珍宝，必须经过玉匠的加工才能显现其价值。毛嫱，世间的佳丽，必须涂抹香泽脂粉才能展现她的美貌。周公，世间最圣明的人，也需要贤明老师的教导才能成为博学之士。现今俗世中那些平庸之辈却不愿学习，只是凭借自己的愚昧来承担重大的责任，就像没有桨和舵的船，在渡过江海时遇到大风，要么沉没在深不见底的深渊，要么漂流到无边无际的大海，怎么可能只是毁坏而已呢？"

大夫曰："性有刚柔，形有好恶，圣人能因而不能改。孔子外变二三子之服，而不能革其心。故子路解长剑，去危冠，屈节于夫子之门，然摄齐[1]师友，行行尔，鄙心犹存。宰予昼寝，欲损三年之丧。孔子曰：'粪土之墙，不可杇也。''若由不得其死然。'故内无其质而外学其文，虽有贤师良友，若画脂[2]镂冰，费日损功。故良师不能饰戚施，香泽不能化嫫母也。"

「注释」

① 摄齐（zī）：齐，衣服的下边。谓提起衣服升堂，以防脚踏衣服下边，倾跌失礼。

② 画脂：在油脂上绘画。

「译文」

御史大夫桑弘羊说："人的性情有刚强和柔和之分，外貌有俊美和丑陋之别，即使是圣人也只能顺应这些天性，而无法去改变它们。孔子虽然改变了他弟子们的外在装束，但无法转变他们内心的本性。因此，子路虽然卸下了他的长剑，摘掉了高高的帽冠，在孔子的门前低头弯腰，但在他提起衣服下摆施礼时，仍不免流露出他刚毅的本性，内心粗野依旧。宰予在白天睡觉，想要缩短三年的丧期。孔子说：'用粪土筑成的墙是无法涂抹上漆的。''像仲由这样的人，是不会有好下场的。'所以，如果一个人内在没有那样的品质，只是外在学习一些文饰，即便有贤明的老师和优秀的朋友，也如同在油脂上作画、在冰上雕刻，最终只是浪费时光，徒劳无功。因此，即使是好的老师也无法掩饰驼背的缺陷，香泽脂粉也无法美化丑陋的嫫母。"

文学曰："西子[1]蒙以不洁，鄙夫掩鼻；恶人盛饰，可以宗祀上帝。使二人不涉圣人之门，不免为穷夫，安得卿大夫之名？故砥所以致于刃，学所以尽其才也。孔子曰：'觚[2]不觚，觚哉，觚哉！'故人事加则为宗庙器，否则斯养之爨材[3]。干、越之铤[4]不厉，匹夫贱之；工人施巧，人主服而朝也。夫丑者自以为姣，故饰；愚者自以为知，故不学。观笑在己而不自知，不好用人，自是之过也。”

「注释」

① 西子：西施。春秋末越国苎萝（今浙江诸暨南）人，姓施。以貌美著称。夫椒之战越国失败后，由越王勾践献于吴王夫差，成为夫差最宠爱的妃子。传说吴亡后，与范蠡入五湖而去，不知所终。

② 觚（gū）：中国古代酒器。青铜制。喇叭形口，细腰，高圈足。盛行于商代和西周初期。陶制者多为明器。

③ 爨（cuàn）材：烧火的柴火。

④ 铤（dìng）：未经冶铸的铜铁。

「译文」

文学之士说：“西施沾染了污秽的东西，粗俗之人也会掩住鼻子走开；而那些长相丑陋的人，只要装饰华丽，也能参与对神的祭拜。如果子路和宰予没有跟随孔子学习，他们也不免是贫穷之人，怎么能得到卿大夫的名位呢？所以，磨石是用来磨砺刀剑锋刃的，学习则是用来充分发掘一个人的才能的。孔子说：‘觚不像觚的样子，还叫觚吗，还叫觚吗？’因此，木头经过工匠的加工便成为祭祀祖宗的礼器，否则就只能是奴仆煮饭的柴火。吴国和越国未经打磨的剑，普通人都看不上；但是，当工匠施以巧妙的工艺，连君主都会佩戴它参加朝会。那些长相不佳的人自认为美丽，因此会精心打扮；那些愚笨的人自认为聪明，因此不愿意学习。旁人看了会发笑，但他们自己却不自知，不愿意任用他人，这正是自以为是的过错。”

讼贤第二十二

大夫曰："刚者折，柔者卷。故季由以强梁死，宰我以柔弱杀。使二子不学，未必不得其死。何者？矜已而伐能，小知而巨牧[①]，欲人之从己，不能以己从人，莫视而自见，莫贾而自贵，此其所以身杀死而终菹醢[②]也。未见其为宗庙器[③]，睹其为世戮也。当此之时，东流亦安之乎？"

「注释」

① 巨牧：巨大治理责任。

② 菹醢（hǎi）：肉酱。

③ 宗庙器：宗庙祭器。古代在国家宗庙主祭者为君主，辅佐祭祀的人为国相，故以宗庙器比喻治国人才。

「译文」

御史大夫桑弘羊说："刚硬的物体容易被折断，柔软的物体容易被卷曲。因此，季由因为过于刚强而丧命，宰予因为软弱而被杀害。假如子路和宰予没有学问，他们未必没有好下场。为什么呢？自负而又夸耀自己的才能，拥有一点小聪明却想承担重大的责任；

想让别人听从自己，却不愿意顺从别人。没有人看得上他们，他们却自我表现；没有人认可他们，他们却自我提价。这正是他们最终被杀害、被剁成肉酱的原因。人们并没有看到他们成为治理国家的利器，反而目睹了他们被世人杀掉。在这个时候，即便随着江水东流，也只能这样了吧？”

文学曰：“骐骥之挽盐车垂头于太行之阪，屠者持刀而睨之。太公之穷困，负贩于朝歌也，蓬头[1]相聚而笑之。当此之时，非无远筋骏才[2]也，非文王、伯乐莫知之贾也。子路、宰我生不逢伯乐之举，而遇狂屠，故君子伤之，‘若由不得其死然’‘天其祝予’矣。孔父累华督之难，不可谓不义。仇牧涉宋万之祸，不可谓不贤也。”

「注释」

① 蓬头：指蓬头垢面的下层民众。

② 远筋骏才：良马和才士。

「译文」

文学之士说：“千里马被迫拉着盐车，低着头在太行山的斜坡上艰难行走，旁边的屠夫手持屠刀，斜眼打量着它。姜太公在困顿的时候，背负着货物在朝歌街头叫卖，被一群头发蓬乱的人围观嘲笑。那个时候，并不是没有好马和有才华的人，只是除了周文王和伯乐这样的人，没人能识别他们的价值。子路和宰予没有遇到像伯乐那样的人的举荐，而是遇到了粗野的屠夫，这就是为什么孔子会感到悲伤，说‘像仲由这样的人，是不会有好下场的’‘上天要绝了我的后’。宋国的大司马孔父嘉在太宰华督之难中丧生，不能说他不忠义。仇牧因宋万之祸而遭难，也不能说他不贤明。”

大夫曰：“今之学者，无太公之能，骐骥之才，有以蜂虿[1]介毒而自害也。东海成颙[2]，河东胡建[3]是也。二子者以术蒙举，起卒伍，为县令。独非自是，无与合同。引之不来，推之不往，狂狷[4]不逊，忮害[5]不恭，刻轹[6]公主，侵陵大臣。知其不可，而强行之，欲以干名。所由不轨，果没其身。未睹功业所至，而见东观之殃，身得重罪，不得以寿终。狡而以为知，讦而以为直，不逊以为勇，其遭难，故亦宜也。”

「注释」

① 虿（chài）：蝎类毒虫。

② 成颙（yóng）：生平事迹不详。

③ 胡建：字子孟，汉昭帝时任渭城县令。

④ 狂狷：狂妄偏激。书疏中常用作谦辞。

⑤ 忮（zhì）害：忌刻残忍。

⑥ 刻轹（lì）：欺凌，摧残。

「译文」

御史大夫桑弘羊说："现在的学者，既没有像姜太公那样的才能，也缺乏像千里马那般的才干，反而具有像蜜蜂和蝎子那样的狠毒，最终自食其果。东海的成颙和河东的胡建，正是这种人。这两个人凭借权术被提拔起来，从士兵变成县官。他们只按自己的想法行事，不与他人和谐相处。你请他不来，你推他不走，他们狂妄偏激，行为放肆，对人忌刻残忍，桀骜不驯，欺凌公主，冒犯高官。他们明知自己的行为不可取，却仍然强行为之，想要以此追求名声。他们的行为违背了常理、超出法规，最终导致了自身的灭亡。没见到他们建立任何功业，只是见到他们给自己招来了灾祸，犯下了严重的罪行，无法寿终正寝。他们狡诈且自以为聪明，刻薄却自认为正直，骄横却自视为勇敢，他们遭遇不幸，也算是合理的。"

文学曰："二公怀精白之心，行忠正之道，直己以事上，竭力以徇公，奉法推理，不避强御，不阿[①]所亲，不贵妻子之养，不顾私家之业。然卒不能免于嫉妒之人，为众枉所排也。其所以累不测之刑而功不遂也。夫公族不正则法令不行，股肱不正则奸邪兴起。赵奢[②]行之平原，范雎[③]行之穰侯，二国治而两家全。故君过而臣正，上非而下讥，大臣正，县令何有？不反诸己而行非于人，执政之大失也。夫屈原之沉渊，遭子椒之谮也；管子得行其道，鲍叔之力也。今不睹鲍叔之力，而见汨罗之祸[④]，虽欲以寿终，无其能得乎？"

「注释」

① 阿：偏袒，庇护。

② 赵奢：战国时赵将。初任负责收租税的田部吏，因奉公执法被平原君推荐给赵王，主治国赋。后任将军。善用兵。

③ 范雎（？—前 255）：战国时秦相。字叔，魏国人。

④ 汨（mì）罗之祸：指屈原自沉汨罗的悲剧。

「译文」

文学之士说：成颙和胡建怀着纯洁无瑕之心，走的是一条忠诚而正直的路。他们以正直的态度侍奉君主，尽心尽力地履行公务，依法审理案件，不畏惧权势，不偏袒亲人，不以家人的生活为重，不考虑私人的产业。但最终还是难以摆脱那些嫉妒他们的人，受到众多不正直的人排挤。这就是他们遭受意外的刑罚、功名未竟的原因。如果皇族成员行为不端，法令就无法得到推行；如果君主的亲信不正直，奸邪就会兴起。赵奢在平原君那里公正执法，范雎劝秦昭王驱逐穰侯，结果秦、赵两个国家都得到了善治，平原君和穰侯的两个家族也得以保全。所以，当君主犯错时，臣子应当纠正；上位者行事不当，下位者应当指出。如果大臣们能保持正直，地方官员还有什么理由不正直呢？不先反省自己却去指责他人，这是执政者的重大失误。屈原投江，是因为受到了子椒的诬陷；管仲能够实施他的政策，是因为鲍叔牙的支持。现在我们看不到鲍叔牙那样举荐贤才的事，反而目睹了屈原自沉汨罗江那样的悲剧，即使想得以寿终正寝，又怎么能实现呢？”

遵道第二十三

大夫曰："御史！"

御史未应。

谓丞相史曰："文学结发学语，服膺不舍，辞若循环，转若陶钧[①]。文繁如春华，无效如抱风[②]。饰虚言以乱实，道古以害今。从之，则县官用废，虚言不可实而行之；不从，文学以为非也，众口嚣嚣，不可胜听。诸卿都[③]大府日久矣，通先古，明当世，今将何从而可矣？"

「注释」

① 陶钧：制陶器所用的转轮。比喻造就、创建。

② 抱风：比喻无效行动。

③ 都：居。

「译文」

大夫喊："御史！"

御史未做回应。

于是御史大夫桑弘羊对丞相史说："文学之士从束发起就学习

孔子的言语，铭记于心，从不舍弃。他们的言辞就像在循环往复，说来说去就像制造陶器时用的转轮。他们的文辞华丽得就像春天的花朵，但实际上却像拥抱风一样毫无成效。他们用文饰的虚言，扰乱实情，称道古代，危害当世。如果我们听从他们，那么朝廷的财用就会枯竭，因为那些空洞的话语是无法付诸实践的；如果我们不听从他们，文学之士就会认为这是错误的，然后就会有一大群人喋喋不休，吵闹得让人无法忍受。你们这些大臣在丞相府里已经待了很长时间，对古代的历史了如指掌，对当代事务也有深刻的了解，现在我们应该怎么做才是正确的呢？”

丞相史进曰：“晋文公谲而不正，齐桓公正而不谲，所由不同，俱归于霸。而必随古不革[①]，袭故不改，是文质不变，而椎车尚在也。故或作之，或述之，然后法令调于民，而器械便于用也。孔对三君殊意，晏子相三君异道，非苟相反，所务之时异也。公卿既定大业之路，建不竭之本，愿无顾细故[②]之语，牵儒、墨论也。”

「注释」

① 不革：没有变化。

② 细故：无关紧要的小事。

「译文」

丞相史走上前说：“晋文公虽然诡诈但不公正，而齐桓公虽然公正却不诡诈，他们的做法虽然不一样，但最终都成为霸主。如果我们总是追随古道而不变通，沿袭古法而不变革，那么无论是外表的文饰还是内在的本质都不会有所变化，就像过去简陋的车子仍旧沿用至今一般。因此，有些人是首创者，有些人是传承者，只有这样，法令才能更好地适应百姓，工具才能更方便使用。孔子在应对鲁定公、鲁哀公和齐景公三位君主时，采取了不同的策略；晏婴在辅佐齐灵公、齐庄公和齐景公时，也采用了不同的方法。这并不是随意自我否定，而是因为他们所处的时局不同。既然公卿们已经确定了国家大业的方向，并且建立了持久不衰的基础，希望您不要再考虑那些琐碎、不识大局的言论，也不要被儒家和墨家的争论牵制。”

文学曰：“师旷之调五音，不失宫商。圣王之治世，不离仁义。故有改制[①]之名，无变道之实。上自黄帝，下及三王，莫不明德教，谨庠序，崇仁义，立教化。此百世不易之道也。殷、周因循而昌，秦王变法而亡。《诗》云：‘虽无老成人，尚有典刑。’言法教也。故没而存之[②]，举而贯之，贯而行之，何更为哉？”

「注释」

① 改制：战国秦汉之际儒生方士认为，每一个新兴王朝都要按照五德终始的模式建立一套新王制度，改正朔，易服色，变度制，封禅等，以此上应天命。

② 没而存之：旧臣虽死，但旧法得以保存下来。

「译文」

文学之士说："师旷调整五音，不能脱离宫音和商音。伟大的君王治理国家，离不开仁和义。所以，尽管朝代更替时会在名义上改变制度，但实际上并未改变根本的王道。从黄帝到三代君王，每一位都强调道德的教化，注重学校教育，推崇仁义，确立教化。这是千百年来都不会改变的原则。殷商和周朝都是遵循这些原则而兴盛的，而秦国因改变这些法则而灭亡。《诗经》上说：'即便没有了经验丰富的老臣，还有传统的法律。'这里说的是旧法遗教。因此，虽然老臣去世了，但这些法律仍然被保留下来，我们可以继续沿用这些法律，并且在理解之后加以实施，为什么要更改呢？"

丞相史曰："说西施之美无益于容，道尧、舜之德无益于治。今文学不言所为治，而言以治之无功，犹不言耕田之方，美富人之囷仓[1]也。夫欲粟者务时，欲治者因世。故商君昭然独见存亡不可与世俗同者，为其沮功[2]而多近也。庸人安其故，而愚者果所闻。故舟车之治，使民三年而后安之。商君之法立，然后民信之。孔子曰：'可与共学，未可与权。'文学可令扶绳循刻，非所与论道术之外也。"

「注释」

① 囷（qūn）仓：贮藏粮食的仓库。圆形的叫"囷"，方形的叫"仓"。

② 沮功：败坏功绩。

「译文」

丞相史说："喜爱西施的美貌，对自己的容颜并没有什么帮助；称道尧、舜的德行，对国家的治理也没什么帮助。现在的文学之士不讨论如何治理国家，只是空谈治理之无成效，就像不讨论耕作的技巧，只羡慕富人的粮仓一样。想要丰收，就必须把握好耕种的时机；想要治理好国家，就必须顺应时代的变化。因此，商鞅清楚地看到，关于国家兴衰的见解不能与一般俗见相同，这是因为他认为俗见会毁坏功绩，而且大多数人目光短浅。普通人满足于现状，而愚昧的人则坚信他们所听到的。因此，新的舟车制度实施后，百姓需要三年时间才能适应。商鞅的法令一旦确立，百姓才开始相信新的法律。孔子在《论语》中说：'可以和一些人一起学习，但不能和他们一起通达权变。'对于文学之士，只能让他们按照规矩行事，不适合跟他们讨论书本之外的现实问题。"

文学曰："君子多闻阙疑，述而不作，圣达而谋大，叡智而事寡。是以功成而不隳，名立而不顿。小人智浅而谋大，羸弱而任重，故中道而废，苏秦、商鞅是也。无先王之法，非圣人之道，而因于己，故亡。《易》曰：'小人处盛位，虽高必崩。不盈其道，不恒其德，而能以善终身，未之有也。是以初登于天，后入于地。'禹之治水也，民知其利，莫不劝其功。商鞅之立法，民知其害，莫不畏其刑。故夏后功立而王，商鞅法行而亡。商鞅有独智之虑，世乏独见之证。文学不足与权当世，亦无负累蒙殃也。"

「译文」

文学之士说：“君子广泛聆听，对于存疑之处持保留态度，只是阐述而不是自己创作，圣明通达而谋略远大，聪明睿智而举一反三。正因为如此，他才能够完成伟业而不摧毁任何事物，他的好名声也因此确立而不会轻易受挫。相反，那些小人智慧浅薄却想要做大事，身体虚弱却承担重任，所以才半途而废，苏秦和商鞅就是这样的例子。他们不遵循先王之法，诋毁圣人之道，只是任性地按自己的想法行事，最终导致自己的灭亡。《易经》上说：‘小人如果处于高位，即使地位再高，也必然会崩落。不遵循正确的道路，不坚持修养德行，还能得以善终的，从来就没有过。因此，他们一开始可能冲上云霄，但最终都会跌落尘埃。’大禹治理洪水时，百姓都知道这样做的好处，没有人不支持他的工作。而商鞅制定法律时，百姓都知道这样的害处，没有人不害怕他的刑法。因此，大禹治水成功并成为君王，而商鞅刑法施行却导致身亡。你们说商鞅有独到的智慧，但世上却没有证据来支持他有这样独特的见解。文学之士虽然不足以参与当世的权变，但也因此没有遭受连累和不幸。”

论诽第二十四

丞相史曰："晏子有言：'儒者华于言而寡于实，繁于乐而舒于民，久丧①以害生，厚葬以伤业，礼烦而难行，道迂②而难遵，称往古而訾当世，贱所见而贵所闻。'此人本枉，以己为式。此颜异所以诛黜，而狄山死于匈奴也。处其位而非其朝，生乎世而讪其上，终以被戮而丧其躯，此独谁为负其累而蒙其殃乎？"

「注释」

① 久丧：指儒家倡导的三年之丧。

② 道迂：道理拘泥固执。

「译文」

丞相史说："晏子曾说：'儒生言辞华丽却缺乏实际行动，擅长礼乐却不善于治理百姓，长期服丧伤害了生产，奢侈的葬礼损害了经济，烦琐的礼节难以推行，迂腐的道理难以遵循，总是称颂古代却贬低当世，轻视眼前的事物而重视耳闻的古训。'这样的人本来就不正，却把自己当作榜样。颜异就是因为这样被杀，狄山也因此死于匈奴之手。身居高位却诋毁朝廷，活在当下却非议上司，最终导致自己被杀，丢了性命，这又是受谁连累、帮谁蒙受祸殃呢？”

文学曰：“礼所以防淫，乐所以移风，礼兴乐正则刑罚中。故堤防成而民无水灾，礼义立而民无乱患。故礼义坏，堤防决，所以治者，未之有也。孔子曰：‘礼与其奢也宁俭，丧与其易也宁戚。’故礼之所为作，非以害生伤业也，威仪[①]节文，非以乱化伤俗也。治国谨其礼，危国谨其法。昔秦以武力吞天下，而斯、高以妖孽累其祸，废古术，隳旧礼，专任刑法，而儒、墨既丧焉。塞士之涂，壅人之口，道谀日进而上不闻其过，此秦所以失天下而殒社稷也。故圣人为政，必先诛之，伪巧言以辅非而倾覆国家也。今子安取亡国之语而来乎？夫公卿处其位，不正其道，而以意阿邑[②]顺风，疾小人浅浅面从，以成人之过也。故知言之死，不忍从苟合之徒，是以不免于缧绁[③]。悲夫！”

「注释」

① 威仪：古时典礼中的动作仪文及待人接物的仪节。

② 阿邑：迎合，曲从。

③ 缧绁（léi xiè）：拘系犯人的绳索。引申为囚禁。

「译文」

文学之士说：“礼节用以遏制不检点的行为，音乐则用来改善风气。当礼制兴盛和音乐纯正时，刑罚就会得到适当的运用。正如修好堤坝能防止洪水，确立礼义后就能避免动乱和祸患。礼义被败坏、堤坝被冲垮还能治理的，从来没有过。孔子说：‘在礼节上，宁可简朴也不要奢华；在丧礼上，宁愿悲痛也不要简易。’所以，礼节的制定并不是为了破坏人们的生活或者损害人们的生计，礼仪只是有节制的文饰，并不是为了扰乱社会风气。治理国家要注重礼，而处于危机中的国家则要注重法。过去，秦国依靠武力统一了天下，但李斯和赵高的恶行却给国家带来了灾难，他们废弃了古老的道德教育，摧毁了传统礼仪，只依赖严酷的刑法，导致儒家和墨家的教导消失殆尽。他们封锁了士人的进身之路，封锁了百姓的言论，阿谀奉承之辈步步高升，使得君主听不到任何批评，这就是秦朝失去统治权和国家崩溃的原因啊。因此，圣明的统治者在执政时，必须首先清除那些用巧言令色来助长君主错误的小人，这些人是导致国家颠覆的罪魁祸首。你怎么能拿那些导致国家灭亡的言论来说呢？如果公卿身处其位，不能坚守正道，反而刻意曲从，见风使舵，可恶的小人就会得过且过地当面顺从，以造成别人的过错。因此，即使知道说出真相可能会丧命，也不能忍受与那些阿谀奉承的人为伍，最终没能免于被囚禁的命运。多么令人悲哀呀！”

承相史曰：“檀柘而有乡①，萑苇②而有藂③，言物类之相从也。孔子曰：‘德不孤，必有邻。’故汤兴而伊尹至，不仁者远矣。未有明君在上而乱臣在下也。今先帝躬行仁圣之道，以临海内，招举俊才贤良之士，唯仁是用，诛逐乱臣，不避所亲，务以求贤而简退不肖，犹尧之举舜、禹之族，殛鲧放驩兜[4]也。而曰‘苟合之徒’，是则主非而臣阿，是也？”

「注释」

① 有乡：有相同的生长土壤。

② 雚（huán）苇：芦类植物。雚，长成的蒹。苇，长成的葭。

③ 藂（cóng）：聚集。

④ 驩（huān）兜：相传为尧舜时的部落首领，四凶之一。

「译文」

丞相史说：“檀树与柘树生长于相同的土壤，雚苇与芦苇聚集生长在一个地方，这是说物以类聚。孔子说：‘有德之人不会孤独，一定会有邻居。’所以，当商汤崛起时，伊尹就来到了他的身边，而那些不仁之人则远离了。从未有过明君在上而下有乱臣的情况。现在，先帝亲自践行仁圣之道治理天下，选拔优秀人才和贤良人士，只用有仁德的人，清除那些作乱的臣子，不论亲疏，力求选拔贤能之人，淘汰无能之辈，就像尧帝提拔舜，禹王处罚鲧、放逐驩兜那样。你们却说‘苟合之徒’，难道这是指君主做错了事，而臣子们只会阿谀奉承吗？”

文学曰：“皋陶对舜：‘在知人，惟帝其难之。’洪水之灾，尧独愁悴而不能治，得舜、禹而九州宁。故虽有尧明之君，而无舜、禹之佐，则纯德不流。《春秋》刺有君而无主。先帝之时，良臣未备，故邪臣得间[①]。尧得舜、禹而鲧殛驩兜诛，赵简子得叔向而盛青肩[②]诎。语曰：'未见君子，不知伪臣。'《诗》云：'未见君子，忧心忡忡。既见君子，我心则降。'此之谓也。"

「注释」

① 得间：得以钻空子。

② 盛青肩：晋国奸臣。

「译文」

文学之士说："皋陶曾对舜帝说：'在识别人才这件事上，即使是帝王也会感到为难。'洪灾降临，尧帝独自忧虑，力不从心，直到舜和禹出现，九州大地才恢复了安宁。因此，纵然有尧那样的圣明之主，缺少了舜和禹的辅佐，他的高尚品德也无法传承千古。《春秋》讽刺了这种有明君、无贤臣的情况。在先帝当政时期，由于缺乏贤良的臣子，奸邪之人才得以钻空子。尧帝因有舜和禹，才将鲧和驩兜处死；赵简子因有叔向，才废黜了盛青肩。常言道：'未曾见过真正的君子，就不知道谁是奸臣。'《诗经》上说：'在未遇见君子之前，心中充满忧虑。见到君子之后，我的心灵便得以安定。'说的正是这个道理。"

丞相史曰："尧任鲧、驩兜，得舜、禹而放殛之以其罪，而天下咸服，诛不仁也。人君用之齐民，而颜异，济南亭[①]长也，先帝举而加之高位，官至上卿。狄山起布衣，为汉议臣，处舜、禹之位，执天下之中，不能以治，而反坐[②]讪上；故驩兜之诛加而刑戮至焉。贤者受赏而不肖者被刑，固其然也。文学又何怪焉？”

「注释」

① 亭：秦汉时乡以下的一种行政机构。《汉书·百官公卿表上》：“大率十里一亭，亭有长。十亭一乡。”

② 坐：特指办罪的因由。

「译文」

丞相史说：“尧帝让鲧和兜担任要职，后来得到舜和禹，便依据罪行将鲧处死，将驩兜放逐，天下人都心服口服，因为他们诛除了那些不仁的人。君主通过选拔贤能和清除奸佞来治理百姓。颜异原本只是济南的一个亭长小官，但被已故的武帝提拔，赋予了高位，最终官至上卿。狄山从一个普通百姓成了汉朝的议政大臣。他们都被赋予舜和禹当年的地位，掌握着治理天下的权力，但他们未能辅助皇帝治理国家，反而犯了诋毁皇帝的大罪，因此，他们受到了像驩兜一样的惩罚，被处以极刑。有才能的人得到奖赏，无能的人受到惩罚，本来就应该这样。你们文学之士又有什么好奇怪的呢？”

文学曰：“论者相扶以义，相喻以道，从善不求胜，服义不耻穷。若相迷以伪，相乱以辞，相矜于后息[1]，期于苟胜，非其贵者也。夫苏秦、张仪，荧惑诸侯，倾覆万乘，使人失其所恃；非不辩，然乱之道也。君子疾鄙夫之不可与事君，患其听从而无所不至也。今子不听正义以辅卿相，又从而顺之，好须臾之说，不计其后。若子之为人吏，宜受上戮[2]，子姑默矣！”

「注释」

① 后息：辩论双方你来我往，以最后停息者为胜。此处以“后息”指在辩论中最后取胜。

② 上戮：最重的刑罚。

「译文」

文学之士说：“讨论事情的人应该以大义互相帮助，以大道使对方明白，追求更好的解决方式而不求个人胜利，恪守正义而不以困窘为耻。如果人们用假话相互迷惑，用言辞相互扰乱，彼此都以最终取胜相夸耀，妄图通过不正当的手段取得胜利，这并不值得称赞。像苏秦、张仪这样的战国策士，他们用巧言令色欺骗诸侯，颠覆了强大的国家，让人们放弃了自己的信念；他们虽然口才了得，但实际上是在制造混乱。品德高尚的人厌恶那些卑鄙的小人，因为他们不适合与君主共事，担心他们表面顺从君主，实则无恶不作。现在你不采纳正义的建议来辅助卿相，反而迎合上司，只是喜欢那些有短暂利益的言论，完全不考虑长远的后果。像你这样的官员，理应受到最严厉的惩罚。你们还是先闭嘴吧！”

丞相史曰："盖闻士之居世也，衣服足以胜身[1]，食饮足以供亲，内足以相恤，外不求于人。故身修然后可以理家，家理然后可以治官。故饭蔬粝者不可以言孝，妻子饥寒者不可以言慈，绪业不修者不可以言理。居斯世，行斯身，而有此三累[2]者，斯亦足以默矣。"

「注释」

① 胜身：御寒保身。

② 三累：饭蔬粝、妻子饥寒、绪业不修。

「译文」

丞相史说："我听说一个有道德的人在世上生活，他的衣物应当足够保暖和保护自己，他的食物应当足够供养父母，在内家人足以互相关心和照顾，而在外则不需要求助于别人。因此，一个人只有修养自身之后，他才能管理好自己的家庭，只有家庭管理得当，他才能妥善地处理官府的公务。所以，那些只能提供粗茶淡饭给父母的人不能被称为孝顺，那些让妻儿挨饿受冷的人不能被称为慈爱，那些没有继承好祖业的人不能被称为善于治理。在当世生活，行事立身，如果被这三件事拖累，那也就足以闭口不言了。"

孝养第二十五

文学曰："善养者不必刍豢也，善供服者不必锦绣也。以己之所有尽事其亲，孝之至也。故匹夫勤劳，犹足以顺礼，歠菽饮水[①]，足以致其敬。孔子曰：'今之孝者，是为能养，不敬，何以别乎？'故上孝养志，其次养色[②]，其次养体。贵其礼，不贪其养，礼顺心和，养虽不备，可也。《易》曰：'东邻杀牛，不如西邻之禴祭[③]也。'故富贵而无礼，不如贫贱之孝悌。闺门之内尽孝焉，闺门之外尽悌焉，朋友之道尽信焉，三者，孝之至也。居家理者，非谓积财也，事亲孝者，非谓鲜肴也，亦和颜色、承意尽礼义而已矣。"

「注释」

① 歠（chuò）菽饮水：食用粗茶淡饭。歠，饮，啜。

② 养色：对父母和颜悦色。

③ 禴（yuè）祭：古代祭名。禴，同"礿（yuè）"，古代宗庙四时祭之一。

「译文」

文学之士说："善于奉养父母并不一定要总是用肉食，善于提供衣服也不一定都是锦绣。只要用自己所有的去尽心侍奉父母，就是孝道的极致了。因此，即使是普通人，只要勤恳劳作，完全能遵循礼义，哪怕是粗茶淡饭，也足以表达对父母的孝敬。孔子说：'现在的孝子，说是能够供养父母，如果没有敬意，那和养动物有什么区别呢？'所以，最高级的孝顺是尊重父母的意愿，其次是对父母和颜悦色，再次是照顾好父母的身体。重视对父母的礼节，而不是贪恋物质的供养，只要遵守礼义，心平气和，即使供养之物不是那么完备，也是可以接受的。《易经》上说：'东邻虽然杀牛祭祀，但不如西邻简单的夏日薄祭。'因此，富有之家没有礼节，还不如贫穷之家有孝悌。在闺门内尽孝，在闺门外尽悌，对朋友保持诚信，这三者是孝道的最高境界。将家庭管理得井井有条，并不是看他积累多少财富；侍奉父母尽孝，也并不是看他提供多少美食佳肴，只是保持和颜悦色，顺从父母的意愿，谨守对父母的礼义罢了。"

丞相史曰："八十曰耋，七十曰耄。耄，食非肉不饱，衣非帛不暖。故孝子曰甘毳[①]以养口，轻暖以养体。曾子养曾皙，必有酒肉。无端[②]绝[③]，虽公西赤不能以为容。无肴膳，虽闵、曾不能以卒养。礼无虚加，故必有其实然后为之文。与其礼有余而养不足，宁养有余而礼不足。夫洗爵以盛水，升降而进粝，礼虽备，然非其贵者也。"

「注释」

① 毳（cuì）：通“脆”，脆弱，不坚。

② 端：玄端，古代的一种黑色礼服，亦作为燕居时的便服，自天子至诸侯、大夫、士皆服之。

③ 绕（miǎn）：通“冕”，帝王、诸侯、卿大夫所戴的礼帽。

「译文」

丞相史说：“年至八十称为耋，七十则称为耄。耄年之人，没肉吃就不叫饱，没丝帛衣服就不叫暖。因此，孝顺的子女会用甜脆的食物滋养父母的口腹，用轻薄而温暖的衣物护养父母的身体。曾子在奉养他的父亲曾皙时，必会准备酒和肉。没有礼服和礼帽，即便是公西赤也无法体现出庄重的仪容。没有美味的食物，即使是闵子骞和曾子也无法完成对父母的赡养责任。礼节不是空洞无物的，因此必须有实际的内容，然后才能用礼仪来修饰。与其在礼节上过于讲究而在养护上不足，不如在养护上做得更好一些，在礼节上稍有不足。恭敬地洗净酒杯，却用它盛水给父母喝；让父母升堂高坐，却送上粗茶淡饭。礼节虽然周到，但这并没有什么值得提倡的。”

文学曰：“周襄王之母非无酒肉也，衣食非不如曾皙[①]也，然而被不孝之名，以其不能事其父母也。君子重其礼，小人贪其养。夫嗟来而招之，投而与之，乞者由不取也。君子苟无其礼，虽美不食焉。故礼：主人不亲馈，则客不祭。是馈轻而礼重也。”

「注释」

① 曾皙：即曾点（前546年—？），曾参的父亲，孔子的早期弟子之一，并被列为孔门弟子七十二贤人之一。

「译文」

文学之士说："周襄王的母亲并不缺少酒肉，她的衣食也并不逊色于曾皙，但周襄王却背负了不孝的名声，原因在于他在侍奉父母时未能依礼尽孝。品德高尚的人注重礼节，而小人只看重物质的供养。若以轻蔑的口吻召唤，随手扔食物给人，即使是乞丐也不会拿取。对于品德高尚的人来说，如果没有礼节：即使食物再美味，也不会吃它。所以依照礼节，如果主人没有亲自进献食物，那么客人在食用前就无须拜谢。这样的进献是小事，但礼节的重要性远大于此。"

丞相史曰："孝莫大以天下一国养，次禄养[①]，下以力。故王公人君，上也，卿大夫，次也。夫以家人言之，有贤子当路于世者，高堂邃宇，安车大马，衣轻暖，食甘毳。无者，褐衣皮冠，穷居陋巷，有旦无暮，食蔬粝荤[②]茹，膢[③]腊[④]而后见肉。老亲之腹非唐园，唯菜是盛。夫蔬粝，乞者所不取，而子以养亲，虽欲以礼，非其贵也。"

「注释」

① 禄养：以官俸养亲。古人认为官俸本为养亲之资。

② 荤：葱、蒜等辛臭的蔬菜。

③ 膢（lǘ）：古代祭名，各地时间不同。楚俗以二月祭饮食。

④ 腊：古时夏历十二月祭名，始于周代。

「译文」

丞相史说："在孝道上，没有什么比得上皇帝用整个天下来养亲、诸侯用一国之力来养亲了，其次是卿大夫用俸禄来养亲，最次是普通百姓用劳动之力来养亲。因此，王公贵族和君主是最上等的养亲方式，卿大夫次之。对于普通百姓而言，如果有贤能的儿子在社会上有所作为，他们的父母就能享受高大的房屋、宽敞的车马、轻薄而温暖的衣物，以及美味的食物。而儿子没有贤能，那就只能让父母穿着粗布衣裳，戴着皮制的帽子，居住在简陋的巷子里，早餐后可能就没有晚餐，日常饮食只有粗粮、葱、韭、蔬菜，只有在膢腊祭祀时才能吃到肉。父母的胃不是菜园子，只装了蔬菜。蔬菜和粗粮，即便是乞丐也不愿意取食，而一个儿子如果只用这些来供养父母，即使他依礼侍奉，也并没什么可贵的。"

文学曰："无其能而窃其位，无其功而有其禄，虽有富贵，由跖、蹻之养也。高台极望，食案方丈，而不可谓孝。老亲之腹非盗囊也，何故常盛不道之物？夫取非有非职[①]，财入而患从之，身且死祸殃，安得膢腊而食肉？曾参、闵子无卿相之养，而有孝子之名；周襄王富有天下，而有不能事父母之累。故礼菲而养丰，非孝也。掠困[2]而以养，非孝也。”

「注释」

① 非有非职：非自己所有，非职位所得。

② 掠困：劫掠别人的粮仓。

「译文」

文学之士说：“那些没有能力却窃占职位，没有功绩却享受俸禄的人，即便他们给父母提供了富贵，也只是像盗贼和小人的供养一样。让父母站在高台上远眺，吃饭的餐桌一丈见方，这样并不能称之为孝。父母的胃不是强盗的口袋，为何总是装填不义之财？那些非法取得的财富，不属于自己，也不是职分所得，财富刚到手，灾祸紧随其后，身遭丧命祸殃，怎能安心享受节祀的肉食？曾参和闵子骞虽然没有给父母提供卿相之养，却享有孝子的美名；周襄王虽然拥有天下之富，却背负着未能侍奉父母的恶名。因此，礼仪轻薄而供养丰厚，并不是孝。掠夺他人粮食来供养父母，这也不是孝。”

丞相史曰：“上孝养色，其次安亲[1]，其次全身。往者，陈余背汉，斩于泜水；五被邪逆，而夷三族。近世，主父偃行不轨而诛灭，吕步舒弄口而见戮，行身不谨，诛及无罪之亲。由此观之：虚礼无益于己也。文实配行，礼养俱施，然后可以言孝。孝在实质，不在于饰貌；全身在于谨慎，不在于驰语[②]也。”

「注释」

① 安亲：使父母安宁。

② 驰语：说空话。

「译文」

丞相史说：“最上等的孝是以温和的态度对待父母，其次是确保父母的生活安定无忧，再次是保全身体。过去，陈余背叛汉高祖刘邦，被斩首于泜水；伍被因参与淮南王刘安谋反，被诛灭三族。近代，主父偃因图谋不轨而被诛杀，吕步舒因搬弄口舌而被处死，都是因为行为不慎，导致无辜的亲属也受到株连。由此可见，表面的礼仪并不能给自己带来任何好处。只有当礼文与实物相配而行，礼节与供养同步施行，才能真正称得上孝道。孝道体现在有实质的东西上，而不仅仅是文饰外在；保全自身在于谨慎行事，而不在于满嘴空话。”

文学曰：“言而不诚，期而不信，临难不勇，事君不忠，不孝之大者也。孟子曰：‘今之世，今之大夫，皆罪人也。皆逢其意以顺其恶。’今子不忠不信，巧言以乱政，导谀以求合。若此者，不容于世。《春秋》曰：‘士守一不移，循理不外援，共其职而已。’故卑位而言高者，罪也，言不及而言者，傲也。有诏公卿与斯议[①]，而空战口[②]也？”

「注释」

① 与斯议：参与这次议论。

② 空战口：空打嘴仗。

「译文」

文学之士说："说话没有诚意，承诺而不守信，面对困难没勇气，侍奉君主不忠心，这些都是大的不孝。孟子说：'当今世界，如今的官员们，无一不是有罪之人。他们皆迎合君主的意愿，顺应其不义之行。'现在你们既不忠诚也不守信，巧言令色以扰乱国政，阿谀奉承以迎合君主。如此行径，是不能被世人容忍的。《春秋》上说：'士人应坚守正道，不因贫贱而改变，遵循正理，不寻求其他，只需做好本职工作。'因此，身处低微之位却妄自尊大，是为罪过；本不该发言却强行发声，是为傲慢。天子已下诏让公卿参与讨论，你们何必空谈无实，做口舌之争呢？"

刺议第二十六

丞相史曰："山林不让椒桂，以成其崇；君子不辞负薪之言，以广其名。故多见者博，多闻者知，距谏者塞，专己[①]者孤。故谋及下者无失策，举及众者无顿功。《诗》云：'询于刍荛。'故布衣皆得风议，何况公卿之史乎？《春秋》士不载文，而书咺者，以为宰士也。[②]孔子曰：'虽不吾以，吾其与闻诸。'仆虽不敏，亦尝倾耳下风，摄齐句指，受业径于君子之涂矣。使文学言之而是，仆之言有何害？使文学言之而非，虽微丞相史，孰不非也？"

「注释」

① 专己：固执己见。

② 《春秋》士不载文，而书咺（xuān）者，以为宰士也：见于《春秋公羊传·隐公元年》："秋七月，天王使宰咺来归惠公、仲子之赗。宰者何？官也。咺者何？名也。曷以为官氏？宰士也。"《春秋》士不载文，意思是《春秋》不记载士的事迹。

「译文」

丞相史说："山林不排斥椒桂灌木，才能成就它的高大；君子不拒绝负柴人的言语，才能扩大他的声望。因此，见多识广的人会变得博学，听得多的人会变得智慧，拒绝劝谏的人会变得闭塞，固执己见的人会变得孤立无援。所以，那些愿意与下面商量的人不会做出错误的决策，与大家共同行动的人不会功败垂成。《诗经》上说：‘向那些割草和打柴的人询问。’所以，即使是普通百姓也有权对政事发表意见，何况是国家的高官呢？《春秋》通常不会记录普通士人的事迹，但记载了一个叫咺的士人，因为作者认为他是宰相的士。孔子在《论语》中说：‘即使朝廷不用我，我大概也会参与知情。’我虽然不够聪明，但也曾经努力聆听老师的教诲，恭敬谨慎地提起衣摆，在君子之道上受业。如果你们文学之士说得正确，那么我的话又有什么害处呢？如果你们文学之士说得不对，那么即便没有我这个丞相史，谁不批评你们呢？”

文学曰：“以正辅人谓之忠，以邪导人谓之佞。夫怫过[①]纳善者，君之忠臣，大夫之直士也。孔子曰：‘大夫有争臣三人，虽无道，不失其家。’今子处宰士之列，无忠正之心，枉不能正，邪不能匡，顺流以容身，从风[②]以说上。上所言则苟听，上所行则曲从，若影之随形，响之于声，终无所是非。衣儒衣，冠儒冠，而不能行其道，非其儒也。譬若土龙，文章[③]首目具而非龙也。葶历似菜而味殊，玉石相似而异类。子非孔氏执经守道之儒，乃公卿面从之儒，非吾徒也。冉有为季氏宰而附益之，孔子曰：‘小子鸣鼓而攻[④]之，可也。’故辅桀者不为智，为桀敛者不为仁。”

丞相史默然不对。

「注释」

① 怫（fú）过：辅助君主纠正过失。怫，通“拂”，“拂”古同“弼”，纠正、辅佐。

② 从风：比喻响应或附从迅速。

③ 文章：错综华美的花纹。

④ 鸣鼓而攻：《论语·先进》：“季氏富于周公，而求也为之聚敛而附益之。子曰：‘非吾徒也，小子鸣鼓而攻之可也。’”后以“鸣鼓而攻”指公开宣布罪状，加以声讨。

「译文」

文学之士说：“以正义辅佐人主，被称为忠诚；以邪恶诱导人主，被称为奸佞。那些能够帮助人纠正错误并采纳好的建议的人，是君主身边的忠良之臣，是大夫中的正直之士。孔子说：‘一个大夫如果有三个敢于谏诤的臣下，即使他本人没有德行，也不会失去他的封地。’现在你作为宰相的助手，却没有忠诚正直的心，不能用正直来矫正歪曲，也不能用正义来纠正邪恶，只是随波逐流，随着风向迎合上级。上级说什么你就盲从，上级做什么你就追随，就像影子总是跟随着形体，回声总是跟随声音，终究没有自己的是非判断。你虽然穿着儒生的衣服，戴着儒生的帽子，但如果不能实践儒家的道理，那你就不是真正的儒生。就像用泥土塑造的龙，虽然纹理、头、眼睛都具备，但并不是真龙。葶苈虽然外形像白菜，但味道却完全不同，玉石虽然外观相似，但本质却是不同的。你不是那种遵经守道的儒生，而是那种面对权贵就顺从的儒生，你不是我们这一类人。冉有作为季孙氏的家宰，帮助他们聚集财富，孔子说：‘诸位弟子鸣鼓攻击他，这是可以的。’因此，那些辅佐暴君桀的人不能被称为智者，为桀聚敛财富的人不能被称为仁者。”

丞相史沉默不语，没有回答。

利议第二十七

大夫曰："作世明主，忧劳万民，思念北边之未安，故使使者举贤良、文学高第，详延[①]有道之士，将欲观殊议异策，虚心倾耳以听，庶几云得。诸生无能出奇计远图，伐匈奴安边境之策，抱枯竹[②]，守空言，不知趋舍之宜，时世之变，议论无所依，如膝痒而搔背，辩讼公门之下，讻讻[③]不可胜听，如品即口以成事，此岂明主所欲闻哉？"

「注释」

① 详延：尽数延揽。

② 抱枯竹：怀抱枯死的竹简。

③ 讻（xiōng）讻：喧扰不安貌。

「译文」

御史大夫桑弘羊说："治世的明君，为万民忧心操劳，总想着北疆尚未安定，因此派遣使者选拔贤良、文学等高才，广纳有学识的士子，打算看看他们独特的见解和高明的策略，以虚心的态度倾听，希望有所收获。然而，这些儒生却不能提出奇思妙计和远大谋算，以及攻打匈奴安定边疆的策略，他们只是抱着枯竹书卷，坚守那些空洞的古言，不知道如何合理取舍、适应时代的变迁。他们发表的议论毫无根据，就像膝盖痒了去挠背一样无用。他们在朝堂上的争辩，喧闹不休，让人根本听不下去，就像‘品’字由三个‘口’组成一样。这难道就是明君想要听的吗？”

文学曰：“诸生对册①，殊路同归，指在崇礼义，退财利，复往古之道，匡当世之失，莫不云太平；虽未尽可亶用②，宜若有可行者焉。执事暗于明礼，而喻于利末，沮事隋议③，计虑筹策，以故至今未决。非儒无成事，公卿欲成利也。”

「注释」

① 对册：对策，亦称“策试”。古代选拔官吏的考试方法。始于西汉文帝前元二年（前 178）。即由皇帝提出一些有关政治、经义方面的问题，由被荐举的士人回答。册，通“策”。

② 亶（dǎn）用：切实可行。亶，尽，实。

③ 隋议：毁坏建议。隋，通“堕”。

「译文」

文学之士说：“诸位儒生在回答皇帝的策问时，虽然出发点不同，但最终目标一致，都是为了提倡礼义，主张国家退还盐铁官营的财利，回归古代造福百姓的道路，纠正现世的错误，每个人都在谈论如何实现天下太平。尽管所提的建议未能做到全部切实可行，但应该有一些是可行的。然而，负责政务的官员们对于明礼的重要性视而不见，只懂得追求末利，败坏事情，否定建议，考虑对付儒生的策略，以至于至今仍未有决断。这并不是因为儒生们无法办成事，而是因为公卿们只想追求财利。”

大夫曰：“色厉而内荏，乱真者也。文表而枲里，乱实者也。文学裒衣[①]博带，窃周公之服；鞠躬踧踖[②]，窃仲尼之容；议论称诵，窃商、赐之辞；刺讥言治，窃管、晏之才。心卑卿相，志小万乘。及授之政，昏乱不治。故以言举人，若以毛相马。此其所以多不称举。诏策曰：‘朕嘉宇内之士，故详延四方豪俊文学博习之士，超迁官禄。’言者不必有德，何者？言之易而行之难。有舍其车而识其牛，贵其不言而多成事也。吴铎[③]以其舌自破，主父偃以其舌自杀。鹖鴠[④]夜鸣，无益于明；主父鸣鸱，无益于死。非有司欲成利，文学桎梏于旧术，牵于间言者也。”

「注释」

① 裒（póu）衣：宽袍。

② 踧踖（cù jí）：恭敬而局促不安的样子。

③ 吴铎（duó）：吴地出产的大铃。

④ 鹖鴠（hé dàn）：《本草纲目·禽二》谓鹖鴠即寒号虫。按其所述性状，为蝙蝠类，古人误认为鸟。

「译文」

御史大夫桑弘羊说：“外表严厉但内心软弱，这是以假乱真。外观文饰精美而内里却是枲麻，这是以虚乱实。文学之士穿着华丽的衣服，宽大的腰带，这是在盗用周公的装束；你们表现得小心翼翼，恭敬不安，这是在盗用孔子的仪容；你们大发议论，称赞颂扬，这是在盗用卜商和端木赐的言辞；你们讽刺批评，谈论治国，这是在窃用管仲和晏婴的治国才华。你们从心里轻视权贵，藐视君主。真把政事交给你们，你们又昏庸无能，无法治理。因此，仅凭言辞来选拔人才，就像凭借毛色来判断马的好坏一样。这就是你们很多人与推举不相称的原因。皇帝的诏书说：‘我赞赏国内的才子，因此广泛地招募四方的英才和学识渊博的学者，给予你们越级升迁的官职和俸禄。’说话的人不一定有德行，为什么呢？因为说起来容易，做起来难。有些人放弃了车子，却记得拉车的牛，这是因为他们看重拉车的牛少言多劳。吴地的金铎因为多舌而击破了自己，主父偃因他的巧舌而自我毁灭。鹖鸣夜里鸣叫，对天明没有任何帮助；主父偃哀鸣，对他的死刑也没有任何帮助。并不是官员们想要获得财利，而是文学之士被过时的教条束缚，被空泛的言论所牵累。”

文学曰：“能言之，能行之者，汤、武也。能言，不能行者，有司也。文学窃周公之服，有司窃周公之位。文学桎梏于旧术，有司桎梏于财利。主父偃以舌自杀，有司以利自困。夫骥之才千里，非造父不能使；禹之知万人，非舜为相不能用。故季桓子听政，柳下惠忽然不见，孔子为司寇[1]，然后悖炽。骥，举之在伯乐，其功在造父。造父摄辔[2]，马无驽[3]良，皆可取道。周公之时，士无贤不肖，皆可与言治。故御之良者善调马，相之贤者善使士。今举异才而使臧驺御之，是犹扼骥盐车而责之使疾。此贤良、文学多不称举也。"

「注释」

① 司寇：官名。掌管司法、刑狱事务的辅政大臣。

② 摄辔：手执驾驭牲口的缰绳。

③ 驽（nú）：劣马。

「译文」

文学之士说："既能说出来，又能做得好的，那是商汤和周武王。只能说出来，却做不到的，那是你们这些官员。文学之士盗用周公的装束，但你们这些官员却窃取了周公的职位。文学之士被过时的教条束缚，你们这些官员则被财利束缚。主父偃因为他的巧舌而自我毁灭，你们这些官员则因为贪财而陷入困境。千里马的才能是日行千里，但没有造父这样优秀的车夫就无法驾驭；大禹的智慧胜过万人，但没有舜做宰相就不能发挥。所以，季桓子掌权时，柳下惠忽然就没了踪迹，直到孔子担任鲁国司寇，柳下惠才迅速炙手可热。千里马，靠伯乐发现，但只有造父能发挥它的功用。造父驾车，无论优劣，任何马都能上路。在周公的时代，无论士人贤与不贤，都能参与讨论治国之道。因此，善于驾驭的人能调教好马匹，贤明的宰相能善用人才。现在，选拔有特殊才能的人，却让不称职的人来驾驭他们，这就像让千里马拉盐车还要求马儿快跑一样荒谬。这就是贤良之士、文学之士大多与推举不相称的原因。”

大夫曰：“嘻！诸生阘茸无行，多言而不用，情貌不相副。若穿逾之盗，自古而患之。是孔丘斥逐于鲁君，曾不用于世也。何者？以其首摄多端[①]，迂时而不要也。故秦王燔去其术而不行，坑之渭中而不用。乃安得鼓口舌，申颜眉，预前[②]论议，是非国家之事也？”

「注释」

① 首摄多端：首鼠多端。

② 预前：指皇帝之前，御前。

「译文」

御史大夫桑弘羊说：“唉！这些儒生身份低贱也没什么作为，多言善辩却毫不实用，内心与外表不相符。儒生就像那些挖洞偷窃的贼人，自古以来就是社会的害虫。当年孔子被鲁国国君赶走，从未被当世所用。这是为什么呢？因为他的言论首鼠多端，过于迂腐，没有抓住重点。所以，秦始皇焚毁了儒家的书籍，不采纳儒家的学说，还把儒生活埋在渭河之中，永不叙用。他们又怎么能大放厥词，眉飞色舞，参与御前的讨论，评判国家大事的对错呢？”

国疾第二十八

文学曰："国有贤士而不用，非士之过，有国者之耻。孔子大圣也，诸侯莫能用，当小位于鲁，三月，不令而行，不禁而止，沛若时雨之灌万物，莫不兴起也。况乎位天下之本朝，而施圣主之德音教泽乎？今公卿处尊位，执天下之要，十有余年，功德不施于天下，而勤劳于百姓，百姓贫陋困穷，而私家累万金。此君子所耻，而《伐檀》所刺也。昔者，商鞅相秦，后礼让，先贪鄙，尚首功①，务进取，无德厚于民，而严刑罚于国，俗日坏而民滋怨，故惠王烹葅其身，以谢天下。当此之时，亦不能论事矣。今执政患儒贫贱而多言，儒亦忧执事富贵而多患也。"

大夫视文学，悒悒②而不言也。

「注释」

① 尚首功：崇尚斩首之功。一说"尚"同"上"，斩首多为上功。

② 悒（yì）悒：忧闷不乐。

「译文」

文学之士说："国家有贤能之士而不加以使用，这不是士人的过错，而是国家的耻辱。孔子是伟大的圣人，但没有一个诸侯能够用他。他在鲁国做过乘田、计吏之类的小官，辅助鲁国仅仅三个月，就能让人们无须命令就行动，无须禁止就停下来，就像及时雨一样滋润着万物，使得一切都兴盛起来。更何况在掌管天下的当今朝廷施展圣君的德音和教化呢？现在的公卿位高权重，掌握着天下的大权，已经十多年了，他们的功德并没有施展到天下，反而让百姓们辛苦劳作。百姓们贫穷困苦，而他们自己却积累了巨额财富。这是为君子所耻的，也是《诗经·伐檀》所讽刺的。以前，商鞅作为秦国的相国，把礼让放在后面，把贪鄙放在前面，崇尚斩首之功，专注于攻取，对百姓没有仁德，在国中施行严酷的刑罚，导致风俗日益败坏，百姓的怨恨越来越多，最终秦惠王将他煮成肉酱，以此向天下人谢罪。在那个时候，商鞅也不能再讨论国家大事了。现在的执政者担心儒生贫贱而多言，而儒生还担心那些执政者富贵而多灾多难呢！”

御史大夫桑弘羊看着文学之士们，闷闷不乐，也不说话。

丞相史曰：“夫辩国家之政事，论执政之得失，何不徐徐道理相喻，何至切切①如此乎！大夫难罢盐铁者，非有私也，忧国家之用，边境之费也。诸生訚訚②争盐铁，亦非为己也，欲反之于古而辅成仁义也。二者各有所宗，时世异务，又安可坚任古术而非今之理也。且夫《小雅》非人，必有以易之。诸生若有能安集国中③，怀来远方，使边境无寇虏之灾，租税尽为诸生除之，何况盐铁、均输乎！所以贵术儒者，贵其处谦推让，以道尽人。今辩讼愕愕[4]然，无赤、赐之辞，而见鄙倍之色，非所闻也。大夫言过，而诸生亦如之，诸生不直谢大夫耳？”

「注释」

① 切切：形容恳挚或迫切。

② 訚（yín）訚：急切争辩貌。

③ 安集国中：安定、凝聚国内民众。

④ 愕（è）愕：同“谔谔”，直言争辩貌。

「译文」

丞相史说：“讨论国家的政事，评判执政的得失，为何不以缓和的语气相互讲明道理呢？何必如此急迫呢！大夫反对取消盐铁官营，并非出于个人私心，而是担心国家财政和边防开支。儒生们激烈地争论盐铁官营问题，也不是为了个人利益，而是希望恢复古时藏富于民的传统。两方都有自己的根据，但时代不同了，情况也变了，怎能固守古法，否认现实之道呢？《诗经·小雅》批评人，一定会拿出方案来替代弊政。儒生们如果能够安抚、凝聚国内的百姓，以怀柔之策招安远方异族，使边疆无忧，那么国家征收的税赋都可以为你们废除，更不用说盐铁官营和均输了！我们尊重有真知灼见的儒生，是因为他们能够谦让，能以道理服人。现在的争论针锋相对，缺乏公西赤、端木赐那样的言辞，反而流露出粗俗之态，这并非我们所听说过的。大夫的话有些过了，儒生们也是如此，诸位儒生难道不应该向大夫表示歉意吗？”

贤良、文学皆离席曰："鄙人固陋，希涉大庭，狂言多不称，以逆执事。夫药酒苦于口而利于病，忠言逆于耳而利于行。故愕愕者福也，谖谖[①]者贼也。林中多疾风，富贵多谀言。万里之朝，日闻唯唯[②]，而后闻诸生之愕愕，此乃公卿之良药针石。"

「注释」

① 谖（jiàn）谖：能言善辩。

② 唯唯：应诺声。

「译文」

贤良之士和文学之士都站起身来说："我们这些粗鄙庸俗之人本就浅陋，很少涉足朝堂，狂妄发言多有不妥，以至于得罪了大夫。药酒虽然味苦，却有利于疾病；诚恳的劝告虽然听起来刺耳，却有助于行动。因此，直言争辩是朝廷的福气，而巧言令色反而是朝廷的祸患。树林中多有狂风肆虐，权贵之人听的多是阿谀奉承之语。在这有万里江山的朝廷，每天听到的都是唯唯诺诺的顺从回应，而现在听到诸位儒生的直言争辩，这正是公卿们所需要的良药和针石啊！"

大夫色少宽，面[①]文学而苏贤良曰："穷巷多曲辩，而寡见者难喻。文学守死溟涬[2]之语，而终不移。夫往古之事，昔有之语，已可睹矣。今以近世观之，自以目有所见，耳有所闻，世殊而事异。文、景之际，建元之始，民朴而归本，吏廉而自重，殷殷[3]屯屯[4]，人衍而家富。今政非改而教非易也，何世之弥薄而俗之滋衰也！吏即少廉，民即寡耻，刑非诛恶，而奸犹不止。世人有言：'鄙儒不如都士。'文学皆出山东，希涉大论。子大夫论京师之日久，愿分明政治得失之事，故所以然者也。"

「注释」

① 面：通"偭"，背对。

② 溟涬（míng xìng）：本意指混混茫茫的样子。此处指漫无边际。

③ 殷殷：众多貌。

④ 屯（zhūn）屯：谨厚，信实。

「译文」

御史大夫桑弘羊的表情稍显缓和，背对文学之士，面对着贤良之士说："贫穷的小巷里，常出善于诡辩的人，见识短浅的人难以理喻。文学之士死守那些似乎不着边际的言论，始终不愿改变。关于古时的事情、古人的言论，我们已经有目共睹。但现在，从近代来看，我们亲眼所见、亲耳所闻，时代已经变化，事情也已经不同。在汉文帝、汉景帝的时代，建元初年，民风淳朴，人们回归农业根本，官员廉洁自重，国家富裕，钱粮盛多，百姓丰衣足食。如今，政策没有改变，教育没有变革，为何世风日益低下、民俗日渐衰败呢？官员不能廉洁，民众失去了羞耻之心，刑罚未能根除恶行，而奸诈之事仍然不能禁绝。人们常说：‘乡下的儒生不如城里的士人。’文学之士大多来自山东（崤山以东），很少参与重大的讨论。你们这些贤良之士在京城讨论政事已久，希望你们能够清楚地分析政治的得与失，找出其中的真正原因。”

贤良曰：“夫山东天下之腹心，贤士之战场也。高皇帝龙飞凤举于宋、楚之间，山东子弟萧、曹、樊、郦、滕、灌之属为辅，虽即异世，亦既闳夭、太颠而已。禹出西羌，文王生北夷，然圣德高世，有万人之才，负迭[①]群之任。出入都市，一旦不知返，数然后终于厮役而已。仆虽不生长京师，才驽下愚，不足与大议，窃以所闻闾里长老之言，往者，常民衣服温暖而不靡，器质朴牢[②]而致用，衣足以蔽体，器足以便事，马足以易步，车足以自载，酒足以合欢而不湛[③]，乐足以理心而不淫，入无宴乐之闻，出无佚游之观，行即负羸[④]，止则锄耘，用约而财饶，本修而民富，送死哀而不华，养生适而不奢，大臣正而无欲，执政宽而不苛；故黎民宁其性，百吏保其官。建元[⑤]之始，崇文修德，天下乂安[⑥]。

「注释」

① 迭：通“轶”，超越。

② 器质朴牢：器具质地俭朴牢固。

③ 湛：通“沉”，沉溺。

④ 负羸：负担。

⑤ 建元：汉武帝年号（前 140—前 135）。
⑥ 乂（yì）安：太平无事。

「译文」

贤良之士说："山东是天下的中心，也是有才之士施展抱负的舞台。高皇帝，他就像龙飞凤舞一样在宋、楚之地崛起，得到山东萧何、曹参、樊哙、郦食其、滕宣、灌婴等人的辅佐。尽管他们生活在不同的时代，但他们的成就和贡献，可以与秦末汉初的杰出人物相提并论。夏禹诞生于西羌，周文王出生于北夷，但他们的圣德高于常人，拥有超越万人的才能，肩负重大的社会责任。有些人虽然在都市中出入，但一旦忘记了回归仁义根本，总是如此，便只能沦为奴仆。我虽然不是在京城长大，才能平庸，愚笨无知，不配讨论国家大事，但我私下里听到乡里老一辈人说，过去的人们，衣服虽温暖却不奢侈，器物虽质地朴实却牢固实用。衣物足以遮蔽身体，器具足以便利日常，马匹足以代步，车辆足以自己乘坐，酒足以增添欢乐却不至于使人沉湎，音乐足以慰藉身心却不过分，家中没有喧闹的宴乐，外出没有可放纵游逸的景观，出行就肩挑背负，在家就锄地耘草，生活节俭而财富充裕，农业基础稳固而百姓富足，丧事悲痛却不奢华，养生适度却不过分。高官廉洁无私欲，执政宽厚不苛求。因此，百姓性情安宁，官员们都能安心履职。汉武帝建元初年，崇尚文教，修治德政，天下因而平安祥和。

"其后，邪臣各以伎艺，亏乱至治，外障山海，内兴诸利。

杨可告缗[①]，江充禁服，张大夫革令，杜周治狱，罚赎科适[②]，微细并行，不可胜载。夏兰之属妄搏，王温舒之徒妄杀，残吏萌起，扰乱良民。当此之时，百姓不保其首领，豪富莫必其族姓。圣主觉焉，乃刑戮充等，诛灭残贼，以杀死罪之怨，塞天下之责，然居民肆然复安。然其祸累世不复，疮痍至今未息。故百官尚有残贼之政，而强宰尚有强夺之心。大臣擅权而击断，豪猾多党而侵陵，富贵奢侈，贫贱篡杀，女工难成而易弊，车器难就而易败，车不累期[③]，器不终岁，一车千石[④]，一衣十钟[⑤]。常民文杯画案，机席缉蹈[⑥]，婢妾衣纨履丝，匹庶粺饭肉食。

「注释」

① 杨可告缗（mín）：《史记·平准书》："杨可告缗遍天下，中家以上，大抵皆遇告。"公元前119年，汉朝颁布算缗令，征收商人、手工业者的财产税和车船税。由于许多人隐匿财产，因此公元前114年，汉武帝颁布告缗令，下令百姓告发偷漏缗钱者，凡告发属实，将罚没财产的一半赏给告发者。此事由杨可主持。缗，穿钱的绳子，亦指成串的钱，一千文为一缗。

② 科适：判刑，贬谪。

③ 车不累期（jī）：车子使用不到两年。累期，两年。期，一年。

④ 石：旧重量单位，一百二十市斤为一石。

⑤ 钟：容量单位，六石四斗为一钟。

⑥ 缉蹈（dié）：丰盛。

「译文」

“后来，一些奸臣利用自己的手段，破坏了太平盛世，他们在外面垄断了山海的资源，在内部推动了各种牟利的事业。杨可负责告缗，江充禁止了非法的服饰，张汤大夫改革了法令，杜周治理刑狱，罚款、赎罪、判刑、贬谪的规定一应俱全，连最微小的罪行也不放过，记都记不完。像夏兰这样的残暴官员随意逮捕百姓，像王温舒这样的人滥杀无辜，残酷的官吏如雨后春笋般涌现，扰乱了善良百姓的正常生活。在那个时候，百姓连自己的性命都保不住，富有的豪门也不能确保自己家族的安全。圣明的君主武帝终于有所察觉，于是处决了江充等奸臣，诛灭了那些残忍的恶徒，以此来平息因滥杀无辜而产生的民怨，避免了天下百姓的责难，使得百姓们再次回归于安宁。然而，遗留的祸患持续多年都无法消除，创伤至今未愈。因此，官员们仍然实行着残酷的政策，而那些强势的宰相仍然心怀强取豪夺之心。大臣们滥用权力，豪强们结党欺压弱小，富贵之家奢侈僭越，贫穷之人则掠夺杀人。妇女的手工艺品难以制作且容易损坏，车辆和器具难以制造且容易破损，车辆使用不到两年就报废，器具不到一年就损坏，一辆车的价值相当于千石粮食，一件衣服的价值相当于十钟米。普通百姓在杯子和桌案上勾画图案，几案上摆满了美酒佳肴，奴婢们穿着绸缎衣服和丝绸鞋子，普通人吃着精米和肉类（言奢侈之风日盛）。

“里有俗，党有场，康庄[1]驰逐，穷巷蹋鞠，秉耒抱锸[2]、躬耕身织者寡，聚要敛容、傅白[3]黛青[4]者众。无而为有，贫而强夸，文表无里，纨袴枲装，生不养，死厚送，葬死殚家，遣女满车，富者欲过，贫者欲及，富者空减，贫者称贷。是以民年急而岁促，贫即寡耻，乏即少廉，此所以刑非诛恶而奸犹不止也。故国有严急之征，即生散不足之疾矣。”

「注释」

① 康庄：宽阔平坦、四通八达的道路。

② 耒、锸（chā）：两种耕种农具。

③ 傅白：涂抹白粉。傅，通“敷”。

④ 黛青：用青色画眉毛。

「译文」

“每个里巷都有自己的习俗，每个村落都有自己的娱乐场所。人们在宽敞的大道上驰骋追逐，即使是在狭窄的小巷里，也有人玩着蹋球的游戏。手拿耒锸农具、亲自耕作和织布的人很少，而那些精心打扮、抹粉画眉的人却很多。没有的硬要假装有，贫穷的硬要夸耀为富有。外表华丽却内里空虚，丝绸裤子里面却是粗布里子。父母健在时不去赡养，却在他们去世后举行隆重的葬礼。为一个死人举办葬礼几乎能耗尽家中所有的财产，嫁出一个女儿要准备满车的嫁妆。富人想要超过礼节标准，穷人则想要达到礼节标准，结果导致富人的财产变得空虚，而穷人则不得不借债度日。因此，百姓的生活一年不如一年，贫穷使人失去羞耻之心，空乏使人失去廉洁之意。这就是刑罚不能根除恶行、奸邪的行为仍然不止的原因。所以，当国家需要严厉急迫地征敛时，就会出现财富分散、不够用的问题。”

卷六

散不足第二十九

大夫曰："吾以贤良为少愈，乃反[1]其幽明，若胡车相随而鸣。诸生独不见季夏之蜈[2]乎？音声入耳，秋至而声无。者生无易由言，不顾其患，患至而后默，晚矣。"

「注释」

① 反：倾倒。

② 蜈（xī）：蟪蛄，蝉科。紫青色，有黑纹，后翅除外缘均为黑色。

「译文」

御史大夫桑弘羊说："我原本以为贤良之士的情况会稍微好一些，没想到他们却颠倒是非黑白，文学之士和贤良之士，好像两辆破旧的胡人车辆，一前一后，吱吱响个不停。各位学子难道没注意到夏末的蟪蛄吗？夏日里，它们的鸣叫声不绝于耳，可秋天一到，声音就消失了。各位学子不应该随意乱说、不考虑可能带来的后果，等到问题真的来临再选择沉默就为时已晚了。"

贤良曰："孔子读史记，喟然而叹，伤正德之废，君臣之危也。夫贤人君子，以天下为任者也。任大者思远，思远者忘近。诚心闵悼[①]，恻隐加尔，故忠心独而无累。此诗人所以伤而作，比干、子胥遗身忘祸也。其恶劳人若斯之急，安能默乎？《诗》云：'忧心如惔[②]，不敢戏谈。'孔子栖栖，疾固也。墨子遑遑，闵世也。"

大夫默然。

「注释」

① 闵悼：怜恤伤悼。

② 惔（tán）：火烧。《诗经·小雅·节南山》："忧心如惔。"

「译文」

贤良之士说："孔子阅读史书时，常常深深叹息，他悲叹的是正统道德的荒废和君臣关系的不稳。历来贤者和君子，都视天下为己任。担负重任的人有深远的考虑，而有深远考虑的人往往会忽略身边的小灾小祸。他们以诚挚的心伤悼现实，同情世间的苦难，因此他们的忠诚之心孤立无援，不受世俗牵绊。这种感慨时世、悲伤世道的心情，促使诗人创作了《诗三百》中的作品，这也是比干、伍子胥舍弃个人安危、忘记个人灾祸的原因。面对如此严峻的社会现实，怎能保持沉默？《诗经》上说：'忧虑之心如火燃烧，不敢随意开玩笑。'孔子忙碌不停，是因为他痛恨那些根深蒂固的社会弊病。墨子匆忙行动，是因为他对乱世感到哀伤。"

大夫们沉默不语。

丞相曰："愿闻散不足[①]。"

贤良曰："宫室舆马，衣服器械，丧祭食饮，声色玩好，人情之所不能已也。故圣人为之制度以防之。间者，士大夫务于权利，怠于礼义；故百姓仿效，颇逾制度。今故陈之曰。

「注释」

① 愿闻散不足：我想听一听关于财富分散、不够使用的问题。

「译文」

丞相田千秋说："我想了解一下关于财富分散、不够使用的情况。"

贤良之士说："宫殿、车辆、服饰、器具、丧葬、祭祀、饮食、音乐、娱乐，这些都是人的欲望难以禁止使用的东西。因此，古代的智者制定了规章制度来防止人们僭越。但最近，一些士大夫只顾追求权力和利益，忽视了礼义，导致普通百姓也跟风效仿，大大僭越了规章法度。所以现在特意阐述古代的制度如下。

"古者，谷物菜果，不时[①]不食，鸟兽鱼鳖，不中杀[②]不食。

故徼[3]罔不入于泽，杂毛不取。今富者逐驱歼罔罝，掩捕麑㲉[4]，耽湎沈酒铺百川。鲜羔䍜[5]，几胎肩[6]，皮黄口。春鹅秋雏，冬葵温韭，浚[7]茈蓼苏，丰薁[8]耳菜，毛果[9]虫貉。

「注释」

① 不时：不到成熟时节。

② 不中杀：不到该杀的时候。

③ 徼：通“缴”，系在箭上的生丝绳，射鸟用。

④ 麑㲉（ní kòu）：麑，幼鹿；㲉，待哺的雏鸟。

⑤ 鲜羔䍜（zhào）：新鲜的羊羔肉。䍜，未满一岁的羊。

⑥ 胎肩：小猪。

⑦ 浚：通“葰（jùn）”，一种香菜。

⑧ 薁（ruǎn）：木耳。

⑨ 果：通“倮（luǒ）”，倮虫，旧时总称无羽毛鳞甲蔽身的动物。

「译文」

“古时候，人们不会在食物未成熟的时节食用谷物、蔬菜和水果，也不会在不该杀的时候捕食鸟兽鱼鳖。因此，捕猎的弓箭罗网不会进入山林和沼泽，也不会猎取有着各种毛色的幼小动物。但现在，富人们追杀网捕，围猎幼鹿和小鸟，沉迷于酒宴，酒馆林立如同江河。他们食用新鲜的羊羔肉，屠宰刚出生的小猪，剥取黄嘴小鸟的皮肤。春天食用小鹅，秋天食用小鸡，冬天则吃葵菜和温室里的韭菜，加上各种调味的香草，如香菜、子姜、辛菜和紫苏等，此外还吃木耳和香菇，甚至连毛虫、裸虫、狐狸和貉子也成了他们的食物。

“古者，采椽茅茨，陶桴[1]复穴，足御寒暑、蔽风雨而已。及其后世，采椽不斫，茅茨不翦，无斫削之事，磨砻[2]之功。大夫达棱楹[3]，士颖首，庶人斧成木构而已。今富者井干增梁，雕文槛楯[4]，垩幔[5]壁饰。

「注释」

① 桴（fú）：房屋的次梁，即二梁。

② 磨砻（lóng）：打磨光滑。

③ 楹（yíng）：泛指柱子。

④ 槛楯（shǔn）：门槛，栏杆。

⑤ 幔（nán）：粉刷。

「译文」

“古时候，人们用栎树做椽子、茅草做屋顶，制作陶瓦和挖掘地洞，这些简单的措施足以抵御寒暑，防风避雨。随着时代的变迁，人们不再砍伐栎树做梁，也不剪茅草修补屋顶，不再有砍削和打磨木材的工作。大夫家的柱子有棱有角，士家的柱子尖细，而普通百姓只是用斧头砍伐木头建成房屋。而今，富有之人的屋顶建有藻井，门槛和栏杆上雕刻着精美的图案，用白灰粉刷墙壁。

“古者，衣服不中制，器械不中用，不粥[①]于市。今民间雕琢不中之物，刻画玩好无用之器。玄黄杂青，五色绣衣，戏弄蒲人杂妇，百兽马戏斗虎，唐锑[②]追人[③]，奇虫[④]胡妲[⑤]。

「注释」

① 粥（yù）：同“鬻”，卖。

② 唐锑（tī）：古代百戏之一，即翻空梯、上高竿之类。

③ 追人：古代幻术。

④ 奇虫：指鱼龙之类杂技。

⑤ 胡妲（dá）：汉代歌舞百戏中的女伎。

「译文」

“古时候，如果衣物不符合规定，工具不能使用，就不允许在市场上售卖。而现在，民间百姓精心雕刻和绘制那些并无实用价值的物品，制作各种仅供玩赏的器具。艺人们身着黑色、黄色、杂青色以及其他五彩缤纷的绣衣，上演模仿僰人妇女生活日常的戏剧，有的艺人以驯兽、马戏、斗虎为乐，有的艺人操纵木偶、泥塑人物爬竿，还有的玩鱼龙杂技、花旦唱戏等。

“古者，诸侯不秣马，天子有命，以车就牧。庶人之乘马者，足以代其劳而已。故行则服桅[1]，止则就犁。今富者连车列骑，骖[2]贰辎軿[3]。中者微舆短毂，繁髦掌蹄。夫一马伏枥，当中家六口之食，亡丁男一人之事。

「注释」

① 桅：通“轭”，驾车时套在牛马颈部的曲木。

② 骖（cān）：一车驾三马。

③ 軿（píng）：古代一种有帷幕的车。特指贵族妇女所乘有帷幕的车。

「译文」

“古时候，诸侯不会专门喂养马匹，只有在天子发布命令，需要出征时，才会跟随车队就地放牧。普通百姓骑马仅仅是为了替代步行，减少劳累。因此，当他们需要出行时，就会将马匹套上车辆；而在不需要出行时，就会让马匹去拉犁。但在当今，富贵之家会让车马成列，有的用三匹马驾一辆车，有的则由两匹马驾一辆车，还有些人乘坐有华丽帷盖的车辆，妇女们则坐在四面都挂有帷幕的车中。即使是中等家庭，也有装饰华丽的小车，马匹的鬃毛上有装饰，蹄子上镶有铁掌。养一匹马所需的粮食，足以供养一个六口人的中等家庭，还要陪上一个壮年男子的劳动力。

“古者，庶人耋老而后衣丝，其余则麻枲而已，故命曰布衣。及其后，则丝里枲表，直领无袆[1]，袍合不缘。夫罗纨文绣者，人君后妃之服也。茧细缣练者，婚姻之嘉饰也。是以文缯[2]薄织，不粥于市。今富者缛绣罗纨，中者素绨冰锦。常民而被后妃之服，亵人[3]而居婚姻之饰。夫纨素之贾倍缣，缣之用倍纨也。

「注释」

① 袆（huī）：蔽膝。

② 文缯（zēng）：花绢。指绣花或织成图案的绢帛。

③ 亵（xiè）人：卑贱妇女。

「译文」

“古时候，普通人只有在年老时才能穿上丝绸，其他时间他们只能穿着麻布，因此被称为“布衣”。随着时间的推移，人们开始用丝绸做面子、枲麻做里子，斜直衣领而没有遮膝，袍子合身但无须装饰边缘。那些细软的罗纨和精美的刺绣原本是君主和后妃的专属，而粗绸和细绢则是婚礼才用的华服。所以，这些带有文采的细薄丝织品并不会在市场上销售。现在，富人们身着华丽的绣花罗纨，中产阶级则穿着光滑厚实的细绢或洁白如玉的锦衣。普通民众也穿上了原本只有后妃才穿的衣物，而卑贱的妇女也装扮着本应在结婚时才会穿的服饰。现在，细绢的价格是粗绢的一倍，但粗绢的实用性却是细绢的一倍。

“古者，椎车无柔，栈舆无植[1]。及其后，木軨[2]不衣，长毂数幅，蒲荐苙盖，盖无漆丝之饰。大夫士则单椱[③]木具，盘韦柔革[④]。常民漆舆大軨蜀轮。今庶人富者银黄华左搔[⑤]，结绥[⑥]韬杠[⑦]。中者错镳[⑧]涂采，珥[⑨]靳[⑩]飞軨。

「注释」

① 植：通“直”，直木。

② 軨（líng）：车阑，即车厢前面和左右两面横直交结的栏木。

③ 单椱：当作“蝉攫”，车轮的外圈。

④ 盘韦柔革：用软熟兽皮盘在车轮的边框之上。

⑤ 搔：通“蚤（zhǎo）”，古代车盖弓端伸出如爪的部分，一般以玉为饰。

⑥ 结绥：登车拉手用绳子打成花结。绥，登车时用以拉手的绳索。

⑦ 韬杠：用熟皮裹着的车辕。

⑧ 镳（biāo）：马具。与衔合用，俗称马嚼子。商周时有青铜制的，也有骨、角制的。衔在口内，备抽勒；镳在口旁，上系銮铃或扇汗。

⑨ 珥：珠玉耳饰。此处用作动词，装饰。

⑩ 靳：古代驾车夹辕两马当胸的皮革。因用作夹辕两马的代称。

「译文」

“古时候，独轮车没有边框，竹制的车没有栏杆。随着时间的推移，虽然车辆增加了栏杆，但并未进行额外的装饰，轮轴延长，辐条增多，车轮上绑有蒲草，车顶由草编成，不涂油漆，也不饰以丝绸。大夫和士的车辆，车轮边框由木头制成，上面盘着柔软的兽皮。而普通民众的车辆则涂有油漆，独轮车配备了长横木。现在，普通人和富人的车辆，车盖上装饰着镶有白银、黄金的玉蚤，登车的拉手用绳子打成花结，车辕缠绕着熟皮。中产人家的车马，马嚼子上镶有金属并涂有色彩，马腹带和车窗装饰着珠宝。

“古者，鹿裘皮冒，蹄足不去。及其后，大夫士狐貉缝腋[①]，羔麑豹袪[②]。庶人则毛绔衳彤，羝裸皮裤[③]。今富者鼲貂，狐白凫翁[④]。中者罽衣[⑤]金缕，燕鼦代黄。

「注释」

① 缝腋：大袖单衣，古儒者所服。

② 羔麑豹袪（qū）：意为用羊羔皮做皮袄，用豹皮做袖口。袪，袖口。

③ 羝襆（fú）皮裤（bó）：公羊皮皮袄和杂兽皮的短皮袄。

④ 狐白凫翁：用狐腋的白毛皮做成的衣服及用鸭绒做成的衣服。凫翁指水鸭的颈毛。

⑤ 罽（jì）衣：绒衣。

「译文」

“古时候，人们穿戴着由鹿皮制成的衣服、帽子，连带着动物的蹄子也未被除去。到了后来，大夫和士开始穿着由狐狸或貉子的皮毛制成的宽袖衣服，用羊羔皮做皮袄，用豹皮做袖口。而普通百姓则穿着由毛皮制成的裤子和短袖上衣，有些人穿着公羊皮袄和由杂兽皮制成的短上衣。现在，富有的人穿着由灰鼠皮和貂皮制成的皮袄，有的穿白狐皮袄或鸭绒袄。中产人家则穿着由金线缝制的绒衣，有的穿燕地的鼦鼠皮或代地的黄貂皮制成的皮袄。

“古者，庶人贱骑绳控，革鞮[①]皮荐而已。及其后，革鞍牦成，铁镳不饰。今富者鞼耳[②]银镊韊[③]，黄金琅勒，罽绣弇汗[④]，垂珥胡鲜。中者漆韦[⑤]绍系，采画暴干。

「注释」

① 鞮（dī）：兽皮做的鞋。

② 鞼（xù）耳：用革做的马的耳饰。

③ 银镊韊（liè）：银制的马头饰。

④ 弇（yǎn）汗：障泥，马鞯（jiān）。因垫在马鞍下，垂于马背两旁以挡泥土，故称。

⑤ 漆韦：涂漆的熟皮。

「译文」

“古时候，普通百姓骑马时不使用马鞍，仅凭绳索来控制马匹，骑士们脚穿定制的皮靴，马背上仅放置一块皮垫。而后来，马鞍开始使用皮革和牦牛毛制作，但铁制的马镳并未进行装饰。现在，富有的家庭为马匹装饰以皮革制成的耳饰，用银质做成的头饰，用黄金打造闪亮的马笼头，以绣花的毛毡作为马的防汗垫，用垂挂的美玉作为马的耳饰，用鲜卑族的腰带作为马的肚带。中产家庭的马匹则用涂有油漆的皮绳系住，在马具上绘彩画后在阳光下晒干。

“古者，污尊抔饮[1]，盖无爵觞樽俎。及其后，庶人器用即竹柳陶匏[2]而已。唯瑚琏[3]觞豆而后雕文彤漆。今富者银口黄耳，金罍[4]玉钟。中者野王纻器[5]，金错蜀杯。夫一文杯得铜杯十，贾贱而用不殊。箕子之讥，始在天子，今在匹夫。

「注释」

① 抔（póu）饮：以手掬水而饮。

② 匏（páo）：葫芦的一种，对半剖开可做水瓢。

③ 瑚琏（hú liǎn）：古代宗庙中盛黍稷的礼器。

④ 金罍（léi）：饰金的大型酒器。

⑤ 纻器：苎麻为胎的漆器。

「译文」

“古时候，人们简单地挖个小坑当作水池，直接用手捧水喝，而不使用任何杯子和盘子。到后来，普通百姓开始使用竹子和柳条编制的容器，用泥土制作陶器，把葫芦做水瓢。只有在祭祀时才使用的瑚、琏、酒杯、豆盘才会雕刻花纹、涂抹红漆。而现在，富裕的家庭使用白银装饰器物的口边，用黄金装饰器物的耳边，制作黄金和宝石珠玉镶嵌的酒杯。中产家庭则使用野王产的苎麻为胎制作漆器，蜀地的材料制作金饰酒杯。一个精美的绘有花纹的杯子的价格，可以买到十个普通的铜杯。铜杯虽然价格便宜，但其实用性并无差别。箕子曾讥讽殷纣王使用象牙筷子，那时讽刺的对象是帝王，而如今，即使是普通百姓也过着奢靡的生活。

“古者，燔黍食稗，而捭豚以相飨。其后，乡人饮酒，老者重豆，少者立食，一酱一肉，旅饮而已。及其后，宾婚相召，则豆羹白饭，綦脍[1]熟肉。今民间酒食，殽旅重叠，燔炙满案，臑鳖[2]脍鲤，麑卵鹑鷃[3]橙枸，鲐鳢[4]醢醯[5]，众物杂味。

「注释」

① 綦（qí）脍：细切的肉或鱼。

② 臑（ér）鳖：煮熟的甲鱼。臑，通“胹”，煮熟。

③ 鹑鷃（yàn）：鹌鹑。

④ 鳢（lǐ）：一种鱼类。亦称“乌鱼”“黑鱼”“乌鳢”。硬骨鱼纲，月鳢科。

⑤ 醯（xī）：醋。

「译文」

“古时候，人们将黍米烧烤来食用，平时吃的是稗子等杂粮，只有在招待客人时才会宰食猪肉。到后来，乡村里的人聚在一起喝酒，老年人会享用几盘肉食，而年轻人则站立着进食，一盘酱料一盘肉，大家在一起按序喝酒。后来，在宴请婚礼的客人时，会有豆汤和白米饭，以及切细的肉块和熟肉。而现在，民间的宴席上，鱼肉层层叠叠，烤肉铺满了整个餐桌，还有炖甲鱼、切片的鲤鱼，以及鹿胎、鹌鹑、枸杞、鲐鱼、鳢鱼、肉酱和醋，食材丰富、味道多样。

“古者，庶人春夏耕耘，秋冬收藏，昏晨力作，夜以继日。《诗》云：‘昼尔于茅，宵尔索绹[①]，亟其乘屋[②]，其始播百谷。’非膢腊不休息，非祭祀无酒肉。今宾昏酒食，接连相因，析酲[③]什半，弃事相随，虑无乏日。

「注释」

① 绹（táo）：绳索。

② 乘屋：修盖房屋。

③ 析酲（chéng）：解酒，醒酒。

「译文」

“古时候，普通百姓在春夏之际耕作田地，秋冬则收获粮食，从黎明到黄昏辛勤劳作，夜以继日地工作。《诗经·豳风·七月》中描述道：“白日割茅草，夜晚搓绳索，赶快修盖房屋，开始种植各种谷物。”除了年终祭祀的休息日外，平时不得闲暇，非祭日不享用酒肉。而现今，婚宴连绵不断，宾客饮酒至醉，十人中有五人沉醉，人们放下手头的工作，互相陪伴饮宴，几乎天天如此。

“古者，庶人粝食藜藿，非乡饮酒媵腊祭祀无酒肉。故诸侯无故不杀牛羊，大夫士无故不杀犬豕。今闾巷县佰[1]，阡伯屠沽[2]，无故烹杀，相聚野外。负粟而往，挈肉而归。夫一豕之肉，得中年之收，十五斗粟，当丁男半月之食。

「注释」

① 县佰：恶霸。

② 屠沽：屠户和酒家。

「译文」

“古时候，老百姓饮食简朴，以粗粮和野菜为主，除了村酒和节日祭祀，鲜有肉食。因此，诸侯无大事不宰牛羊，大夫和士无大事不宰狗猪。而今，乡里闾巷豪强、屠夫和酒肆无事也会宰杀牲畜，人们聚集于野外用餐。他们背着粮食前往，携带肉食返回。一头猪的肉价值相当于中等收成的一亩田产出的十五斗小米，足够一个壮年男子半个月的食用。

“古者，庶人鱼菽之祭，春秋修其祖祠。士一庙，大夫三[1]，以时有事于五祀[2]，盖无出门之祭。今富者祈名岳，望山川，椎牛击鼓，戏倡儛像。中者南居当路，水上云台，屠羊杀狗，鼓瑟吹笙。贫者鸡豕五芳，卫保散腊，倾盖[3]社场。

「注释」

① 士一庙，大夫三：《礼记·礼器》："天子七庙，诸侯五，大夫三，士一。"《礼记·王制》："大夫三庙，一昭一穆，与太祖之庙而三。士一庙。"

② 五祀：古代祭祀的五种神祇。《周礼·春官·大宗伯》："以血祭祭社稷、五祀、五岳。"即春神句芒、夏神祝融、中央后土、秋神蓐（rù）收、冬神玄冥。

③ 倾盖：盖，车盖，形如伞。谓停车交盖，两盖稍稍倾斜。此处形容祭祀时车马很多。

「译文」

"古时候，民间以鱼和豆做祭品，春秋两季修葺祖庙。士人设立一座庙宇，大夫则有三座宗庙，定期向五神举行祭祀，不涉及家门之外的祭典。而今，富户祈拜名山大川，敲锣击鼓，演戏跳舞，表演木偶戏。中等家庭面向南方设坛祭祀，在水边建云台，宰羊杀狗，弹奏瑟乐，吹响笙歌。贫民亦以鸡猪和五种香料进行祭祀，希望得到神明的庇佑，祭后分发祭品，祭祀时车盖如云，人们挤满了祭祀场地。

"古者，德行求福，故祭祀而宽。仁义求吉，故卜筮而希。今世俗宽于行而求于鬼，怠于礼而笃于祭，嫚亲[1]而贵势，至妄而信日[2]，听诎言[3]而幸得，出实物而享虚福。

「注释」

① 嫚（màn）亲：轻侮父母。

② 信日：迷信占卜。日，日者，占候卜筮的人。

③ 诎（yí）言：夸大不实之言。

「译文」

“古时候，人们用自身的品德来追求福祉，因此在祭拜时心态较为放松。他们依靠仁义来寻求吉祥，所以占卜的次数较少。但现今，人们在行为上放任自流，却向鬼神祈求庇佑；在礼仪上懈怠，却在祭祀上尽心尽力；轻视亲情，却重视权势；极端狂妄，却对占卜的日者深信不疑；听信占卜人的欺骗言论，却希望侥幸得到好运；他们给出的是真金白银，却只换得虚无缥缈的幸福。

“古者，君子夙夜孳孳[1]思其德；小人晨昏孜孜思其力。故君子不素餐，小人不空食。今世俗饰伪行诈，为民巫祝，以取厘谢[2]，坚额健舌，或以成业致富，故惮事之人[3]，释本相学。是以街巷有巫，闾里有祝。

「注释」

① 孳孳：同“孜孜”，努力不懈貌。

② 厘谢：谓以胙肉作为酬报。

③ 惮事之人：不愿干活的人。

「译文」

“古时候，无论昼夜，君子都在勤奋思考如何提高德行；小人则日夜思考怎么使用劳力。因此，君子不会无功受禄，小人也不会无所作为而食。现在的世风却虚伪和欺诈，巫师和祝咒者以求神问卜为生，以剩余的祭肉来做酬报。他们额头坚硬，擅长顶礼膜拜，舌头灵活，能言善辩。一些人以行巫为职，发家致富。所以，那些不愿意务农干活的人，放弃了农民的职业，转而学习做巫师。因此，你会发现在大街小巷中随处可见女巫，在每个乡里都有男祝。

“古者，无杠樠[①]之寝，床移之案[②]。及其后世，庶人即采木之杠，牒桦[③]之樠。士不斤成，大夫苇莞而已。今富者黼绣帷幄，涂屏错跗[④]。中者锦绨高张，采画丹漆。

「注释」

① 杠樠（mán）：床前的横木和床板。

② 床移（yí）之案：炕桌。

③ 牒桦：据《方言》，东齐、海岱之间将杠称为桦，卫之北郊、赵、魏之间将床板称为牒。

④ 错跗（fū）：镶有金边的屏风底座。跗，脚背，此处指屏风底座。

「译文」

“古时候，人们的床没有木头床架，床上也没有炕桌。但随着时代的变迁，普通百姓开始用柞木制作床边和床板，而士人的床则无须斧头加工，大夫仅仅使用芦苇和蒲草编织的席子。现在，富裕之家装饰着绣有黑白花纹的帐幔，描着花纹的精美屏风，以及镶金的屏风底座。中产家庭则用华丽的锦绣制作高挂的帐幔，床上画有彩色图案，涂抹着鲜艳的红漆。

“古者，皮毛草蓐，无茵席之加，旃蒻[1]之美。及其后，大夫士复荐草缘，蒲平单莞。庶人即草蓐索经，单蔺籧篨[2]而已。今富者绣茵翟[3]柔，蒲子露床。中者獏皮[4]代旃，阘坐[5]平莞。

「注释」

① 蒻（ruò）：嫩的香蒲。蒲蒻做的席，其质细柔。

② 籧篨（qú chú）：用苇或竹编的粗席。

③ 翟：长尾的野鸡。

④ 獏皮：滩羊皮。獏，疑为“滩”字。

⑤ 阘坐：床前的榻凳。

「译文」

“古时候，人们的卧具简陋，只有兽皮和草垫，没有美丽的蒲草垫和毛毡。到了后来，大夫和士使用的是边缘粗糙的双层草席，或者是由香蒲或莞草编织的单层席子。而普通百姓则使用以细绳为经线编织的草席，或者是由蔺草编成的单层席子，有时甚至是用竹子或苇编织的粗糙席子。如今，富有之家铺设着用野鸡毛制成的、绣有花纹的软垫和蒲草席，而中产家庭则使用滩羊皮或代地的毛毡，床前还铺有莞草制成的垫子。

“古者，不粥饪，不市食。及其后，则有屠沽，沽酒市脯鱼盐而已。今熟食遍列，肴施成市，作业堕怠，食必趣①时，杨②豚韭卵，狗腊③马朘④，煎鱼切肝，羊淹⑤鸡寒，挏马酪酒⑥，蹇脯胃脯，胹羔豆赐，彀膹⑦雁羹，臭鲍甘瓠，熟梁貊炙⑧。

「注释」

① 趣：急促。

② 杨：疑为“炀”，炙。

③ 狗腊（zhé）：切得很细的狗肉。腊，切成薄片的肉。

④ 朘（juān）：少汁的肉羹。

⑤ 羊淹：腌制羊肉。淹，通“腌”。

⑥ 挏（dòng）马酪酒：马酪。因取马奶制成，故称“挏马”；因马酪味如酒，故称“酒”。挏，推引，用力拌动。

⑦ 膹（fèn）：多汁的肉羹。

⑧ 貊炙：烤猪。

「译文」

“古时候，人们不买卖熟食，市场上也不交易食品。到了后来，屠夫和酒家出现了，他们仅售卖酒水、肉干、鱼类和盐。现在，熟食随处可见，美味佳肴充斥市场。尽管有些人的生产工作荒废了，但他们在饮食上却追求时令：烤制的小猪，韭菜炒蛋，细切的狗肉和马肉，油煎的鱼，切好的肝脏，腌制的羊肉，冷却的鸡肉，用马奶制成的酒，干制的驴肉，动物的胃脯，煮烂的羔羊肉，加上豆豉，炖制的小鸟，雁肉汤，臭味的鲍鱼，甜味的瓠子，煮熟的粮食，烤制的猪肉。

“古者，土鼓块枹[①]，击木拊石，以尽其欢。及其后，卿大夫有管磬[②]，士有琴瑟。往者，民间酒会，各以党俗，弹筝鼓缶[③]而已。无要妙之音，变羽之转。今富者钟鼓五乐，歌儿数曹[④]。中者鸣竽调瑟，郑舞赵讴[⑤]。

「注释」

① 块枹（fú）：敲击土块。

② 磬（qìng）：击奏体鸣乐器。“八音”分类中“石”的代表乐器。

③ 缶（fǒu）：瓦质的打击乐器。

④ 曹：辈。此处指队。

⑤ 赵讴：赵地的歌曲。

「译文」

“古时候，人们用土块作为鼓，用木棍敲打土块，拍打石头，以此来尽情享受快乐。到后来，卿大夫们有竹管乐器吹奏，敲打石磬，而士人则弹奏琴与瑟。过去，民间的酒宴上，人们根据各自的地方习俗，或弹筝或击缶。那时没有精妙动听的旋律，也没有变化多端的音乐。而现在，富裕的家庭拥有钟鼓，五乐齐全，歌手们分列几队。中产阶级则吹奏竽和调弄瑟，演绎郑地的舞蹈和赵地的歌曲。

“古者，瓦棺容尸，木板塈周[1]，足以收形骸、藏发齿而已。及其后，桐棺不衣，采椁不斫。今富者绣墙题凑[2]，中者梓棺楩椁[3]，贫者画荒衣袍，缯囊缇橐[4]。

「注释」

① 塈（jí）周：亦称“土周”。烧土为砖附于棺之四周。

② 题凑：椁室用大木累积而成，木头皆内向为椁盖，上尖下方，犹如屋檐四垂，谓之“题凑”。

③ 梓棺楩（pián）椁：梓、楩，两种珍贵木材。椁，棺外的套棺。

④ 缯囊缇（tí）橐（tuó）：把尸体装在丝织袋里面。缇，橘红色的布帛。橐，袋子。

「译文」

“古时候，人们使用陶制的棺材来安放遗体，或者在木棺周围筑上土砖，这样就足以保存逝者的身体、头发和牙齿。到了后来，桐木制成的棺材不再进行装饰，外棺也改用柞木，不再对木材进行加工。而在当今，富裕家庭的灵车和帷幕上绣满了图案，棺椁周围堆满了木材，木头向内聚拢。中产家庭则使用珍贵的梓木和楩木制作棺椁。贫困家庭在埋葬时，棺材上覆盖着绘有图画的布罩，或者将尸体放入丝织的袋中。

“古者，明器有形无实，示民不可用也。及其后，则有醯醢之藏，桐马偶人弥祭[1]，其物不备。今厚资多藏，器用如生人。郡国繇吏，素桑楺[2]，偶车橹轮，匹夫无貌领，桐人衣纨绨。

「注释」

① 弥祭：完成祭礼。

② 楺（róu）：古同“揉”，使木条弯曲。

「译文」

“古时候，陪葬品虽有形态却无实用性，这是为了告诉人们这些物品不可被使用。到了后来，陪葬品中开始出现醋和酱料，以及用桐木制作的马和陶制的人俑，用以补充祭祀仪式，但这些祭品并不完备。而现在，人们花费巨资购买陪葬品，这些物品仿佛是为活人所用。在郡国中负责徭役的小官员，生前乘坐的是普通的桑木车，死后却随葬着装饰华丽、轮大如楼的木制车模。普通人在世时没有华丽的衣物，死后陪葬的桐木人偶却穿着丝绸。

“古者，不封不树[①]，反虞祭于寝，无坛宇之居，庙堂之位。及其后，则封之，庶人之坟半仞，其高可隐。今富者积土成山，列树成林，台榭连阁，集观增楼。中者祠堂屏合，垣阙罘罳[②]。

「注释」

① 树：墓旁植树。

② 罘罳（fú sī）：古代设在宫门外或城角的屏，上面有孔，形似网，用以守望和防御。

「译文」

“古时候，人们并不会为坟墓堆土成丘，也不在墓边种植树木。安葬后，家人仅在停放遗体的地方进行祭拜，既没有专门的祭坛，也不会建立祖庙。到了后来，人们开始为坟墓堆土，普通百姓的坟墓高度大约四尺，站在坟旁，手可以触及坟顶。而现在，富裕家庭的墓地堆土如山，树木如林，高台和亭榭连成一片，庙宇众多，高楼直入云霄。中产家庭的祠堂外设有月影墙，围以墙垣，建有望楼和屏风。

“古者，邻有丧，舂[①]不相杵[②]，巷不歌谣。孔子食于有丧者之侧，未尝饱也，子于是日哭，则不歌。今俗因人之丧以求酒肉，幸与小坐而责辨，歌舞俳优，连笑伎戏。

「注释」

① 舂（chōng）：用杵臼捣去谷物的皮壳。

② 杵：捣物的棒槌。

「译文」

“古时候，当邻里有丧事，人们在舂米时不唱劳动的号子，巷中也不会传唱歌谣。孔子若在有丧事的人旁用餐，从未有过饱食；若他在当天有所哀悼，便不会唱歌。而今天的习俗是，人们利用他人的丧事来索取酒肉，若有机会在办丧事的人的家中稍作停留，便会要求主家准备酒食。在他人的丧事期间，有些人会唱歌跳舞，表演戏剧，逗笑观众，欣赏杂技表演。

“古者，男女之际尚矣，嫁娶之服，未之以记。及虞、夏之后，盖表布内丝，骨笄[1]象珥，封君夫人加锦尚褧[2]而已。今富者皮衣朱貉，繁露[3]环佩。中者长裾[4]交袆，璧瑞簪珥。

「注释」

① 骨笄（jī）：兽骨制的簪子。

② 褧（jiǒng）：麻布制的单罩衣。

③ 繁露：冕旒上的悬玉。

④ 裾（jū）：衣服的前襟。亦称大襟。

「译文」

“古时候，男女之间的婚姻关系已经非常久远了，但关于上古时期的嫁娶服装，并没有详细的记载。到虞、夏时期以后，婚嫁的服饰外层是布料，内里是丝绸，用动物骨头做发簪，用象牙做耳饰。那些被册封的君主的妻子和贵族女性，她们的婚礼服装也仅仅是在锦衣之上再添一件粗麻布罩衣而已。而现在，富有的家庭在婚礼上穿着鲜红的貉皮服装，佩戴着如露珠般晶莹的珠玉。中产家庭的服饰则是长襟下摆与蔽膝交错，头饰和耳饰使用美玉装饰。

“古者，事生尽爱，送死尽哀。故圣人为制节，非虚加之。今生不能致其爱敬，死以奢侈相高；虽无哀戚之心，而厚葬重币者，则称以为孝，显名立于世，光荣著于俗。故黎民相慕效，至于发屋卖业[①]。

「注释」

① 发屋卖业：出卖房屋和家产。

「译文」

“古时候，人们在父母在世时，满怀爱意地侍奉他们；父母离世后，深感悲痛地送终。因此，古代圣明之君制定了孝道的礼节，并非无的放矢。然而在当今社会，有些人在父母健在时未能尽显孝心；父母去世后，却通过奢华的丧葬来彰显自己。即使内心并无哀伤，那些铺张浪费的人也被誉为孝顺，名声显赫，享有世俗的荣光。这样的风气导致普通百姓争相效仿，甚至不惜卖掉房屋和产业（来追求这种虚名）。

“古者，夫妇之好，一男一女，而成家室之道。及后，士一妾，大夫二，诸侯有侄娣九女①而已。今诸侯百数，卿大夫十数，中者侍御，富者盈室。是以女或旷怨失时②，男或放死无匹。

「注释」

① 侄娣（dì）九女：侄女和妹妹九个女子。

② 旷怨失时：女子因为多妻制而难见夫君，怨恨失去青春。

「译文」

“古时候，夫妻之间的关系是一对一的，这是构建家庭的基本方式。到了后来，士人可以有一位妾室，大夫可以有两位，而诸侯也只有侄女、妹妹九个女子而已。但在当今社会，诸侯可能有上百位妻妾，卿大夫也有数十位，中产家庭拥有几位婢妾，而富裕家庭则妻妾成群。所以有些女性因此怨恨于失去了青春，有些男性则可能终其一生也找不到伴侣。

“古者，凶年不备，丰年补败，仍旧贯而不改作。今工异变而吏殊心，坏败成功，以匿厥意。意极乎功业，务存乎面目。积功以市誉[1]，不恤民之急。田野不辟，而饰亭落，邑居丘墟[2]，而高其郭。

「注释」

① 市誉：换取声誉。

② 丘墟：废墟，荒地。

「译文」

“古时候，灾荒之年无储备，丰收之年则补充亏缺，沿袭旧习不加改变。现今，工匠心思变幻，官员心意不同，废弃旧有成法，以掩饰其私欲。他们心中只想着功名利禄，却保持清廉的形象。他们通过积累功绩来换取声望名誉，却不体恤百姓的穷苦艰辛。不去耕种田地，反而装点道路两旁的亭台楼阁，城邑住宅变成荒丘废墟，而城墙却日益高筑。

“古者，不以人力徇于禽兽，不夺民财以养狗马，是以财衍而力有余。今猛兽奇虫不可以耕耘，而令当耕耘者养食之。百姓或短褐[1]不完，而犬马衣文绣，黎民或糟糠不接，而禽兽食粱肉。

「注释」

① 短褐：粗布短衣。

「译文」

“古时候，人们不会用人力去侍候野兽，也不会夺取百姓的钱财来养狗和马，因此财富得以增长，而劳动力也富余。但现在，凶猛的野兽和奇特的昆虫并不能用于耕作，然而却让本应耕作的人去喂养它们。一些百姓连一件完整的粗布短衣都没有，而那些狗和马却披着华丽的刺绣衣裳；一些平民百姓连糠秕都吃不上，而那些禽兽却享用着优质的粮食和肉类。

“古者，人君敬事爱下，使民以时，天子以天下为家，臣妾[1]各以其时供公职，古今之通义也。今县官多畜奴婢，坐禀[2]衣食，私作产业，为奸利，力作不尽，县官失实。百姓或无斗筲[3]之储，官奴累百金；黎民昏晨不释事，奴婢垂拱遨游也。

「注释」

① 臣妾：所属臣下的称谓。

② 坐禀：坐享。

③ 筲（shāo）：一种竹器，仅容一斗二升

「译文」

“古时候，君主们严肃地处理政事，关爱百姓，合理安排民众的劳动时间。皇帝视整个国如自己的家。臣下都在规定的时间内尽忠职守，这是古今通行的章法。而现在，地方官员养了许多奴隶，悠闲地坐享衣食，私下经营产业，追求不正当的利益，为私人利益驱使奴隶辛勤劳作，而官府却因此失去了真正的利益。一些百姓家中连升斗粮食储备都没有，官府的奴仆却积攒了大量的财富；普通百姓从黎明到黄昏不停地忙碌，而奴仆们却悠然自得，四处游荡。

“古者，亲近而疏远，贵所同而贱非类。不赏无功，不养无用。今蛮、貊无功，县官居肆，广屋大第，坐禀衣食。百姓或旦暮不赡，蛮、夷或厌酒肉。黎民泮汗[①]力作，蛮、夷交胫肆踞[②]。

「注释」

① 泮（pàn）汗：挥汗貌。

② 交胫肆踞：交叉两腿放肆地坐着。

「译文」

“古时候，人们亲近同族而远离异族，看重同族而轻视其他种族。不给没有功绩的人以奖赏，不养育无用之人。现在，蛮族和貊族虽无贡献，却在官府中横行霸道，占据宽敞的豪宅，享受官府供给的衣食。一些百姓吃了上顿没下顿，而蛮夷却享受着酒肉之欢。

普通百姓汗流浃背地辛勤劳作，而蛮夷却交叉双腿放肆懒散地坐着。

“古者，庶人麤菲草芰[①]，缩丝尚韦而已。及其后，则綦下不借，鞔鞮革舄[②]。今富者革中名工，轻靡使容，纨里紃下[③]，越端纵缘。中者邓、里闲作蒯苴[④]。蠢竖婢妾，韦沓丝履。走者茸芰绚绾[⑤]。

「注释」

① 麤（cū）菲草芰（jì）：菲，借为“扉”。芰，通“履”。麤、菲、芰，都是草鞋。

② 舄（xì）：古代一种复底鞋。

③ 紃（xún）下：用细带装饰鞋底。紃，细带。

④ 蒯（kuǎi）苴：用蒯草做鞋垫。

⑤ 绚绾（qú wǎn）：绚，古时鞋头上的装饰，有孔，可以穿系鞋带。绾，系，盘结。

「译文」

“古时候，普通百姓穿的是粗糙的草鞋，仅用绳子和皮带将鞋子束紧。到了后来，人们开始穿上带有结绳的麻质鞋子，或者是绑有鞋带、加木底的皮鞋。而在当今，有钱人雇用技艺高超的鞋匠，打造轻盈而精致的皮鞋，用柔软的细绢做鞋里，鞋底装饰以彩带，鞋头、鞋跟和鞋口则用绒毛装饰。中等家庭则用邓草或苞米草编织草鞋，用蒯草做鞋底。愚笨的仆人和女仆们，穿着皮制或丝绸的鞋子。而那些跑腿的人，则穿着鞋头装饰着花纹的软底鞋。

“古圣人劳躬养神，节欲适情，尊天敬地，履德行仁。是以上天歆[①]焉，永其世而丰其年。故尧秀眉高彩，享国百载。及秦始皇览怪迂，信禨祥[②]，使卢生求羡门高，徐市等入海求不死之药。当此之时，燕、齐之士，释锄耒，争言神仙。方士于是趣咸阳者以千数，言仙人食金饮珠，然后寿与天地相保。于是数巡狩五岳、滨海之馆，以求神仙蓬莱之属。数幸之郡县，富人以资佐，贫者筑道旁。其后，小者亡逃，大者藏匿；吏捕索掣顿[③]，不以道理。名宫之旁，庐舍丘落，无生苗立树；百姓离心，怨思者十有半。《书》曰：‘享多仪，仪不及物曰不享。’故圣人非仁义不载于己，非正道不御于前。是以先帝诛文成、五利等，宣帝建学官，亲近忠良，欲以绝怪恶之端，而昭至德之涂也。

「注释」

① 歆：欣羡，悦服。

② 禨（jī）祥：谓吉凶的先兆。

③ 掣（chè）顿：硬拉，强夺。

「译文」

“古代的圣人辛勤劳作，保养精神，控制欲望，保持情感平和，敬仰天地，实践道德，行使仁爱。因此，上天为之感动，允许他长久地治理百姓，保佑他益寿延年。所以，帝尧容光焕发，国泰民安，享国一百年。而秦始皇迷信怪力乱神，信奉吉凶预兆，派遣卢生寻找传说中的高门，徐市等人出海寻找长生不老药。在那个时代，燕齐的巫师们放下农具，争相讨论神仙。于是成千上万的方士涌向咸阳，声称仙人以金丹珠液为食，从而与天地同寿。秦始皇多次巡游五岳和海边的行宫，寻找蓬莱等神仙之地。他多次到访各地，富人出资助力，穷人则修建道路。随后，小户人家逃亡，大户人家隐匿躲藏；官吏搜捕，强迫他们驯服，不讲道理。著名的行宫旁边，平民的房屋荒废，没有新树苗生长；百姓心灰意冷，怨恨满腹。《尚书·洛诰》说：'享礼有许多仪式，如果礼物丰富而礼节不周，那就是不遵守享礼。'因此，圣人不做非仁义之事，不走非正道之路。这就是为什么先前的皇帝处决了文成、五利等巫师。皇帝设立学官，亲近忠诚善良的臣子，目的是终结那些怪异邪恶的事，彰显至高无上的道德之路。

"宫室奢侈，林木之蠹[①]也。器械雕琢，财用之蠹也。衣服靡丽，布帛之蠹也。狗马食人之食，五谷之蠹也。口腹从恣，鱼肉之蠹也。用费不节，府库之蠹也。漏积不禁，田野之蠹也。丧祭无度，伤生之蠹也。堕成变故伤功，工商上通伤农。故一杯棬[②]用百人之力，一屏风就万人之功，其为害亦多矣！目修于五色，耳营于五音，体极轻薄，口极甘脆，功积于无用，财尽于不急，口腹不可为多。故国病聚不足即政怠，人病聚不足则身危。"

丞相曰："治聚不足奈何？"

「注释」

① 蠹（dù）：蛀虫。引申为侵蚀或消耗国家财富的人或事。

② 杯棬（quān）：一种未经雕饰的木质饮酒器。

「译文」

"豪华的宫殿，就像是树木中的蛀虫。精美的器具，就是财富中的蛀虫。绚丽的衣裳，就是织物中的蛀虫。狗和马享用人类的食物，就是谷物中的蛀虫。放纵口腹之欲，就是鱼肉中的蛀虫。浪费无度，就是国库中的蛀虫。水漏不修，就是田野中的蛀虫。过度的丧祭，就是伤害生者的蛀虫。废弃旧制，改变成规，损害了事业，商贾与官营盛行，就会损害农业。因此，制作一个杯盘需要百人之力，制作一扇屏风需要耗费万人之功，其所带来的危害实在太多！眼睛迷恋五彩缤纷，耳朵沉溺于交织的五音，身体穿尽轻薄衣物，口中尝遍甘甜美味，所有努力都花费在无用之事上，所有财富都耗费在不紧急之事上。口腹之欲不宜过多。所以，国家若有聚积不足之病，政事便会怠慢，人若有聚积不足之病，身体便会处于危险之中。"

丞相问道："该如何治理聚积不足之病呢？"

救匮第三十

贤良曰："盖桡[①]枉者以直，救文者以质。昔者，晏子相齐，一狐裘三十载。故民奢，示之以俭；民俭，示之以礼。方今公卿大夫子孙，诚能节车舆，适衣服，躬亲节俭，率以敦朴，罢园池，损田宅，内无事[②]乎市列，外无事乎山泽，农夫有所施其功，女工有所粥其业；如是，则气脉和平，无聚不足之病矣。"

「注释」

① 桡（náo）：弯曲。

② 无事：不要从事。

「译文」

贤良之士说："要用正直来纠正弯曲，用简朴来矫正华丽过度。从前，晏婴担任齐国的宰相，同一件狐皮大衣穿了三十年。因此，当百姓生活奢靡时，统治者应以节俭示民；当百姓生活节俭时，统治者应以礼节为准则。如果现在的公卿、大夫及其后代能够节制奢华的作风，穿着得体，厉行节俭，以朴素诚恳为民众树立典范，放弃私人园林，减少占地广阔的住宅，官府在都邑内不再开店经商，也不在郊外开发山林池苑，那么农民就能有地耕种，妇女就能有纺织品出售。这样一来，国家就像身体健康的人一样，没有气血不足或气血不畅的问题。”

大夫曰：“孤子[①]语孝，躄者语杖，贫者语仁，贱者语治。议不在己者易称，从旁议者易是，其当局则乱。故公孙弘布被，倪宽练袍，衣若仆妾，食若庸夫。淮南逆于内，蛮、夷暴于外，盗贼不为禁，奢侈不为节；若疫岁[②]之巫，徒能鼓口耳，何散不足之能治乎？”

「注释」

① 孤子：年少丧父者或父母双亡者。

② 疫岁：瘟疫之年。

「译文」

御史大夫桑弘羊说：“孤儿总是谈论孝顺，跛脚的人总是提及手杖，穷人总是讨论慈善，低贱的人总是讨论如何治理国家。因为他们讨论的事情与自己无关，所以他们说起来轻松自如，旁观者总是能轻易地评头论足，但一旦身处那个位置，就会陷入混乱。所以，公孙弘和倪宽虽然身着简朴的布衣和素袍，看起来像仆人和妾，吃的像普通工人。但淮南王在国内造反，边境的蛮族和夷族肆意侵扰，盗贼并未因他们的俭朴而止步，社会的奢华之风也未因此而减少；

他们就像瘟疫年间的巫师，只会说些空话，怎能解决财富耗散和财用不足的问题呢？”

贤良曰：“高皇帝之时，萧、曹为公，滕、灌之属为卿，济济然斯则贤矣。文、景之际，建元之始，大臣尚有争引守正之义。自此之后，多承意从欲，少敢直言面议而正刺、因公而徇私。故武安丞相讼园田，争曲直人主之前。夫九层之台一倾，公输子不能正；本朝一邪，伊、望不能复。故公孙丞相、倪大夫侧身行道，分禄以养贤，卑己以下士，功业显立，日力不足，无行人[①]子产之继。而葛绎、彭侯之等，隳坏其绪，纰乱[②]其纪，毁其客馆议堂，以为马厩妇舍，无养士之礼，而尚骄矜之色，廉耻陵迟[③]而争于利矣。故良田广宅，民无所之；不耻为利者满朝市，列田畜者弥郡国，横暴掣顿，大第巨舍之旁，道路且不通，此固难医而不可为工。”

大夫勃然作色，默而不应。

「注释」

① 行人：官名。《周礼》秋官属官，有大行人、小行人。掌迎送接待宾客之礼。春秋、战国时多置，掌朝觐聘问，常任使者。秦、西汉有行人令，后改称“大行令”，掌接待少数民族宾客。西汉诸侯国亦置。

② 纰（pī）乱：搞乱。

③ 陵迟：斜平，坡度渐缓。引申为衰颓。

「译文」

贤良之士说：“在高祖皇帝的时代，萧何、曹参担任三公，滕公、灌婴等人担任九卿，才华横溢，可谓贤才。到了文帝、景帝时期，尤其是武帝建元年间初期，朝中大臣们还保持着争辩和坚持正义的精神。但从那之后，他们大多数只是迎合皇帝的意愿，顺从天子欲望，很少有人敢于直言进谏，更多的是以公谋私。像武安侯田蚡这样的丞相，竟在皇帝面前为了园田争论是非。九层高台一旦倾斜，连公输班也无法使其复正；国政一旦走上歧途，即便是伊尹、吕望也无法挽回。所以，像公孙弘丞相、倪宽大夫这样的人，他们谨慎行事，遵循正道，将自己的俸禄分给贤士，放下身段尊重他人，功绩显著，遗憾的是，他们年老力衰，没有像春秋时期的郑国行人子羽、东里子产那样的继承者。而像葛绎侯公孙贺、彭侯刘屈氂这样的人，却破坏了公孙弘、倪宽礼贤下士的事业，扰乱了朝纲，毁掉了曾经用来礼待贤士的客馆议堂，将其变成马厩和女人的住所，抛弃养士的礼节，尊崇骄傲自大的态度，礼仪廉耻日渐衰颓，朝中大臣纷纷争夺利益。因此，到处都是权贵的良田宅院，百姓无处安身；朝廷和市场充斥着不知羞耻、贪图利益的人，各地的田地和牧场被占据，权贵们横行霸道，连豪宅旁边的道路也不允许通行，这样的局面本来就难以治理，无法做出治理功效。”

御史大夫桑弘羊听后脸色大变，沉默不语。

箴石第三十一

丞相曰："吾闻诸郑长者曰：'君子正颜色，则远暴嫚[1]；出辞气，则远鄙倍矣。'故言可述，行可则。此有司夙昔所愿睹也。若夫剑客论、博奕辩，盛色[2]而相苏，立权以不相假[3]，使有司不能取贤良之议，而贤良、文学被不逊之名，窃为诸生不取也。公孙龙有言：'论之为道辩，故不可以不属意，属意相宽，相宽其归争，争而不让，则入于鄙。'今有司以不仁，又蒙素餐，无以更责雪耻矣。县官所招举贤良、文学，而及亲民伟仕，亦未见其能用箴石而医百姓之疾也。"

「注释」

① 暴嫚：凶暴懈怠。嫚，通"慢"，懈怠，迟缓。

② 盛色：谓言辞、神色严厉。

③ 假：宽容。

「译文」

丞相田千秋说："我在《郑长者》中读到过这样的话：'一个君子如果能保持端庄的表情，就能避免遭受粗暴和怠慢；如果他讲话时能注意自己的言辞和语气，就能避免低俗和失礼。’所以，君子的言谈可以作为他人的楷模，行为可以作为他人的榜样。这正是官员们一直希望看到的。但是，那些像剑客一样激烈争论、像博弈者一样犀利辩驳的人，他们辞色俱厉，互不相让地辩论，试图确立自己的话语权，互不宽容，这使得官员们无法接受贤良之士的意见，而贤良之士和文学之士也因此被贴上了不谦虚的标签，我私下里认为这种做法是不可取的。公孙龙曾经说过：‘辩论是为了探讨真理，所以在辩论时必须专注，双方都应该互相纠正，结果归于争论，如果争论中双方都不让步，就会变得粗俗。’现在，官员们被认为是不仁的，还背上了白吃饭的恶名，我们似乎已经无法挽回这种耻辱了。朝廷征召你们这些贤良之士和文学之士，如果等到你们以民众的利益为名成为高官，也未必能有高超的手段来治愈百姓的病痛。”

贤良曰：“贾生有言：‘恳言则辞浅而不入，深言则逆耳而失指[①]。’故曰：‘谈何容易。’谈且不易，而况行之乎？此胡建所以不得其死，而吴得几不免于患也。语曰：‘五盗执一良人，枉木恶直绳。’今欲下箴石，通关鬲[②]，则恐有盛、胡之累，怀箴橐艾[③]，则被不工之名。‘狼跋其胡，载踕其尾[④]。’君子之路，行止之道固狭耳。此子石所以叹息也。”

「注释」

① 失指：由于忠言逆耳，对方不愿听，这样就达不到劝谏目的。指，

同“旨”。

② 鬲：通“膈”，胸腔与腹腔之间的膜状肌肉。

③ 怀箴橐艾：将医药收藏起来。

④ 狼跋其胡，载疐（jié）其尾：语见于《诗经·豳风·狼跋》。胡，颈下垂肉。疐，绊倒。

「译文」

贤良之士说：“贾山曾经说过：‘话说得太真诚，听众可能因为简单而不放在心上；话说得太深奥，就可能因为忠言逆耳而达不到劝谏的目的。’所以有句俗语说：‘交谈何其难。’交谈尚且都这么困难，更不用说付诸行动了。这也是胡建最终没有好下场、吴得险些遭受灾难的原因。有句话说：‘五个小偷可以轻易制服一个好人，弯曲的树木总是讨厌直的绳子。’如果现在我们想要实行良策，打通关节和横膈膜，恐怕也会遇到成颙、胡建那样的麻烦；如果把医药收藏起来，又会被认为是无能的。《诗经·豳风·狼跋》中有句话说：‘老狼前行会踩着颈下的垂肉，后退时会被尾巴绊倒。’君子的道路，无论前进还是停止，都是非常狭窄的。这正是公孙龙当年感叹的原因。”

除狭第三十二

大夫曰："贤者处大林，遭风雷而不迷。愚者虽处平敞大路，犹暗惑焉。今守、相亲剖符①赞拜，莅一郡之众，古方伯之位也。受命专制，宰割②千里，不御于内；善恶在于己，己不能故耳，道何狭之有哉？"

「注释」

① 剖符：古代帝王分封诸侯功臣、任命将帅郡守，把符节剖分为二，双方各执其一，作为信守的约证，称为"剖符"。

② 宰割：分割支配。

「译文」

御史大夫桑弘羊说："贤士居于茂密的深山密林之中，即便遇到狂风巨雷，也不会迷失方向。而那些愚笨之人，哪怕行走在宽广明亮的道路上，也仍旧会感到困惑迷茫。如今的郡守、国相，他们亲自与天子分剖信符、共担政务，接受封赏和官职，他们的地位，无异于古时候的诸侯和方伯。他们奉皇帝之命，独断专行，统治着千里之地，不受中央政府的干涉；他们的名誉好坏，全凭自己的行为，如果蒙受了坏名声，那只是因为他们自身能力不足，又怎能怪罪于道路的狭窄呢？”

贤良曰：“古之进士也，乡择而里选，论其才能，然后官之，胜职任然后爵而禄之。故士修之乡曲，升诸朝廷，行之幽隐，明足[1]显著。疏远无失士，小大无遗功。是以贤者进用，不肖者简黜。今吏道杂而不选，富者以财贾官，勇者以死射功。戏车鼎跃，咸出补吏，累功积日，或至卿相。垂青绳[2]，擐[3]银龟，擅杀生之柄，专万民之命。弱者，犹使羊将狼也，其乱必矣。强者，则是予狂夫利剑也，必妄杀生也。是以往者，郡国黎民相乘而不能理，或至锯颈杀不辜而不能正。执纲纪非其道，盖博乱愈甚。古者，封贤禄能，不过百里；百里之中而为都，疆垂不过五十，犹以为一人之身，明不能照，聪不得达，故立卿、大夫、士以佐之，而政治[4]乃备。今守、相或无古诸侯之贤，而莅千里之政，主一郡之众，施圣主之德，擅生杀之法，至重也。非仁人不能任，非其人不能行。一人之身，治乱在己，千里与之转化，不可不熟择也。故人主有私人以财，不私人以官，悬赏以待功，序爵[5]以俟贤，举善若不足，黜恶若仇雠，固为其非功而残百姓也。夫辅主德，开臣途，在于选贤而器使之，择练守、相然后任之。”

「注释」

① 明足：出仕，做官。

② 青绳：系官印的青色绶带。

③ 擐（huàn）：套，穿。

④ 政治：政事得以治理。

⑤ 序爵：排列爵位。

「译文」

贤良之士说：“古时候选拔进士是从乡村开始，逐级筛选，根据他们的才干进行评议，然后才授予官职，如果能胜任工作，再赐予爵位和俸禄。因此，贤士在乡里修身养性，通过筛选得以升入朝堂；在隐秘之地修行，一旦出仕便处于众人瞩目的显赫地位。即使与朝廷相隔遥远，录用时也不要忽视优秀的士人；不论功绩大小，都不要遗漏奖赏。这样，有才之人得以提升使用，无能之人则被淘汰。但现在，选拔官吏的方式杂乱无序，不再精挑细选，有钱人可以用财富买官，勇士则凭借战死求功。那些玩弄车鼎的杂技演员，也能跻身官场，功绩日积月累，甚至晋升为卿相。他们佩戴着青色的绶带，穿戴着银质的龟形印章，擅自掌握生杀大权，独断专行于众民之上。若是此人性格懦弱，就像羊领导狼群，必然导致混乱。若是此人性格刚强，就如同给狂人一把锋利的剑，必然滥杀无辜。因此，过去的郡国，百姓互相侵犯，无法得到妥善管理，有时甚至错杀无辜也无法得到纠正。那些掌管国家大纲的官员，如果不走正道，只会使混乱愈演愈烈。在古代，天子封赏贤能，领地不超过百里；在百里中心建立都城，从都城到边界不过五十里，即便如此，诸侯一人之力也难以兼顾，因此天子设立卿、大夫、士来辅助，这样，诸侯国的行政治理才能完善。而今天的郡守、国相，或许不及古代诸侯之贤，却要管理千里之地，主持一郡之众，施行圣君之德，擅定生杀之法，责任重大。非仁慈之人不能担此重任，非仁人之士不能进行治理。郡守、国相一个人的能力，直接决定了治理的好坏，千里之地的盛衰，都随着这一人的德行而变化，这样的职位必须慎重选择。因此，君主可以用财富私赏亲信，但不应以官职私赏；悬赏以待功绩显现，按序排列赐爵以待贤能出现，提拔善者如恐不足，罢免恶者如同仇敌，这就是因为恶者无功而祸害百姓。辅佐君主的德政，开启臣民的仕途，关键在于选拔贤能并加以重用，精心挑选郡守、国相，然后才能任命他们。”

疾贪第三十三

大夫曰："然。为医以拙矣，又多求谢。为吏既多不良矣，又侵渔[1]百姓。长吏厉诸小吏，小吏厉诸百姓。故不患择之不熟[2]，而患求之与得异也；不患其不足也，患其贪而无厌也。"

「注释」

① 侵渔：侵夺公众的财物。

② 熟：慎重。

「译文」

御史大夫桑弘羊说："确实如此。这就好比医生，本就医术不精，还贪图更多的报酬。那些官员，已经行为不端，还要进一步侵夺剥削百姓。上级官员对下级严苛，下级官员又将迫害转嫁给百姓。所以，我们不应该担心朝廷在选拔官员时不够慎重，更应该担心人们心中期待的贤才与实际上任的官员不一样；我们不应该担心朝廷缺乏人才，而应该担心官员们贪婪无度。"

贤良曰："古之制爵禄也，卿大夫足以润贤厚士，士足以优身及党，庶人为官者，足以代其耕而食其禄。今小吏禄薄，郡国繇役，远至三辅，粟米贵，不足相赡。常居则匮于衣食，有故则卖畜粥业。非徒是也，繇使相遣，官庭摄追[①]，小计[②]权吏，行施[③]乞贷，长吏侵渔，上府下求之县，县求之乡，乡安取之哉？语曰：'货赂下流，犹水之赴下，不竭不止。'今大川江河饮[④]巨海，巨海受之，而欲溪谷之让流潦；百官之廉，不可得也。夫欲影正者端其表，欲下廉者先之身[⑤]。故贪鄙在率不在下，教训在政不在民也。"

「注释」

① 摄追：追索。

② 小计：指郡国的上计吏。

③ 行施：要求民众布施。

④ 饮：喝，此处意为"流向"。

⑤ 先之身：首先以自身作表率。

「译文」

贤良之士说："在古时候，官爵和俸禄的制度是这样的：卿和大夫的俸禄足够丰厚，可以使贤士得到适当的资助，士的俸禄也足以让他们自己和他们的家族过上好日子，普通百姓如果成为官员，他们的俸禄就足以代替耕作，而依靠俸禄生活。但现在，小官的俸禄少得可怜，郡国的徭役频繁，有时还要远赴三辅地区，那里的粟米昂贵，他们的俸禄根本不够维持生计。日常家居用度都感到匮乏，一旦家事有变，就不得不卖掉家畜和产业。不仅如此，他们还要应付各种徭役和差事，经常被官府追讨财物，那些负责统计的小官和有权势的大官，或是要求百姓布施，或是强行借贷，高级官员贪婪无度，从上到下，郡国的官府向县级官府索取，县级官府又向乡镇索取，乡镇又能向谁索取呢？有句话说得好：'贿赂像水流一样向下流动，如果不流尽，就永远不会停止。'就像大河大川流向大海，大海接纳了，却期望小溪和山谷拒绝接受路边的雨水；在朝政腐败之下，想要官员廉洁是不可能的。如果想要影子笔直，就必须先把标杆竖直，如果想要下属廉洁，领导就必须首先以自身作表率。因此，贪污和不廉洁的根源在于领导层而不是普通官员，教育和训诫的关键在于政府而不是普通百姓。"

大夫曰："贤不肖有质，而贪鄙有性，君子内洁己而不能纯教[①]于彼。故周公非不正管、蔡之邪，子产非不正邓皙之伪也。夫内不从父兄之教，外不畏刑法之罪，周公、子产不能化，必也。今一一则责之有司，有司岂能缚其手足而使之无为非[②]哉？"

「注释」

① 纯教：纯洁教育。

② 无为非：不要为非作歹。

「译文」

御史大夫桑弘羊说："有德与无德的人各有其品质，而贪婪与卑鄙也是一种天性，君子能够保持自身的清廉，却无法教育那些贪婪之人变得纯洁。因此，周公并非没有试图纠正管叔和蔡叔的邪恶，子产也并非没有尝试改正邓皙的错误主张。像管、蔡那样不听从家教，像邓皙那样不畏惧法律制裁的人，即使是周公和子产也无法教化他们。现在，将官员的贪腐行为归咎于朝廷官员，朝廷官员难道能够束缚他们的手脚，不让他们为非作歹吗？"

贤良曰："驷马不驯，御者之过也。百姓不治，有司之罪也。《春秋》刺讥不及庶人，责其率也。故古者大夫将临刑①，声色不御，刑以当矣，犹三巡而嗟叹之。其耻不能以化而伤其不全也。政教暗而不著，百姓颠蹶②而不扶，犹赤子③临井焉，听其入也。若此，则何以为民父母？故君子急于教，缓于刑。刑一而正百，杀一而慎万。是以周公诛管、蔡，而子产诛邓皙也。刑诛一施，民遵礼义矣。夫上之化下，若风之靡草，无不从教。何一一而缚之也？"

「注释」

① 临刑：监督执行死刑。

② 颠蹶：跌倒，倾覆。

③ 赤子：初生的婴儿。

「译文」

贤良之士说："如果驷马难以控制，那是驭者的失误。如果百姓无法得到良好的治理，那是主管官员的过错。《春秋》批评的是领导者，而不是普通百姓。因此，在古代，当大夫监督执行死刑时，他们会停止娱乐活动，即使刑罚已经执行完毕，他们仍会反复感叹。这是因为他们羞于未能以德化人，而且对于罪犯身体的不完整感到悲哀。当政治教化不明确，百姓跌倒了却没有人去扶，这就像让婴儿在井边，任其跌落。如果是这样，怎么能做民众的父母官呢？因此，君子更注重教化而不是急于惩罚。通过惩罚一个人，可以纠正一百人；杀死一个人，可以警醒一万人。这就是为什么周公会诛杀管叔和蔡叔，子产会处决邓皙。一旦执行了刑罚，百姓就会遵守礼仪和正义。上级对下级的影响就像风吹草伏，没有人不受教化。为何还需要逐一捆绑他们的手足呢？"

后刑第三十四

大夫曰："古之君子，善善[①]而恶恶[②]。人君不畜恶民，农夫不畜无用之苗。无用之苗，苗之害也；无用之民，民之贼也。锄一害而众苗成，刑一恶而万民悦。虽周公、孔子不能释刑而用恶。家之有姐子[③]，器皿不居，况姐民[④]乎！民者敖于爱而听刑。故刑所以正民，锄所以别苗也。"

「注释」

① 善善：赞扬好人好事。

② 恶恶：厌恶恶人。

③ 姐子：娇子。

④ 姐民：娇民。

「译文」

御史大夫桑弘羊说："古代的君子，赞扬肯定好人，同时也厌恶恶人。君主不会畜养坏人，就像农民不会留下无益的杂草一样。那些无益的杂草会伤害庄稼；同样，无益的坏人会成为人民的祸害。只要除去一棵有害的杂草，众多的庄稼就能茁壮成长；惩处一个坏人，众人会感到高兴。即便像周公和孔子这样的圣人当政，也不可能废除刑罚来任用坏人。如果家里有娇子任性胡闹，家中的器物就保不住，更何况是国家中的任性的娇民呢！百姓如果只被宠爱而不受约束，就会变得傲慢无礼，但如果面临刑罚，他们就会变得顺从。所以，刑罚的目的是纠正百姓的不当行为，就像锄头用来区分好苗和杂草一样。”

贤良曰：“古者，笃教以导民，明辟[①]以正刑。刑之于治，犹策之于御也。良工不能无策而御，有策而勿用。圣人假法以成教，教成而刑不施。故威厉而不杀，刑设而不犯。今废其纪纲而不能张，坏其礼义而不能防。民陷于罔，从而猎之以刑，是犹开其阑牢[②]，发以毒矢也，不尽不止。曾子曰：‘上失其道，民散久矣。如得其情，即哀矜而勿喜。’夫不伤民之不治，而伐己之能得奸，犹弋者睹鸟兽挂罻罗[③]而喜也。今天下之被诛者，不必有管、蔡之邪，邓晳之伪，恐苗尽而不别，民欺而不治也。孔子曰：‘人而不仁，疾之已甚，乱也。’故民乱反之政，政乱反之身，身正而天下定。是以君子嘉善而矜不能，恩及刑人，德润穷夫，施惠悦尔，行刑不乐也。”

「注释」

① 明辟：明法。辟，法。

② 阑牢：养牲畜的栏圈。

③ 罻（wèi）罗：捕鸟的网。

「译文」

贤良之士说："古时候，通过深入的教育来引导民众，通过明确的法令来端正规范刑罚。刑罚在治理国家中的作用，就像驾车时手中的马鞭。一个好的驾车者，不可能没有马鞭就去驾车，也不会有了马鞭却不使用它。圣人借助法律来完成教化的目标，一旦教化达成，刑罚就无须施行。因此，法律虽然严厉但并不是真的要处死人，刑罚设立了人们就不会去触犯。现在，规章已经废弃不能再实行，礼仪已经破坏不能再防御。民众陷入法网，随后就用刑罚来捕猎他们，这就像打开猎物栏圈的大门，放出毒箭，不将它们全部杀死就不会停止。曾子说：'统治者失去了正确的治理之道，民众的心已经离散很久了。如果你发现他们的真实情况，就应该感到悲哀和同情，而不是感到高兴。'不因为民众无法得到良好治理感到悲伤，反而为自己能够揭露真实情况而骄傲，这就像猎人看到鸟兽闯入网中而感到高兴。现在世上被处死的人，并不一定都像管叔、蔡叔那样恶劣，或者像邓皙那样虚伪，我担心的是好的和坏的都被一起铲除了，民众变得狡猾而无法得到治理。孔子说：'一个人如果不仁，对他的憎恨过于强烈，这是导致混乱的根源。'因此，当民众出现混乱时，应该反思政治；当政治出现混乱时，应该反思个人修养。个人修养得当，天下就会安定。所以，君子赞扬善良之人，同情那些无能的人，将恩惠延伸到受刑的人，将德行滋润到贫穷的人，施恩会令人愉悦，而执行刑罚却不会。"

授时第三十五

大夫曰："共其地，居是世也，非有灾害疾疫，独以贫穷，非惰则奢也；无奇业[1]旁入，而犹以富给，非俭则力也。今曰施惠悦尔，行刑不乐；则是闵无行之人，而养惰奢之民也。故妄予不为惠，惠恶者不为仁。"

「注释」

① 奇业：指农工商以外的其他产业。

「译文」

御史大夫桑弘羊说："我们共同生活在这个时代，共享这片土地。如果没有遭遇天灾、疾病或瘟疫，只有少数人贫穷，要么是因为他们懒惰，要么是因为他们奢侈；而那些虽然没有特殊产业或其他额外收入，却依然过得富足的人，要么是因为勤俭，要么是因为努力耕作。现在你说'施予恩惠是令人高兴的事，执行刑罚并不让人快乐'；这是同情那些品行恶劣之人，养活懒惰奢侈之民。因此，随意赐予并不能称为真正的恩惠，施恩给恶人也不能称之为仁爱。"

贤良曰："三代之盛无乱萌，教也；夏、商之季世[1]无顺民，俗也。是以王者设庠序，明教化，以防道其民，及政教之洽，性仁而喻善。故礼义立，则耕者让于野；礼义坏，则君子争于朝。人争则乱，乱则天下不均，故或贫或富。富则仁生，赡则争止。昏暮叩人门户，求水火，贪夫不悋[2]，何则？所饶也。夫为政而使菽粟如水火，民安有不仁者乎！"

「注释」

① 季世：末世。

② 悋（lìn）：同"吝"，贪鄙，吝啬。

「译文」

贤良之士说："在夏、商、周三代的鼎盛时期，民不生乱，这得益于良好的教化；而到了夏、商末世，朝廷没有顺从百姓，这是因为那时的风俗已经堕落。因此，古代的君王创立学校，推广教育，以此来疏导人民，当政治和教育达到和谐统一时，人们的本性会变得仁慈，会明白什么是善行。所以，当礼仪和正义得以确立，农人会在田间相互礼让；但如果礼仪和正义被破坏，那么即使是君子也会在朝堂上争斗。人与人之间相互争斗，社会就会陷入混乱，混乱会导致财富分配不均，从而产生贫富差距。富裕能够培养出仁慈之心，而物质的充足也能平息争端。在黄昏时分敲响别人的门，请求借用水火，即使是最贪婪的人也不会吝啬，这是为什么呢？是因为物资充足富饶啊。如果统治者能让粮食像水和火一样充足，那么民众又怎会有不仁之人呢！”

大夫曰：“博戏[①]驰逐之徒，皆富人子弟，非不足者也。故民饶则僭侈，富则骄奢，坐而委蛇[②]，起而为非，未见其仁也。夫居事不力，用财不节，虽有财如水火，穷乏可立而待也。有民不畜，有司虽助之耕织，其能足之乎？”

「注释」

① 博戏：古代的一种棋戏。

② 委蛇（yí）：庄重而又从容自得貌。

「译文」

御史大夫桑弘羊说：“那些沉迷于下棋赌博和骑马驰逐的人，都是富人子弟，并不是衣物不足的穷人。因此，当民众富足时，就容易僭越礼制，变得奢侈傲慢；他们坐下时怡然自得，站起来后无恶不作，没有见过他们有什么仁义之举。这些人办事不尽心尽力，花钱毫不节制，即使家财如同水火一般丰富，贫困也是指日可待的。有些人不愿意储蓄，即使有官员帮助他们耕田织布，他们能够富足吗？”

贤良曰：“周公之相成王也，百姓饶乐，国无穷人，非代之耕织也。易[1]其田畴，薄其税敛，则民富矣。上以奉君亲，下无饥寒之忧，则教可成也。《语》曰：‘既富矣，又何加焉？曰，教之。’教之以德，齐之以礼，则民徙义[2]而从善，莫不入孝出悌，夫何奢侈暴慢之有？管子曰：‘仓廪实而知礼节，百姓足而知荣辱。’故富民易与适礼。”

「注释」

① 易：修治。

② 徙义：向正义迁移。

「译文」

贤良之士说：“周公辅佐成王时，百姓生活富足而快乐，国内没有贫困之人，这并非因为周公替百姓耕种和织布。他让百姓修治了农田，减少了税收的负担，从而使百姓变得富有。百姓因此能够上供国君和尊亲，下无饥饿和寒冷之忧，教化便能够顺利实施。《论语》中说：‘百姓已经富裕，还能做什么呢？’孔子回答：‘教化他们。’通过德行来教化他们，用礼仪来规范他们，百姓便会向往正义之道，追随善行，无不在家孝顺父母，在外敬重兄长，哪里还会有奢侈和傲慢的行为呢？管仲说：‘粮仓满了，人们就会懂得礼节；衣食无忧，人们就会明白荣辱。’因此，富裕的百姓更容易向往礼义。”

大夫曰:“县官之于百姓,若慈父之于子也:忠焉能勿诲乎?爱之而[1]勿劳乎?故春亲耕[2]以劝农,赈贷以赡不足,通滀水[3],出轻系,使民务时也。蒙恩被泽,而至今犹以贫困,其难与适道若是夫!”

「注释」

① 而:通“能”,能够。

② 亲耕:古代天子于每年正月举行一次亲自扶犁耕田的仪式,以示劝农。

③ 滀(chù)水:积水。

「译文」

御史大夫桑弘羊说:“朝廷对待百姓,就像慈父对待子女一样:对他忠诚,难道不应该教诲他吗?对他充满爱意,能不让他勤劳吗?因此,在立春之日,国君亲自耕田,以劝勉农民勤劳耕作,还会赈济那些因为生活所迫而借贷的人,帮助那些衣食不足的人,会疏通积水,释放轻罪的囚犯,让人民都能够充分利用时间。尽管百姓蒙受国君的恩泽,但至今仍然有很多人生活在贫困之中,要让他们走上正道,确实是一件艰难的事情!”

贤良曰："古者，春省耕以补不足，秋省敛以助不给。民勤于财则贡赋省，民勤于力则功筑[1]罕。为民爱力，不夺须臾。故召伯听断于甘棠之下，为妨农业之务也。今时雨澍泽[2]，种悬而不得播，秋稼零落乎野而不得收。田畴赤地，而停落[3]成市，发春而后，悬青幡而策土牛[4]，殆非明主劝耕稼之意，而春令之所谓也。"

「注释」

① 功筑：指土木工程。

② 澍（shù）泽：雨水滋润万物。澍，时雨。

③ 停落：亭落，驿亭村落。停，通"亭"。

④ 策土牛：鞭打泥土雕塑的牛。

「译文」

贤良之士说："古时候，春季时官员会检查农耕，帮助那些缺少工具和种子的农民；到了秋季，官员会检查收成，给那些收成不佳的农户补助粮食。如果民众财源枯竭，就会减轻他们的税赋；如果民众劳动力匮乏，就会减少土木徭役。政府要珍惜民众的劳动力，不会无谓地占用农民的片刻时光。因此，西周召伯在甘棠树下审理案件，是为了避免妨碍农业工作。现在，时雨滋润了大地，但农民的种子却挂在墙上无法播种；到了秋天，庄稼散落在田野上却无法收获。在荒年，田地寸草不生，而村庄却变成集市了。开春一到，官府挂起青旗，鞭打驱使泥土雕塑的牛，这应该不是明君劝勉农耕的初衷，也不符合朝廷颁发春耕令的精神。”

水旱第三十六

大夫曰："禹、汤圣主，后稷、伊尹贤相也，而有水旱之灾。水旱，天之所为，饥穰①，阴阳之运也，非人力。故太岁之数②，在阳为旱，在阴为水。六岁一饥，十二岁一荒。天道然，殆非独有司之罪也。"

「注释」

① 穰：丰收。

② 太岁之数：太岁当年运行所至的区域。太岁，是古人虚构的一颗星，将它运行一周的轨道分为十二个区域（星纪、玄枵、诹訾、降娄、大梁、实沈、鹑首、鹑火、鹑尾、寿星、大火、析木），与十二地支（子、丑、寅、卯、辰、巳、午、未、申、酉、戌、亥）相配，以此纪年。

「译文」

御史大夫桑弘羊说："禹和汤是圣明的君主，后稷和伊尹是贤明的辅佐之臣，在他们的治理下，天下仍然遭受了水旱之灾。这些水旱灾害是由天象造成的，饥荒与丰年则是阴阳变化的自然规律，这并不是人力所能控制的。所以，根据太岁星运行所至的区域，位置在阳就会出现旱情，位置在阴就会有洪灾。每六年就会有一次歉收，每十二年就会有一次灾荒。这是自然的法则，恐怕并不能完全归咎于主管官员。”

贤良曰：“古者，政有德，则阴阳调，星辰理①，风雨时。故行修于内，声闻于外，为善于下，福应于天。周公载纪②而天下太平，国无夭伤，岁无荒年。当此之时，雨不破块，风不鸣条，旬而一雨，雨必以夜。无丘陵高下皆熟。《诗》曰：‘有渰③萋萋④，兴雨祁祁⑤。’今不省其所以然，而曰‘阴阳之运也’，非所闻也。《孟子》曰：‘野有饿殍，不知收也；狗豕食人食，不知检也；为民父母，民饥而死，则曰，非我也，岁也，何异乎以刃杀之，则曰，非我也，兵也？’方今之务，在除饥寒之患，罢盐铁，退权利，分土地，趣⑥本业，养桑麻，尽地力也。寡功节用，则民自富。如是，则水旱不能忧，凶年不能累也。”

「注释」

① 星辰理：星辰按照既定轨道运行。

② 载纪：行己，从自身做起，率先垂范。纪，通“己”。一说，载纪，开始治理。

③ 渰（yǎn）：云兴起貌。

④ 萋萋：云起貌。

⑤ 祁祁：舒迟貌。

⑥ 趣：通“促”，促进。

「译文」

贤良之士说：“古时候，如果政府统治有美德，那么自然界的阴阳就会和谐，星辰就会按照既定轨道有序运行，风和雨也会适时而来。因此，君主的德行修养体现在内心，他的名声也会传遍四方；对百姓行善，也会得到天道的回应。周公率先垂范，而天下大治，没有人非命早逝，也没有饥荒之年。在那个时代，即使下雨也不会冲走土块，风吹也不会让树枝发出声响，每十天才下一次雨，而且雨总是在夜晚降落。不管是山丘还是平原，所有的庄稼都能成熟。《诗经·小雅·大田》中说：‘天空布满了浓厚的云层，细雨缓缓地降落下来。’现在的官员们不理解造成自然灾害的真正原因，反而归咎于‘阴阳的运作’，这是我从未听说过的。《孟子·梁惠王上》中说：‘野外有人饿死，却不知道去收养救济；狗和猪吃的是人的食物，却不知道去管制约束；作为民众的父母官，民众饿死了，却说，这不是我的错，是因为年景不好，这和用刀杀人然后说不是我杀的，是刀杀的，有什么区别呢？’现在政务的重点应该是消除民众的饥饿和寒冷，废除盐铁官营，将经营的权利还给民众，分配土地给农民，促进农业的发展，种植桑树和麻，充分发挥土地的潜力。减少国家的事务，节约国家的开支，这样民众自然会变得富裕。如果能做到这一点，那么无论是洪水还是干旱都不会让民众感到忧虑，即使是不好的年份也不会影响民众的生活。”

大夫曰：“议者贵其辞约而指明[1]，可于众人之听，不至繁文稠辞，多言害有司化俗之计，而家人语[2]。陶朱为生，本末异径，一家数事，而治生之道乃备。今县官铸农器，使民务本，不营于末，则无饥寒之累。盐铁何害而罢？”

「注释」

① 指明：宗旨明确。指，同“旨”。

② 家人语：家常话。

「译文」

御史大夫桑弘羊说：“讨论问题时，应该言辞简洁明了，语意明确清晰，适合大众听取，不要用烦琐的辞藻，也不要说得太多，以免妨碍官吏教化民众的计划，不要像日话家常那样啰唆。陶朱公范蠡曾经经营产业，深知农业和商业是不同的途径，一个家庭中有人务农，有人从事商业，这样才能全面掌握谋生之道。现在，朝廷铸造农具，鼓励农民务农，不再从事商业，这样民众就能避免饥寒之苦。至于盐铁官营，我认为并没有什么害处，为什么要废除呢？”

贤良曰：“农，天下之大业也，铁器，民之大用也。器用便利，则用力少而得作多，农夫乐事劝功。用不具，则田畴荒，谷不殖，用力鲜，功自半。器便与不便，其功相什而倍[①]也。县官鼓铸铁器，大抵多为大器，务应员程[②]，不给民用。民用钝弊，割草不痛，是以农夫作剧，得获者少，百姓苦之矣。”

「注释」

① 相什而倍：相差十倍。

② 员程：规定的数量、期限。

「译文」

贤良之士说：“农业乃是国家的根本大事，而铁制工具则是百姓生活中不可或缺的。如果农具使用起来方便，那么农民耗费的力气就会减少，而能完成的工作就会增多，这样农民就会更加乐意从事农活，也会更加勤奋。如果农具不齐全，那么田地就会变得荒芜，稻谷无法生长，力气用得少，农作物收获也会减半。农具的便利与否，其效果可以相差十倍。朝廷热衷于铸造铁器，但大多数都是些大型的器具，他们只关心是否符合规定的配料的数量和铸造的工艺流程，但所铸造的铁器却并不适合百姓使用。百姓手中的铁器不够锋利，使用起来也容易损坏，割草也不顺手，这就导致农夫的劳作变得异常繁重，收成也少之又少，百姓因此遭受了很多苦楚。”

大夫曰：“卒徒工匠，以县官日作公事，财用饶，器用备。

家人合会[1]，褊[2]于日而勤于用，铁力不销炼，坚柔不和。故有司请总盐铁，一其用，平其贾，以便百姓公私。虽虞、夏之为治，不易于此。吏明其教，工致其事，则刚柔和，器用便。此则百姓何苦？而农夫何疾？”

「注释」

① 合会：合作铸铁。

② 褊（biǎn）：衣服狭小，此处引申为短促。

「译文」

御史大夫桑弘羊说：“那些从事冶炼工作的卒隶、刑徒和工匠，按照官府的规定，每天都要上班工作，而官府的财政充裕，器具也齐备。过去老百姓们几家合作铸造铁器，时间短促紧迫、资金不足，铁矿石无法充分熔炼，所得的铁锭质地不均匀。因此，主管官员提出请求，希望朝廷能够统一管理盐铁生产，统一规格标准，降低价格，以方便老百姓和国家。即使是虞舜、夏禹这样的人来处理盐铁事务，也不会变更现在的做法。只要官吏明确阐述操作方法，工匠们按照规程完成了冶铸任务，铁器的质地就会更加软硬适度，使用起来也更加方便。这样，老百姓还有什么苦恼呢？农夫又有什么可痛恨的呢？”

贤良曰：“卒徒工匠！故民得占租[1]鼓铸、煮盐之时，盐与五谷同贾，器和利而中用。今县官作铁器，多苦恶，用费不省，卒徒烦而力作不尽。家人相一，父子戮力，各务为善器，器不善者不集。农事急，挽运衍之阡陌之间。民相与市买，得以财货五谷新币[②]易货；或时贳[③]民，不弃作业。置田器，各得所欲。更繇省约，县官以徒复作[④]，缮治道桥，诸发民便之。今总其原，一其贾，器多坚硜，善恶无所择。吏数不在，器难得。家人不能多储，多储则镇[⑤]生。弃膏腴之日，远市田器，则后良时。盐铁贾贵，百姓不便。贫民或木耕手耨，土櫌[⑥]淡食。铁官卖器不售或颇赋与民。卒徒作不中呈[⑦]，时命助之。发征无限，更繇以均剧，故百姓疾苦之。古者，千室之邑，百乘之家，陶冶工商，四民[⑧]之求，足以相更。故农民不离畦亩，而足乎田器，工人不斩伐而足乎材木，陶冶不耕田而足乎粟米，百姓各得其便，而上无事焉。是以王者务本不作末，去炫耀，除雕琢，湛民以礼，示民以朴，是以百姓务本而不营于末。”

「注释」

① 占租：自报应纳的租税。

② 财货五谷新币：财货是总言，货指五谷，财指新币。

③ 贳（shì）：赊欠。

④ 复作：汉刑律名。犯者不服刑具，刑期一年。亦指按其刑服劳役的妇女。

⑤ 镇：疑为“鉎”，铁锈。

⑥ 櫌（yōu）：同“耰”，平土的农具。

⑦ 呈：通“程”，程序。

⑧ 四民：士、农、工、商。

「译文」

贤良之士说：“说什么卒隶、刑徒、工匠啊！过去，当百姓能够交租铸铁和煮盐的时候，盐的价格与五谷一样，铁器既实用又方便。现在由朝廷制作铁器，结果造出许多质量劣质的产品，而且成本高昂，卒隶和工匠们工作态度差，不愿意全力以赴。以前，几个家庭合作经营，相互一致，父子齐心，都致力于制造优质的铁器，不合格的产品绝不会拿到集市上出售。农忙时节，商人会用车将铁器直接运送到田间地头。百姓之间互相购买，可以用钱财或五谷交换铁器；有时还能赊账给民众，这样就不会耽误农业生产。农民可以根据需要购买耕作工具。这样就减少了从事徭役的人，官府利用男女刑徒修建道路和桥梁，各种被征发的民众都能享受到便利。但现在，朝廷统一控制了盐铁的生产和销售，统一了价格，大量生产坚硬但易碎的铁器，百姓无法选择质量好坏。主管盐铁的官员往往不在办公岗位上，使得铁器难以购得。农户也不能储存太多铁器，否则铁器会生锈。在农忙时节，百姓不得不长途跋涉去购买耕作工具，这样就错过了最佳的耕作时机。盐和铁器的价格高昂，给百姓带来不便。一些贫穷的百姓只能用木质农具耕作，用手除草，用土块打碎土块，连盐都吃不起，只能吃清淡的食物。铁官的器具卖不出去时，就强行摊派给百姓。卒隶和刑徒制作的铁器没有完成铸造程序，有时官员就命令百姓来帮忙。由于朝廷征发无度，就让百姓轮流服役，以平衡繁重的劳动，这让百姓感到极大的痛苦。在古时候，一个有千户人家的采邑，一个有百辆战车的大夫之家，士、农、工、商四种职业的人，他们的需求可以通过互相交换来满足。因此，农民不必离开自己的田地，就能有足够的耕作农具；工匠不必砍伐树木，就能有足够的木料；制陶和铸铁的人不必亲自耕种，就能有足够的粮食。每个人都能得到自己所需，而统治者无须操心。因此，君主应专注于农业的根本，不应求末经商。官员们应该摒弃虚荣的习气，去除浮夸的做法，用礼义浸润教化民众，把简朴的生活示范给他们看。这样，百姓就会专注于农业生产，而不是去经商。”

卷七

崇礼第三十七

大夫曰："饰几杖①，修樽俎，为宾，非为主也。炫耀奇怪，所以陈四夷，非为民也。夫家人有客，尚有倡优②奇变之乐，而况县官乎？故列羽旄③，陈戎马，所以示威武；奇虫珍怪，所以示怀广远、明盛德，远国莫不至也。"

「注释」

① 几杖：几，几案，摆在座前的小桌，用于凭靠。杖，拐杖，手杖。为老人预备几杖，是中国古代优待老人的重要礼仪。《礼记·曲礼上》："大夫七十而致事，若不得谢，则必赐之几杖。"

② 倡优：古代以乐舞、戏谑为业的艺人。

③ 羽旄：古时军旗的一种。以雉羽、旄牛尾装饰旗杆，故名。

「译文」

御史大夫桑弘羊说："装饰桌案和手杖，摆放酒器和盛放牲畜的器具，这些都是为了迎接客人，而并非为了自家人。炫耀地展示那些稀奇古怪的珍品，目的是让四方蛮夷开开眼界，而不是给本国百姓看的。就像普通人家有贵宾来访，还会有各种歌舞和杂技表演来取悦娱乐客人，何况是朝廷呢？所以才会陈列那些装饰着鸟羽、牛尾的旗帜，摆出战车和战马，这是为了展现国家的强势武力；而那些奇特的昆虫和珍奇的异宝，则是用来怀柔远方的异族、表达圣主盛名远德，吸引远方的国家纷纷前来归附。”

贤良曰：“王者崇礼施德，上仁义而贱怪力，故圣人绝而不言。孔子说：‘言忠信，行笃敬，虽蛮、貊之邦，不可弃也。’今万方绝国[①]之君奉贽[②]献者，怀天子之盛德，而欲观中国之礼仪，故设明堂[③]、辟雍[④]以示之，扬干戚[⑤]、昭《雅》《颂》以风之。今乃以玩好不用之器，奇虫不畜之兽，角抵诸戏，炫耀之物陈夸之，殆与周公之待远方殊。昔周公处谦以卑士，执礼以治天下，辞越裳之贽，见恭让之礼也；既，与入文王之庙，是见大孝之礼也。目睹威仪干戚之容，耳听清歌《雅》《颂》之声，心充至德，欣然以归，此四夷所以慕义内附，非重译狄鞮[⑥]来观猛兽熊罴也。夫犀象兕[⑦]虎，南夷之所多也；骡驴馲驼，北狄之常畜也。中国所鲜，外国贱之，南越以孔雀珥门户，昆山之旁，以玉璞抵乌鹊。今贵人之所贱，珍人之所饶，非所以厚中国，明盛德也。隋、和，世之名宝也，而不能安危存亡。故喻德示威，惟贤臣良相，不在犬马珍怪。是以圣王以贤为宝，不以珠玉为宝。昔晏子修之樽俎之间，而折冲乎千里；不能者，虽隋、和满箧，无益于存亡。”

「注释」

① 绝国：极其辽远之邦国。

② 贽：初次见人时所送的礼物，以表敬意。

③ 明堂：古代天子宣明政教的地方。凡朝会及祭祀、庆赏、选士、养老、教学等大典，均于其中举行。

④ 辟雍：古代天子所设大学。

⑤ 干戚：盾和斧，扬干戚为武舞。

⑥ 狄鞮：西方少数民族对翻译官的称呼。

⑦ 兕（sì）：犀牛。

「译文」

贤良之士说："君主崇尚礼仪，广施圣德，推行仁义道德，轻视怪异暴力，所以圣贤从不谈怪异、叛乱、暴力、神灵。孔子说：'言谈讲究忠信，做事忠厚恭敬，即便身处偏远落后的地方，这些美德也不应被抛弃。'现在，来自四面八方的极其辽远的邦国，携带见面礼前来拜见，是因为他们敬仰天子的伟大德行，希望亲眼见识中华的礼仪。因此，朝廷设立用来朝觐的明堂、用来推行教化的辟雍，让邦国君主观看，宫廷艺人手执盾牌大斧跳起武舞，演唱《雅》《颂》的歌诗来教化他们。但现在，朝廷却展示那些好玩无用的玩意儿、家里不饲养的奇异动物，以及角抵等游戏，将这些炫耀性的事物展示于人，这恐怕与周公接待远方宾客的方式大相径庭。周公以谦逊的态度对待贤良之人，以礼治理天下，他拒绝了越裳国觐见的白雉贡品，以此向越裳国展示什么是恭让之礼；随后周公带领越裳国君参拜文王庙，以此向越裳国展示什么是孝敬之礼。越裳国王亲眼看到了威仪的、手执盾斧的武舞，亲耳听到了《雅》《颂》的歌声，内心充满至高无上的德行，喜悦地回国，这才是四夷之人羡慕中华仁义、愿意归附的真正原因，而不是他们通过重重翻译来观赏中国的猛兽熊罴。犀牛、象、虎是南方蛮夷常见的野兽；骡、驴、骆驼是北方夷狄常见的牲畜。这些在中国稀有的野兽牲畜，在外国却不值钱，南越人甚至用孔雀羽毛装饰门户，在产玉的昆山旁边，人们用珍贵的玉石投掷乌鹊。现在，朝廷却将这些四方蛮夷轻视的物品看得很重，把他们产的多余的东西视为珍宝，这并不是提升国家地位、彰显君主德行的正确做法。隋侯之珠、和氏之璧虽然是世界闻名的宝物，但它们无法使国家化险为夷，更不能让身处水深火热之中的百姓安康。因此，要想宣扬德行、展示威武，关键在于贤臣良将，而不是珍奇宝物。所以，圣王视贤人为国之宝，而不是金玉。从前齐国丞相晏子曾在宴会上以礼仪感动敌人，使千里之外的敌军战车折回。如果做不到这一点，即使拥有再多的隋侯之珠、和氏之璧，也无益于国家的存亡兴衰。”

大夫曰：“晏子相齐三君[①]，崔、庆无道，劫其君，乱其国，灵公国围；庄公弑死；景公之时，晋人来攻，取垂都，举临菑[②]，边邑削，城郭焚，宫室隳，宝器尽，何冲之所能折乎？由此观之：贤良所言，贤人为宝，则损益无轻重也。”

「注释」

① 晏子相齐三君：晏婴先后辅佐齐国灵公、庄公、景公三位君主。

② 临菑：亦作“临甾”“临淄”，齐国国都。

「译文」

御史大夫桑弘羊说："晏子曾先后辅佐齐国三位君主：齐灵公、齐庄公和齐景公，崔杼和庆封背离了君臣的道义，挟持了君主，使国家陷入混乱。齐灵公时期，齐国被围；齐庄公被暗杀；到了齐景公的时代，晋国发动进攻，攻占了垂都和齐国首都临淄，齐国边境的城邑被削弱，城墙被烧毁，宫殿被摧毁，珍贵器物被洗劫一空。哪里有什么晏子让战车折回的事呢？从这个角度来看，贤良所说的'以贤人为国宝'，对国家的益损并没有实质性的影响。"

贤良曰："管仲去鲁入齐，齐霸鲁削，非持其众而归齐也。伍子胥挟弓干阖闾，破楚入郢[①]，非负其兵而适吴也。故贤者所在国重，所去国轻。楚有子玉得臣，文公侧席；虞有宫之奇，晋献不寐。夫贤臣所在，辟除开塞者亦远矣。故《春秋》曰'山有虎豹，葵藿[②]为之不采；国有贤士，边境为之不害'也。"

「注释」

① 郢（yǐng）：古代楚国的都城。

② 葵藿：指两种野菜。

「译文」

贤良之士说："管仲离鲁投奔齐国，使得齐国称霸、压制鲁国，这不是因为管仲劫持了鲁国的人民。伍子胥携带弓箭求助吴王阖闾，随后帮助吴国征服了楚国，进占了郢都，这也不是因为他背着武器逃往吴国。所以，贤人所在之处，国家就显得尊贵；贤人离开之地，国家就显得微弱。楚国因子玉这样的贤臣，使得晋文公都要侧席而坐；虞国有宫之奇这样的贤才，让晋献公夜不能寐。国家有了贤臣，野心家想要扫除障碍，扩张疆土，这样的目标就会变得遥不可及。因此，《春秋》上说：‘山中若有虎豹，人们就不敢去采摘葵藿野菜；国家若有贤士，边疆就不会受到侵害。’”

备胡第三十八

大夫曰：“鄙语①曰：‘贤者容不辱。’以世俗言之，乡曲有桀，人尚辟②之。今明天子在上，匈奴公为寇，侵扰边境，是仁义犯而藜藿采。昔狄人侵太王③，匡人畏孔子，故不仁者，仁之贼也。是以县官厉武以讨不义，设机械以备不仁。”

「注释」

① 鄙语：俗语。

② 辟：通“避”，让开，躲开。

③ 太王：古公亶父，古代周族领袖。传为后稷第十二代孙。周文王祖父。为戎、狄族所逼，由豳（今陕西旬邑西南）迁至岐山下的周原（今陕西岐山北），建筑城邑房屋，设立官吏，改革戎狄风俗，开垦荒地，发展农业。

「译文」

御史大夫桑弘羊说：“俗语有云：‘有智慧的人总能保持尊严不受侮辱。’按照常人的看法，如果乡里有个恶棍，大家尚且会避开他。现在，我们伟大的皇帝统治着天下，而匈奴不顾一切地公然侵略我们的国土，扰乱了边疆的安宁，这是对我们国家仁慈和正义的挑战，甚至连藜藿野菜也被他们采摘了。就像以前的狄人侵犯了太王、匡地的人恐吓了孔子一样，那些缺乏仁心的人，实际上是对仁人的一种伤害。因此，朝廷必须强化武力，整饬军队去讨伐那些不义之徒，同时建立防御机制，以防备那些没有仁心的人。”

贤良曰：“匈奴处沙漠之中，生不食之地，天所贱而弃之，无坛宇之居，男女之别，以广野为闾里，以穹庐①为家室，衣皮蒙毛②，食肉饮血，会市行，牧竖居，如中国之麋鹿耳。好事之臣，求其义，责之礼，使中国干戈至今未息，万里设备，此《兔罝》③之所刺，故小人非公侯腹心干城也。”

「注释」

① 穹庐：游牧民族居住的毡帐。

② 蒙毛：指身穿兽毛向外的衣服。

③ 《兔罝》：《诗经·周南》篇名。

「译文」

贤良之士说：“匈奴人生活在沙漠之中，居住在荒凉之地，被天意所抛弃，他们没有神坛和宫殿之分，不区分男女，将广袤的大地当作乡里，把圆顶毛毡帐篷视为家园，身披兽皮，皮毛外翻，以兽肉为食，以兽血为饮，他们像赶集一样追逐着水草，像放牧的孩童一样与牲畜为伴，其生活方式宛如中国的麋鹿。那些好管闲事的官员，总想让匈奴人讲究仁义和礼节，却导致中国长期处于战乱之中，边境上万里防线至今依然紧张，这些大臣正是《诗经·周南·兔罝》中所讥讽的对象，因此这些小人并不是贵族的心腹和城池坚固的屏障。”

大夫曰：“天子者，天下之父母也。四方之众，其义莫不愿为臣妾；然犹修城郭，设关梁，厉武士，备卫于宫室，所以远折难①而备万方者也。今匈奴未臣，虽无事，欲释备，如之何？”

「注释」

① 远折难：远离挫折和灾难。

「译文」

御史大夫桑弘羊说：“皇帝乃是万民之父母。四面八方的百姓，理应无人不愿成为君主的子民；尽管如此，仍须修筑城郭、加固城池，搭建关卡桥梁，训练士兵，为宫殿周边部署防卫，目的是远离灾祸，防备各种可能的危险。现在匈奴还未归顺，虽然暂时相安无事，你们却想撤销这些防御措施，若是出现紧急情况该怎么办呢？”

贤良曰：“吴王所以见禽于越者，以其越近而陵远也。秦所以亡者，以外备胡、越而内亡其政也。夫用军于外，政败于内，备为所患[1]，增主所忧。故人主得其道，则遐迩偕行而归之，文王是也；不得其道，则臣妾为寇，秦王是也。夫文衰则武胜，德盛则备寡。”

「注释」

① 备为所患：对外防备是为了对付所忧患的强敌。

「译文」

贤良之士说：“吴王之所以被越国消灭，原因在于他轻视近邻越国、去挑战远方的齐国。秦国之所以灭亡，是因为它防备外敌匈奴和百越，对内却失去了善政。对外征战，内部政治却败坏，对外防备本来是为了对付所忧患的强敌，反而增加了君主的忧虑。若君主遵循治国的正道，无论远近的人民都会共同支持并归附于他，周文王便是这样的君主；反之，若君主偏离正道，连身边的臣子和妾室也会变成敌人，秦国的君主就是这样的例子。当文治不再兴盛，武力就会占上风；而当德行昌盛时，军备之需就会减少。”

大夫曰：“往者，四夷俱强，并为寇虐：朝鲜逾徼[1]，劫燕之东地；东越越东海，略浙江之南；南越内侵，滑[2]服令[3]；氐、僰、冉、駹、嶲唐[4]、昆明之属，扰陇西、巴、蜀。今三垂已平，唯北边未定。夫一举则匈奴震惧，中外释备，而何寡也？”

「注释」

① 逾徼（jiào）：越过边境。

② 滑：通“猾”，扰乱。

③ 服令：地名，指岭南地区。

④ 氐、僰（bó）、冉、駹（máng）、嶲（xī）唐：氐，古族名。殷周至南北朝分布在今陕西、甘肃、四川等省交界处。从事畜牧业和农业。汉魏后，长期与汉人杂居，大量吸收汉文化。两晋十六国间，曾建立仇池、前秦、后凉等政权。至隋多渐融合于汉族。僰，亦称“僰人”，古族名。曾建有僰侯国（“僰国”）。冉，古代少数民族，居住在今四川境内。駹，古代少数民族，居住在今四川境内。嶲唐，古县名。西汉元封二年（前109）置。治今云南云龙西南。南朝宋废。东汉永平十年（67），置益州西部都尉治此。

「译文」

御史大夫桑弘羊说：“过去，四周的异族都十分强悍，一同成为中原的心腹大患：朝鲜人越过边境，掠夺了燕国的东部地区；东越人跨过东海，侵占了浙江的南部；南越人深入内陆，扰乱了服令地区；氐族、僰族、冉族、駹族、嶲唐族和昆明等少数民族，纷纷侵扰了甘肃的西部、重庆和四川地区。现在东边、西边、南边的边境已经安定下来，只剩下北边的匈奴尚未平定。如果我们能一举成功，匈奴必将恐惧，国内外的军事防备就可以撤销，你为什么还说要减少呢？”

贤良曰：“古者，君子立仁修义，以绥[1]其民，故迩者习善，远者顺之。是以孔子仕于鲁，前仕三月及齐平，后仕三月及郑平，务以德安近而绥远。当此之时，鲁无敌国之难，邻境之患。强臣[2]变节而忠顺，故季桓[3]隳其都城[4]。大国畏义而合好，齐人来归郓、讙、龟阴之田。故为政而以德，非独辟害折冲也，所欲不求而自得。今百姓所以嚣嚣，中外不宁者，咎在匈奴。内无室宇之守，外无田畴之积，随美草甘水而驱牧，匈奴不变业，而中国以骚动矣。风合而云解，就之则亡，击之则散，未可一世[5]而举也。”

「注释」

① 绥：安定，安抚。

② 强臣：指孟孙氏、叔孙氏、季孙氏三家。

③ 季桓：鲁国的执政大夫季桓子。

④ 隳其都城：孔子执政期间，推行打击三桓的政策。鲁定公十三年（前 497），迫使季桓子平毁费邑，迫使叔孙氏平毁郈（hòu）邑。

⑤ 一世：三十年。

「译文」

贤良之士说：“在古代，君子修行仁爱和正义，以此来安抚人民，因而邻近的人通过习染学会了善行，而远方的人也会归顺。这就是为什么孔子在鲁国任职大司寇时，他上任前三个月内，就使鲁国与齐国和解，后三个月，与郑国也和解了，他总是以道德来安抚近邻、绥靖远方。在孔子的治理下，鲁国既没有外敌的灾难，也没有邻国的祸患。三桓强臣不得不改变立场，对公室忠诚顺从，因此季桓子摧毁了自己的都城费邑。临近的大国因敬畏孔子的仁义而与鲁国结好，齐国的人民甚至归还了郓、讙、龟阴的土地。所以，治理国家要依赖于仁义道德，这不仅仅是为了避免灾害或击败敌人，人们心中所希望的，不必刻意追求，自然就会实现。现在，中国的百姓怨声载道，国内外都不太平，这一切的错都在于对匈奴的政策上。匈奴人内部没有需要守卫的房屋宫宇，外部也没有需要耕作的田地，他们追随肥沃的草场和清甜的水源迁徙放牧，匈奴人不改变他们的游牧生活方式，而中国因此而动荡不安。他们像风一样聚集，又像云一样散开，如果靠近他们，他们就会逃走，如果攻击他们，他们就会四散，不可能在几十年内就征服他们。”

大夫曰：“古者，明王讨暴卫弱，定倾扶危。卫弱扶危，则小国之君悦；讨暴定倾，则无罪之人附。今不征伐，则暴害不息；不备，则是以黎民委敌①也。《春秋》贬诸侯之后，刺不卒戍。行役戍备，自古有之，非独今也。”

「注释」

① 委敌：丢给敌人。

「译文」

御史大夫桑弘羊说：“古时候，英明的君主会出征攻打那些残暴之国，同时保卫着那些弱小的国家，稳定那些衰败的国家，扶助那些处于危险之中的国家。保护弱小、扶持倾危，小国的君主们便会心怀欢喜；而当铲除暴政，稳定动荡时，那些无辜之人也会来投靠。现在若不出征讨伐，那些残暴的祸害就永远不会停止；若不做好战备，那就等于将黎民百姓丢给了敌人。《春秋》中批评了那些为他国戍守而迟到的诸侯，以及那些未能完成戍守任务的大夫。从古至今，征兵服役，戍守备战，这一直都是国家的常态，并不仅仅是现今才有的事情。”

贤良曰：“匈奴之地广大，而戎马之足轻利，其势易骚动也。利则虎曳[①]，病则鸟折，辟锋锐而取罢极；少发则不足以更适[②]，多发则民不堪其役。役烦则力罢，用多则财乏。二者不息，则民遗怨。此秦之所以失民心、陨社稷也。古者，天子封畿千里，繇役五百里，胜声相闻，疾病相恤。无过时之师，无逾时之役。内节于民心，而事适其力。是以行者劝务，而止者[③]安业。今山东之戎马甲士戍边郡者，绝殊辽远，身在胡、越，心怀老母。老母垂泣，室妇悲恨，推其饥渴，念其寒苦。《诗》云：‘昔我往矣，杨柳依依。今我来思，雨雪霏霏。行道迟迟[④]，载渴载饥。我心伤悲，莫之我哀。’故圣人怜其如此，闵其久去父母妻子，暴露中野，居寒苦之地，故春使使者劳赐，举失职者，所以哀远民而慰抚老母也。德惠甚厚，而吏未称奉职承诏以存恤，或侵侮士卒，兴之为市，并力兼作，使之不以理。故士卒失职，而老母妻子感恨也。

宋伯姬愁思而宋国火，鲁妾不得意而鲁寝灾。今天下不得其意者，非独西宫之女、宋之老母也。《春秋》动众则书，重民也。宋人围长葛，讥久役也。君子之用心必若是。”

大夫默然不对。

「注释」

① 虎曳（yè）：老虎撕拉猎物。

② 更适：轮流更换执行任务。

③ 止者：征人留在家中的家属。

④ 迟迟：徐行貌。

「译文」

贤良之士说：“匈奴的土地辽阔无垠，他们的骑兵行动敏捷，轻易就能引起动荡。当形势对他们有利时，他们犹如猛虎撕拉猎物，不利时则似受伤的鸟儿，总是避开锋利的兵器，攻击那些筋疲力尽的军队；如果中国派遣的军队太少，就不足以轮流更换执行任务，派遣的军队太多，民众则难以承受这样的征役。频繁的征兵使人民力竭，军费开支过大则国库空虚。这两者若不停止，民间怨声载道。这正是秦国失去民心、国家灭亡的原因。在古时候，皇帝的领土方圆千里，征役的范围限于五百里之内，人们的欢声和病痛都能互相传达。没有超期的军役，也没有超出规定时间的劳役。政府会考虑民意，使征役适应人民的能力。因此，出征的士兵能够鼓励彼此完成任务，留在家中的人则能安居乐业。而今，东山以东的士兵守卫边境，距离家乡遥远，身处异邦，心系家中的老母。老母泪流满面，妻子悲伤离别，想象丈夫的饥渴，忧虑丈夫的寒冷。《诗经》中说：‘我曾经离家出征，杨柳树依依不舍。现在我回到家乡，雨雪纷飞，心情沉重。行走在路上，步履迟缓，又渴又饿。我的心情多么悲伤，却没人知道。’因此，圣明的君主对此深表同情，怜悯那些长时间离开家人的士兵，他们在野外暴露，生活在严寒之地，所以春天会派使者前去慰问并赐予奖赏，提拔那些失所的人，以此来安慰远方的百姓和他们的老母。皇帝的恩德和惠泽是极为深厚的，但是一些官员却未能恰当地执行职责，按照圣旨关怀士兵，反而侵犯和羞辱他们，在军中设立市场，强迫士兵承担过重的责任，不合理地驱使他们。因此，士兵失去了应有的待遇，他们的家人因此感到愤怒和悲伤。宋国的伯姬因忧愁而导致国家失火，鲁国的楚妾因不满而引发宫中的灾难。如今，天下不满的人不仅仅是西宫的女子和宋国的老母。《春秋》记载，如果诸侯动员大众，就会被记入史册，这是对百姓的重视。《春秋》提到宋人包围长葛，是在讽刺宋国征役过久。君子的用心，必定深远如此。”

大夫沉默不语，没有回应。

执务第三十九

丞相曰："先王之道，轶[①]久而难复，贤良、文学之言，深远而难行。夫称上圣[②]之高行，道至德之美言，非当世之所能及也。愿闻方今之急务，可复行于政：使百姓咸足于衣食，无乏困之忧；风雨时，五谷熟，螟螣[③]不生；天下安乐，盗贼不起；流人还归，各反其田里；吏皆廉正，敬以奉职，元元各得其理也。"

「注释」

① 轶：通"佚"，散失。

② 上圣：犹前圣。指前代的帝王与圣贤。

③ 螟螣（tè）：两种食苗的害虫。

「译文」

丞相田千秋说："先王所践行的大道，因为失传太久，所以很难恢复，贤良、文学之士的话太过高深渺远，所以很难去施行。称颂古代圣人们高尚的行为，论说最高道德的美好言论，都不是当今朝廷能做到的。我们更希望听到当今社会上的紧急要务，能够在政事上付诸实践：让百姓们都可以丰衣足食，没有贫乏困顿的担忧；风调雨顺，五谷丰登，虫害不生；天下安定平和，盗贼祸患不生；流浪的人都能回到家乡，各自回到自家的田地之中；各级管理都能廉洁自守，恭敬地履行自己的职责，天下百姓就都能得到合理的对待。”

贤良曰：“孟子曰：‘尧、舜之道，非远人也，而人不思之耳。’《诗》云：‘求之不得，寤寐思服。’有求如《关雎》，好德如《河广》，何不济[1]不得之有？故高山仰止，景行[2]行止，虽不能及，离道不远也。颜渊曰：‘舜独何人也，回何人也？’夫思贤慕能，从善不休，则成、康之俗可致，而唐、虞之道可及。公卿未思也，先王之道，何远之有？齐桓公以诸侯思王政，忧周室，匡诸夏之难，平夷、狄之乱，存亡接绝，信义大行，著于天下。邵陵之会，予之为主。《传》曰：‘予积也。’故土积而成山阜，水积而成江海，行积而成君子。孔子曰：‘吾于《河广》，知德之至也。’而欲得之，各反其本，复诸古而已。古者，行役不逾时，春行秋反，秋行春来，寒暑未变，衣服不易，固已还矣。夫妇不失时，人安和如适。狱讼平，刑罚得，则阴阳调，风雨时。上不苛扰，下不烦劳，各修其业，安其性，则螟螣不生，而水旱不起。赋敛省而农不失时，则百姓足，而流人归其田里。上清静而不欲，则下廉而不贪。若今则繇役极远，尽寒苦之地，危难之处，涉胡、越之域，今兹往而来岁旋，父母延颈而西望，男女怨旷而相思，身在东楚，志在西河，故一人行而乡曲恨，一人死而万人悲。

《诗》云：‘王事靡盬[③]，不能艺稷黍，父母何怙？’‘念彼恭人，涕零如雨。岂不怀归？畏此罪罟。’吏不奉法以存抚，倍公任私，各以其权充其嗜欲，人愁苦而怨思，上不恤理[④]，则恶政行而邪气作；邪气作，则虫螟生而水旱起。若此，虽祷祀雩[⑤]祝，用事百神无时，岂能调阴阳而息盗贼矣？”

「注释」

① 不济：指不能成功渡河。

② 景行：崇高的德行。

③ 靡盬（gǔ）：谓无止息。指辛勤于王事。

④ 恤理：谓怜悯而治理之。

⑤ 雩（yú）：古代为求雨而举行的祭祀。

「译文」

贤良之士说：“孟子曾说：‘尧、舜践行的大道，并不是远离常人，只是寻常之人不去思考尧舜之道罢了。’《诗经·周南·关雎》中说：‘迫切企求却不能得到，醒时睡时都会想到她。’如果人们能像《诗经·周南·关雎》中描述的那样去追求仁德，像《诗经·卫风·河广》那样爱好美德，哪里还会有不成功、得不到的问题呢？因此面对一座令人仰望的高山，沿着大道不断向前进发，即使无法攀登到最高峰，距离大道也不会远了。颜渊曾说：“舜是什么样的人？我颜回是什么样的人？”只要思慕贤能，不停地去做好事，便可实现周成王、周康王之时的善良风俗，也可以赶上唐尧、虞舜时期的道德成就。现在朝廷中的公卿大臣不去想这些，先王的治国之法有什么做不到的呢？齐桓公作为一个诸侯，时常思考周王室的政事，为周王室担忧，拯救华夏诸国于危难，平定了夷、狄的祸乱，挽救即将灭亡的国家，接继已经灭亡的国家，他的忠信道义被广泛传扬，他的声名传遍了天下。因此，当齐国与各诸侯国在邵陵会盟时，大家都推举他作为霸主。《春秋》中赞扬说：'这是功劳累积的结果。'因此，堆积土石可以成山，汇聚水滴可以成江海，积累德行则可以成为君子。孔子说：'我从《诗经·卫风·河广》之中，明白了什么是最高的道德。'想要获得这种最高的道德，就要返回到根本，使国家恢复到古代。古时候，人们服劳役不会超过既定期限，春天出去秋天回来，秋天出去春天回来，寒暑季节没有改变，随身衣物也不需要更换人就回来了。夫妻不必长期分别，人们过着安乐舒适的生活。断案公正，刑罚得当，就会阴阳调和、风调雨顺。朝廷不去严苛地烦扰百姓，百姓也不会感到生活劳苦，大家各自做好各自的事，安分守己地生活，这样虫灾便不会发生，水旱灾害也不会出现。税赋减少，农时不误，百姓就能生活富足，流亡在外的人也会主动回到田地里劳作。朝廷的官吏如果能够清净少欲，百姓也能做到节俭而不贪婪。可是，现在服役的人都被派到了离家乡很远的地方，那里又荒凉、又危险，有些人更是去到胡人、越人居住的地方，今年去服役，明年才能回来，家中父母都伸长了脖子向西眺望，妻子则怨恨路途太远而相互牵挂，人虽然在东楚，心却牵挂西河，所以说一个人外出服役，整个村子中的人都会怨恨，一个人死在他乡，上万人都会感到悲伤。《诗经·唐风·鸨羽》中说：'朝廷徭役繁重，田地不能耕种，父母靠什么生存？'《诗经·小雅·小明》中说：'思念远方亲人，泪水如同雨下，谁人不想回家？只是怕触犯法律。'官吏不奉公守法安抚百姓，反而违背公道徇私舞弊，每个人都利用手中职权去满足私欲，导致百姓愁苦怨恨，朝廷对此不体恤、不关心、不处理，就会使政治变得腐败，歪风邪气更加盛行。歪风邪气盛行，就会发生水旱虫灾。如果出现了这种情况，即使一刻不停地向苍天祈求祷告，祭祀求雨，敬奉鬼神，又怎么能够调和阴阳、平息盗贼呢？”

能言第四十

大夫曰："盲者口能言白黑，而无目以别之。儒者口能言治乱，而无能以行之。夫坐言不行，则牧童兼乌获[①]之力，蓬头苞[②]尧、舜之德。故使言而近，则儒者何患于治乱，而盲人何患于白黑哉？言之不出，耻躬之不逮。故卑而言高，能言而不能行者，君子耻之矣。"

「注释」

① 乌获：战国时秦国力士。传说能举千钧之重，与力士任鄙、孟说同为秦武王宠用，位至大官。寿至八十以上。后用来泛指力士。

② 苞：通"包"，包含。

「译文」

御史大夫桑弘羊说："盲人虽能口头区分白色与黑色，但实际上无法用眼睛分辨。儒者虽能谈论治与乱，却缺乏实际行动的能力。如果仅仅是空谈而不付诸行动，那么任何牧童都能自夸拥有两个乌获的力量，任何蓬头垢面的人也能自诩具有尧、舜的美德。如果言论能与实际相符，那么儒者又何需担心治乱之事，盲人又何需担心颜色分辨的呢？古人说话慎重，因为他们害怕说了却做不到。因此，那些身份低微却高谈阔论、能说却不会做的人，是君子所不齿的。”

贤良曰：“能言而不能行者，国之宝也。能行而不能言者，国之用也。兼此二者，君子也。无一者，牧童、蓬头也。言满天下，德覆四海，周公是也。口言之，躬行之，岂若默然载施其行而已。则执事亦何患何耻之有？今道不举而务小利，慕于不急以乱群意，君子虽贫，勿为可也。药酒，病之利也；正言，治之药也。公卿诚能自强自忍，食[1]文学之至言，去权诡[2]，罢利官，一归之于民，亲以周公之道，则天下治而颂声作。儒者安得治乱而患之乎？”

「注释」

① 食：食用，引申为接纳。

② 权诡：权诈诡辩。

「译文」

贤良之士说：“那些能够口头表达正确理念却无法付诸实践的人，是国家的宝贵财富。而那些能够实际行动但不善于言辞的人，是国家的实用之才。能言善行的人，才是真正的君子。缺少这两者的，不过是普通的牧童或蓬头乱发之人。周公就是那种言行一致、德行遍布四海的人。他不仅言之凿凿，而且身体力行，不是那种默默无闻却默默实践的古代圣人。如果如此，那么执政者又有什么好担心或羞愧的呢？现在，有些人不追求伟大的道理，只是为了一点小利益，追求那些不紧急的事情而扰乱大众的思想，即使是君子在贫穷中，也不应该这样做。药酒对于疾病有益，正直的言论是治理国家的良药。如果公卿大夫能够自我忍耐、自我克制，接纳文学中的至理名言，摒弃权谋、欺诈、诡辩，取消追求利益的官职，将盐铁的利益全部还给人民，那么天下将会得到良好的治理，和平的赞歌将会响起。儒者又怎会因治乱的困扰而感到忧患呢？”

取下第四十一

大夫曰："不轨之民，困桡[①]公利，而欲擅山泽。从文学、贤良之意，则利归于下，而县官无可为者。上之所行则非之，上之所言则讥之，专欲损上徇[②]下，亏主而适臣，尚安得上下之义，君臣之礼？而何颂声能作也？"

「注释」

① 困桡（náo）：扰乱，侵害。

② 徇：谋求。

「译文」

御史大夫桑弘羊说："那些违背法规的庶民，他们侵扰削弱国家利益，还想私自占有山林和湖泽资源。如果听从那些文学之士和贤良之士的建议，那么山林湖泽的收益就会流向平民，而朝廷就变得无所作为了。你们对于朝廷的做法总是持批评态度，对官员的话语总是嘲讽回应，只想着削弱朝廷的权威来谋取平民的利益，损害君主的利益来迎合臣子，这样哪里还能体现出尊卑有序的道理？哪里还有君臣有别的礼仪呢？在这种情况下，怎么可能创作出赞颂太平盛世的诗歌呢？”

贤良曰：“古者，上取有量，自养有度，乐岁不盗，年饥则肆[①]，用民之力，不过岁三日，籍敛[②]，不过十一。君笃爱，臣尽力，上下交让，天下平。‘浚[③]发尔私’，上让下也。‘遂及我私’，先公职也。《孟子》曰：‘未有仁而遗其亲，义而后其君也。’君君臣臣，何为其无礼义乎？及周之末涂，德惠塞而嗜欲众，君奢侈而上求多，民困于下，怠于上公，是以有履亩之税[④]，《硕鼠》[⑤]之诗作也。卫灵公当隆冬兴众穿池，海春谏曰：‘天寒，百姓冻馁，愿公之罢役也。’公曰：‘天寒哉？我何不寒哉？’人之言曰：‘安者不能恤危，饱者不能食饥。’故余粱肉者难为言隐约[⑥]，处佚乐者难为言勤苦。

「注释」

① 肆：延缓征税。

② 籍敛：征收田税。

③ 浚：大。

④ 履亩之税：按土地面积征收赋税。

⑤《硕鼠》：《诗经·魏风》篇名。《诗序》：“《硕鼠》，刺重敛也。国人刺其君重敛，蚕食于民，不修其政，贪而畏人，若大鼠也。”《鲁诗》和《齐诗》说此诗是反对“履亩税”（指向私田征税，承认私田的合法性）、维护井田制的作品。

⑥ 隐约：穷困。

「译文」

贤良之士说：“在古代，统治者们征收的税收有明确的限额，官员们的生活也有一定的节制。在丰收的年份，盗窃的行为会减少，而在饥荒的年份，则会延缓征税。征用民力，每年不会超过三天，而对民众征收田税，也不会超过他们收入的十分之一。君主厚爱百姓，臣子竭尽效忠，上下之间相互谦让，从而让天下太平。《诗经·周颂·噫嘻》中‘快耕种你的私田’，体现了上位者对下层的礼让。《诗经·小雅·大田》说‘耕完公田再种私田’，表现的是老百姓以公职为先。《孟子·梁惠王上》说：‘从来没有孝子因为仁慈而遗弃亲人，也从来没有臣民忠义而把君主事业放在私事之后。’如果君主行为得体，臣子尽职，又怎么会没有礼义呢？但到了周朝晚期，道德和恩惠被阻塞，上位者贪婪无度，君主奢华无度，对民众的要求过多，导致民众疲于奔命，忽视了公共事务。这就是为什么朝廷会推行按土地面积征税的政策，刺贪的《诗经·魏风·硕鼠》就是因此而做的。卫灵公在寒冬时节发动民众挖掘池塘，海春劝谏说：‘天气寒冷，百姓饥寒交迫，希望您能停止修建池苑。’卫灵公反问：‘天寒吗？我怎么没感觉到寒冷呢？’有句话说得好：‘安逸的人无法理解处于危险中的人，饱食的人无法感同身受饥饿之苦。’因此，对于那些有剩余粮肉的人，很难对他谈论穷困，对于那些身处安逸中的人，谈论辛劳他也难以感同身受。”

“夫高堂邃宇、广厦洞房者，不知专屋狭庐、上漏下湿者之瘏[1]也。系马百驷、货财充内、储陈纳新者，不知有旦无暮、称贷者之急也。广第唐园、良田连比者，不知无运踵之业、窜头宅者之役也。原马被山，牛羊满谷者，不知无孤豚瘠犊者之窭[2]也。高枕谈卧、无叫号者，不知忧私责与吏正戚者之愁也。被纨蹑韦[3]、搏粱[4]啮肥者，不知短褐之寒、糠粝之苦也。从容房闱之间、垂拱持案食者，不知蹠[5]耒躬耕者之勤也。乘坚驱良、列骑成行者，不知负檐步行者之劳也。匡床旃席[6]、侍御满侧者，不知负辂挽船、登高绝流者之难也。衣轻暖、被美裘、处温室、载安车者，不知乘边城、飘胡、代[7]、乡清风者之危寒也。妻子好合、子孙保之者，不知老母之憔悴、匹妇之悲恨也。耳听五音、目视弄优者，不知蒙流矢、距敌方外者之死也。东向伏几、振笔如调文者，不知木索[8]之急、棰楚者之痛也。坐旃茵之上，安图籍之言若易然，亦不知步涉者之难也。昔商鞅之任秦也，刑人若刈[9]菅茅[10]，用师若弹丸；从军者暴骨长城，戍漕者辇车相望，生而往，死而旋，彼独非人子耶？故君子仁以恕，义以度，所好恶与天下共之，所不施不仁者。公刘好货，居者有积，行者有囊。大王[11]好色，内无怨女，外无旷夫。文王作刑，国无怨狱。武王行师，士乐为之死，民乐为之用。若斯，则民何苦而怨，何求而讥？”

公卿愀然，寂若无人。于是遂罢议止词。

奏曰：“贤良、文学不明县官事，猥以盐铁为不便。请且罢郡国榷沽、关内铁官。”

奏：“可。”

「注释」

① 瘆（cǎn）：惨痛。

② 窭（jù）：贫寒。

③ 蹑韦：脚穿用熟牛皮制作的鞋。

④ 抟粱：用手抓高粱米饭。

⑤ 蹠（zhí）：通“摭”，拾，摘。

⑥ 旃席：毛毯。

⑦ 胡、代：泛指北方。

⑧ 木索：刑具。木指“三木”，即加在犯人颈、手、足上的三件刑具。索即绳索，用以拘系犯人。

⑨ 刈（yì）：割。

⑩ 菅（jiān）茅：一种多年生草本植物。

⑪ 大王：即“太王”，古公亶父。

「译文」

“那些居住在高大宅院、宽敞明亮的房屋中的人，无法理解那些住在狭小、漏雨、潮湿的简陋屋舍中人的惨痛。马厩中拴有几百匹马匹、仓库内货物堆积如山、新旧粮食不断储藏的人，无法体会那些吃了早餐无晚餐、日常生活依赖借贷的人的焦急。那些拥有广阔宅第和连片良田的人，无法感受那些没有一块安身之地、伸头缩颈的穷人的苦役。那些山中遍马、谷中牛羊成群的人，无法理解那些连一头小猪或一头瘦小牛犊都没有的人的贫寒。那些高枕无忧、安卧谈笑、不受呼号打扰的人，无法理解那些因私债和官吏逼迫而忧心忡忡的人的愁苦。那些身着细软丝绸皮靴、饱食细粮肥肉的人，无法理解那些穿着短粗布衣、吞野菜食糟糠的人的苦楚。那些在房间内从容不迫、垂衣拱手、等待仆人端食的人，无法理解那些身持耒耜耕作田地的人的勤劳。那些乘坚固车辆、驱使良马、身后跟随着成队骑兵的人，无法理解那些挑担子步行之人的劳累。那些安适的卧榻铺着毛毯、侍从环绕在旁的人，无法理解那些身负纤绳拉船、攀登高处渡河的人的艰辛。那些身穿轻暖衣物、披着华美貂裘、居住在温暖室内、乘坐舒适轩车的人，无法理解那些守卫边疆，在胡、代等异乡流浪、迎风受寒的人的危险和苦冷。那些家庭和睦、子孙被妥善抚养的人，无法理解那些征兵家中老母的憔悴和留守妇女的悲伤。那些耳听悦耳音乐、眼观倡优的人，无法理解那些在战场上冒着箭雨、在边疆抵御敌人的士兵的牺牲。那些向东伏案、挥笔如飞书写公文的人，无法理解那些身负枷锁的囚犯的焦虑和遭受木杖荆条鞭打的切肤之痛。那些坐在铺着毛毯的车内、看着地图轻松出行的人，无法理解那些步行跋涉之人的艰难。昔日商鞅在秦国执政时，杀人如同割草一般轻易，动用军队如同弹珠一般随意，那些参军的士兵的尸骨暴露在长城上；水陆运输的车船在道路上相望，他们活着离家，死了才返回，难道他们不是父母生养的儿女吗？因此，君子应以仁慈之心宽恕他人，心怀正义、以理度人，他的喜好和厌恶应与天下人相同，不应对他人施以不仁。从前公刘贪爱财物，结果使得国内的居民都有积蓄，出行的人都有干粮。太王贪恋女色，结果使得国内没有怨恨的未嫁女子，也没有找不到妻子的单身男子。文王制定法律，国中没有冤假错案。武王出兵伐纣，士兵愿意为他献身，民众愿意为他效力。如果统治者都能做到这样，那么人民还有什么苦楚和怨言，又有什么要求和讽刺呢？”

公卿们面露严肃之色，会堂内一片寂静，仿佛无人在场。随后，会议宣布结束，辩论停止。

公卿向皇帝奏报：“贤良之士和文学之士不了解朝廷的事务，轻率地认为盐铁的官营制度对百姓不便。请求陛下暂时取消各郡县封国的酒类专卖和函谷关以内的铁器官营制度。”

皇帝审阅奏章后，批准说：“可以。”

击之第四十二

贤良、文学既拜，咸取列大夫，辞丞相、御史。

大夫曰："前议公事，贤良、文学称引往古，颇乖世务。论者不必相反，期于可行。往者，县官未事胡、越之时，边城四面受敌，北边尤被其苦。先帝绝三方之难，抚从方国，以为蕃蔽[①]，穷极郡国，以讨匈奴。匈奴壤界兽圈，孤弱无与，此困亡之时也。辽远不遂，使得复喘息，休养士马，负给西域。西域迫近胡寇，沮心[②]内解，必为巨患。是以主上欲扫除，烦仓廪之费也。终日逐禽，罢而释之，则非计也。盖舜绍绪，禹成功。今欲以军兴[③]击之，何如？"

「注释」

① 蕃蔽：屏障。蕃，通"藩"。

② 沮心：归附汉朝之心沮坏。

③ 军兴：指战时的法令制度。

「译文」

贤良之士和文学之士在参拜完汉昭帝后，都获得了列大夫的官爵，一起向丞相田千秋和御史桑弘羊辞行。

御史大夫桑弘羊说："前面讨论盐、铁官营这些国家大事，你们这些贤良和文学之士都说要称颂和引用古人的东西，这是很不符合当前的社会现实的。发表议论的双方最好不要相互驳斥，朝廷需要的是你们能提出切实可行的意见。以前，朝廷还没有对匈奴、百越地区用兵时，国家边境经常受到敌人的侵扰，尤其以北面的边境最为严重。武帝平定了东越、南越和西南夷，彻底解决了东、南、西三个方向上的边境困局，安抚了周边那些归顺的国家，让它们成为保卫大汉江山的藩国屏障，而后又调动整个王朝的力量，去征讨匈奴。匈奴所处地区四面荒凉，就好像被圈养起来的野兽，孤立衰弱，没有人愿意帮助他们，这是他们危急存亡的关键时刻。只不过匈奴之地辽阔广远，前代并没有实现彻底征服匈奴的宏愿，使得匈奴又获得了喘息的机会，得以休养士卒战马，欺负西域各国。西域各国距离匈奴之地很近，受到匈奴的欺压、挑唆，归附大汉之心很容易受到干扰破坏，成为大汉江山的祸患。因此皇上想要彻底将匈奴扫除，必然要耗费一些财力物力。过去整日追猎鸟兽，现在却停止追逐放走猎物，这可不是好计谋。从前帝舜继承了帝尧的事业，到大禹就成功了，现在朝廷想要用《军兴法》来出击匈奴，各位觉得怎么样？"

文学曰："异时，县官修轻赋，公用饶，人富给。其后，保胡、越，通四夷，费用不足。于是兴利害，算车舡[1]，以訾助边，赎罪告缗，与人以患矣。甲士死于军旅，中士罢于转漕[2]，仍之以科适，吏征发极矣。夫劳而息之，极而反本，古之道也，虽舜、禹兴，不能易也。”

「注释」

① 算车舡（chuán）：征收车船税。舡，同“船”。

② 转漕：陆运和水运。

「译文」

文学之士说：“文帝、景帝之时，朝廷修订的赋税很轻，国家各项开支很充足，百姓生活也很富足。后来，为了防卫匈奴和百越，打通前往四周少数民族地区的道路，国家的各项开支就不足了。于是朝廷开始实行盐铁官营的政策、征收车船赋税，用来补充边境征战的费用，还开始允许罪犯用钱赎罪，鼓励百姓相互告发偷漏税款的行为，这些举措给百姓带来了灾难。在前方作战的士兵战死于沙场，在后方运输的士兵因水陆漕运而疲于奔命，再加上实行《七科谪》令，官吏征收赋税、发送物资已经频繁到了极点。人疲劳了就要休息，事物发展到了极点就要返回根本，这是自古以来就有的道理，即使是舜和禹重新活过来，这也是不能改变的。”

大夫曰：“昔夏后底洪水之灾，百姓孔[1]勤，罢于笼锸，及至其后，咸享其功。先帝之时，郡国颇烦于戎事，然亦宽三陲之役。语曰：‘见机不遂者陨功。’一日违敌[2]，累世为患。休劳用供，因弊乘时。帝王之道，圣贤之所不能失也。功业有绪，恶劳而不卒，犹耕者倦休而困止也。夫事辍者无功，耕怠者无获也。”

「注释」

① 孔：很，甚。

② 违敌：放过敌人。

「译文」

御史大夫桑弘羊说：“从前大禹治理水患时，百姓们非常勤劳，用锸挖土、用笼盛土，十分疲劳，水患平息后，百姓们与子孙后代都享受到了治水的成果。武帝时期，全国各地都因战争而陷入困苦，但也都因东、南、北三方边陲战役的胜利而获得了宽松的发展机会。俗话说：‘见到机会而不主动抓住，就会导致前功尽弃。’一旦放走敌人，就会造成世世代代的祸患。让劳动的人休息，是为了供来日行动之用，在敌人疲敝之时，就要停止休息，及时动手。这是帝王处理事情的道理，圣明而有才能的人是不会丢掉的。前人的功业需要后人继承，如果因为厌恶劳苦而不去完成应该完成的事业，就如同耕种的人因为疲倦而停止耕种一样。那些做事半途而废的人是不会成功的，那些耕种时怠惰的人也不会有收获。”

文学曰：“地广而不德者国危，兵强而凌敌[①]者身亡。虎兕相据，而蝼蚁得志。两敌相抗，而匹夫乘闲[②]。是以圣王见利虑害，见远存近。方今为县官计者，莫若偃兵休士，厚币结和亲，修文德而已。若不恤人之急，不计其难，弊所恃以穷无用之地，亡十获一，非文学之所知也。”

「注释」

① 凌敌：侵犯敌人。

② 乘闲：乘机钻空子。

「译文」

文学之士说：“国家地域广阔，却不施行仁政，就会发生危险。国家兵强马壮，却肆意侵犯敌国，自己也会灭亡。老虎和犀牛争斗不止，蝼蛄与蚂蚁就会乘机得到好处。两个势均力敌的国家相互对抗，匹夫就会乘机钻空子作乱。因此，圣明的君主在看到利益时会考虑到祸患，在看向远方时，也会考虑近处。现在若真心为朝廷着想，就应该让兵士们休息，用厚礼去与匈奴缔结姻亲关系，并施行礼乐教化。如果不关心百姓生活的疾苦，不考虑后方的灾难，把国家所倚仗的人力物力都消耗在争夺那些没有用的土地上，那就是丢掉了十个而获得了一个，这种做法是我们这些文学之士所不能理解的。”

卷八

结和第四十三

大夫曰："汉兴以来，修好结和亲，所聘遗单于者甚厚；然不纪重质①厚赂之故改节，而暴害滋甚。先帝睹其可以武折，而不可以德怀，故广将帅，招奋击，以诛厥罪；功勋粲然，著于海内，藏于记府②，何命'亡十获一'乎？夫偷安者后危，虑近者忧迩，贤者离俗，智士权行，君子所虑，众庶疑焉。故民可与观成，不可与图始。此有司所独见，而文学所不睹。"

「注释」

① 重质：庄重的盟约。

② 记府：收藏文书史册的地方。

「译文」

御史大夫桑弘羊说："自汉朝建立以来，我们一直致力于与匈奴和解，结盟并通过缔结姻亲加强友好关系，给单于的陪嫁礼物和赠品都极为丰厚。尽管如此，匈奴不念及与汉家庄重的盟约以及厚重的赠礼，不改变其侵略行径，反而对我们的边疆造成了更加严重的暴力伤害。故此，武帝意识到匈奴不是靠仁德就能感化的，只能用武力来制服。

因此，他广泛地选派将领、召集勇士进行反击，以惩罚匈奴的罪行。武帝对匈奴的征伐功绩显赫，闻名于世，有关记功文献收藏在国家档案馆中，怎能说是‘牺牲十个只换来一个’呢？那些只图一时安逸的人最终会面临危险，只顾眼前利益的人很快就会遭遇忧患。贤明的人会超脱俗世，智慧的人善于权衡行事。君子所担忧的，常人往往感到迷惑。因此，民众可以见证成果的实现，但不能参与规划的起始。这是主管官员独到的见解，而你们却未能洞察。”

文学曰：“往者，匈奴结和亲，诸夷纳贡，即君臣外内相信，无胡、越之患。当此之时，上求寡而易赡，民安乐而无事，耕田而食，桑麻而衣，家有数年之稸，县官余货财，闾里耆老，咸及其泽。自是之后，退文任武，苦师劳众，以略无用之地，立郡沙石之间[1]，民不能自守，发屯[2]乘城，挽辇而赡之。愚窃见其亡，不睹其成。”

「注释」

① 立郡沙石之间：指汉武帝在边塞沙漠之地设置武威、酒泉、张掖、敦煌、朔方等郡。

② 发屯：屯兵。

「译文」

文学之士说：“以前，汉朝与匈奴建立了和亲关系，周边的异族国家也纷纷进贡归附，无论是君臣之间还是国与国之间，都建立了相互信任的关系，不再有胡人或越人的祸患。在那个时期，朝廷的征求少而且容易满足，百姓们生活安定，无须忧虑，靠着耕作为生，种植桑麻来制衣，每个家庭都有几年的积蓄，朝廷也有剩余的物资，连乡里的长者都享受到朝廷的恩泽。但从那之后，朝廷放弃了文治政策，转而依赖武力，动员大军去征服那些荒凉无用的西北边陲，于沙漠之地设立郡县，百姓们无法自行防守，只能派遣士兵屯驻，登城守卫，依靠运输车辆来提供补给。在我看来，这些行动只带来了损失，而没有看到任何成果。”

大夫曰：“匈奴以虚名市于汉，而实不从；数为蛮、貊所绐，不痛之，何故也？高皇帝仗剑定九州；今以九州而不行于匈奴[①]。闾里常民，尚有枭散[②]，况万里之主与小国之匈奴乎？夫以天下之力勤何不摧？以天下之士民何不服？今有帝名，而威不信于长城之外，反赂遗而尚踞敖[③]，此五帝所不忍，三王所毕怒也。”

「注释」

① 不行于匈奴：指汉家政令不能推行到匈奴。

② 枭（xiāo）散：古代博戏的两种彩名，以枭为贵，散为贱。

③ 敖：通“傲”，倨慢。

「译文」

御史大夫桑弘羊说：“匈奴仅以虚假的名义与汉朝进行交易，实际上却并未归顺汉朝；汉朝多次受到这些蛮夷民族的欺骗，你们却对此不感到痛恨，这是为何呢？昔日高祖皇帝手握宝剑统一了九州；现在汉朝的法令仅限九州却不能推行至匈奴。即使是普通百姓之间，也有等级之别、主次之分，更何况是中国这万里之主与小国匈奴之间呢？如果动用全中国的力量，有何难以摧毁之敌？如果依靠全中国的士兵和百姓，有何人不会臣服？现在天子虽然拥有皇帝的尊号，但威信却未能传达到长城之外，反而送给匈奴财物，纵容他们的傲慢无礼，这是历代五帝所不能忍受、三王必定愤怒的事情。”

文学曰：“汤事夏而卒服之，周事殷而卒灭之。故以大御小者王，以强凌弱者亡。圣人不困其众以兼国，良御不困其马以兼道。故造父之御不失和，圣人之治不倍德。秦摄利衔以御宇内，执修棰①以笞八极，骖服②以罢，而鞭策愈加，故有倾衔遗棰之变。士民非不众，力勤非不多也，皆内倍外附而莫为用。此高皇帝所以仗剑而取天下也。夫两主好合，内外交通，天下安宁，世世无患，士民何事？三王何怒焉？”

「注释」

① 修棰（chuí）：长鞭。

② 骖服：指驾车之马。在两旁的称骖马，在中间驾车辕的称服马。

「译文」

文学之士说：“汤侍奉夏朝，最终将其征服；周侍奉殷朝，最终将其消灭。因此，那些以强大之势服侍弱小者能够称霸天下，而那些以强权欺凌弱者的国家终将灭亡。圣明的君主不会以征服他国为目的而使自己的人民疲惫，善于驾驭的车夫也不会为了赶路而使马匹筋疲力尽。因此，造父驾驭车马总是和谐，圣明的统治者治理国家总是仁德并重。秦朝紧握着便利的马嚼来统治天下，手执长鞭来抽打四方，驾车的马匹早已经筋疲力尽，而鞭子却抽打得愈发严厉，最终才有了马匹倒下、马鞭遗失的变故。秦朝的士兵和百姓不可谓不众，力量不可谓不多，但老百姓都内叛秦朝、外附诸侯，无人可为秦朝所用。这正是高祖皇帝能够仗剑取得天下的原因。如果汉朝与匈奴和睦相处，国内外交流顺畅，天下将会安宁，世代无战乱之患，士兵和百姓又有何战事可言？三代君王又有何理由感到愤怒呢？”

大夫曰：“伯翳[①]之始封秦，地为七十里。穆公开霸，孝公广业。自卑至上，自小至大。故先祖基之，子孙成之。轩辕战涿鹿，杀两皞、蚩尤而为帝，汤、武伐夏、商，诛桀、纣而为王。黄帝以战成功，汤、武以伐成孝。故手足之勤，腹肠之养[②]也。当世之务，后世之利也。今四夷内侵，不攘，万世必有长患。先帝兴义兵以诛强暴，东灭朝鲜，西定冉、駹，南擒百越，北挫强胡，追匈奴以广北州，汤、武之举，蚩尤之兵也。故圣主斥地[③]，非私其利，用兵，非徒奋怒也，所以匡难辟害，以为黎民远虑。”

「注释」

① 伯翳：亦作“伯益”。古代嬴姓各族的祖先。东夷族领袖。

② 手足之勤，腹肠之养：手足的勤劳是为了奉养腹肠。

③ 斥地：开拓疆土。

「译文」

御史大夫桑弘羊说：“秦国的始祖伯翳当初被封赐的秦地只有七十里方圆。秦穆公在春秋时期开启了霸业，而秦孝公在战国时期进一步扩大了国家的版图。秦国从一个卑微的小国发展成为强大的霸主。这是因为先祖们奠定了基础，后代们继续发扬光大。黄帝在涿鹿之战中击败了太皞、少皞和蚩尤，从而成就了帝王之位；商汤攻伐夏朝，周武王攻伐商朝，都是通过诛灭夏桀和商纣这样的暴君来实现的。黄帝通过战争取得了成功，商汤和周武王则通过征伐来彰显孝道。因此，手足的辛勤劳作是为了奉养腹肠。当代的战事可以成为后代的福祉。现在，四方的异族侵扰我们的国土，如果不加以驱逐，那么未来的世世代代都将面临持续的威胁。先帝曾经发起正义之战，以惩罚那些强横的异族，东征灭了朝鲜，西平定了冉駹，南征服了百越，北击退了强大的匈奴，追逐匈奴以扩宽北方的疆土，这些举措都类似于商汤伐桀、武王伐纣的壮举，类似于黄帝擒蚩尤的战斗。因此，圣明的君主开拓疆土，并非出于私利，发兵征战，也不仅仅是出于发泄愤怒，而是为了拯救危难、远避灾害，为了人民长远的未来考虑。”

文学曰：“秦南禽劲越，北却强胡，竭中国以役四夷，人罢极而主不恤，国内溃而上不知；是以一夫倡而天下和，兵破陈涉，地夺诸侯，何嗣之所利？《诗》云：‘雍雍鸣鳱[1]，旭日始旦。’登得[2]前利，不念后咎。故吴王知伐齐之便，不知干遂之患。秦知进取之利，而不知鸿门之难。是知一而不知十也。周谨小而得大，秦欲大而亡小。语曰‘前车覆，后车戒’‘殷鉴不远，在夏后之世’矣。”

「注释」

① 鳱（yàn）：同“雁”，大雁。

② 登得：贪得。

「译文」

文学之士说：“秦国征服了南方的强越，击退了北方的匈奴，耗尽了中原的资源来征伐四方的异族，百姓们劳累到了极点，而君主却毫无关心，国家内部已经瓦解，但皇帝却浑然不觉；因此，一个普通的农夫陈涉一呼百应，秦军被他击败，秦国的土地被东方的诸侯夺走，这对秦国的后代有何益处？《诗经·邶风·匏有苦叶》中说：‘大雁鸣叫，太阳才刚刚升起。’人们只贪得眼前的利益，却忘记了随之而来的灾祸。因此吴王夫差只看到攻打齐国的便利，却没预见到干遂的灭顶之灾。秦国只看到攻击和夺取的好处，却没意识到鸿门宴后的危机。这就是只知其一不知其十。周朝小心翼翼地最终得到了天下，而秦国因贪欲过大而亡于小民之手。常言道：‘前面的车子倾覆了，后面的车子要引以为戒。’‘殷人的教训并不遥远，在夏桀的时代就已存在了。’”

诛秦第四十四

大夫曰："秦、楚、燕、齐，周之封国也；三晋之君，齐之田氏，诸侯家臣也；内守其国，外伐不义，地广壤进①，故立号万乘，而为诸侯。宗周修礼长文，然国翦弱，不能自存，东摄六国，西畏于秦，身以放迁，宗庙绝祀②。赖先帝大惠，绍兴其后，封嘉颍川，号周子男君。秦既并天下，东绝沛水，并灭朝鲜，南取陆梁，北却胡、狄，西略氐、羌，立帝号，朝四夷。舟车所通，足迹所及，靡不毕至。非服其德，畏其威也。力多则人朝，力寡则朝于人矣。"

「注释」

① 壤进：疆域推进。

② 宗庙绝祀：在中国古代，宗庙是王朝存在的象征，宗庙断了香火，表示王朝覆灭。

「译文」

御史大夫桑弘羊说："秦、楚、燕、齐，这些都是周朝分封的诸侯国；战国时期赵、魏、韩三国的君主，以及齐国的田氏家族，原本都是晋国和齐国诸侯的臣下；他们对内维护秩序，对外征战不公，地域宽广疆域推进，因此被誉为拥有万乘战车的强国，成为诸侯。周朝的宗室深植礼教，文化繁荣，但国势日渐衰弱，无法自立，东面受到齐、楚、燕、赵、魏、韩六国的威胁，西面则惧怕秦国的强大，最终周王被迫流亡，宗庙祭祀也断了香火。多亏了已故武帝的宽厚恩泽，接续了周朝的血脉，将周室一位叫姬嘉的后人封于颍川，尊称为周子男君。秦国最终统一了整个天下，东至沛水，灭掉了朝鲜，南占领了陆梁，北击退了胡人和狄人，西征服了氐族和羌族，自立为帝，四方的部落都来朝拜。无论是水路还是陆路，只要是人迹所至之地，没有不来朝贡称臣的。这并非因为他们敬佩秦帝的德行，而是畏惧其强大的声威。威力越大，就越有人来朝拜；威力越小，就只能向他人朝拜。”

文学曰：“禹、舜，尧之佐也，汤、文，夏、商之臣也，其所以从[①]八极而朝海内者，非以陆梁之地、兵革[②]之威也。秦、楚、三晋号万乘，不务积德而务相侵，构兵争强而卒俱亡。虽以进壤广地，如食�[③]之充肠也，欲其安存，何可得也？夫礼让为国者若江、海，流弥久不竭，其本美也。苟为无本，若蒿火暴怒而无继，其亡可立而待，战国是也。周德衰，然后列于诸侯，至今不绝。秦力尽而灭其族，安得朝人也？”

「注释」

① 从：使动词，使之顺从。

② 兵革：革，用皮革制的甲。兵器、衣甲的总称。
③ 萴（cè）：萴子（一种草本植物），侧边生出的块根，可入药。

「译文」

文学之士说："禹和舜是尧帝的辅佐大臣，商汤是夏朝桀王的臣子，周文王是商朝纣王的臣子。他们之所以能让四面八方的人顺从、海内朝拜，并不是因为陆梁的土地广阔或兵器、革车等武力的威慑。秦、楚、赵、魏、韩这些国家自诩拥有万辆战车，但他们不注重积累德行，只是相互侵扰、彼此交战，最终导致自己的灭亡。即使他们扩张了领土，但就像吃了有毒的萴子一样，怎么可能期待国家的长治久安呢？那些以礼让治理国家的人，就像江河大海一样，源远流长，永不干涸，因为江河大海有深厚的根基。如果没有这样的根基，就像点燃的蒿草，虽然火势猛烈熊熊燃烧，但很快就会熄灭，战国时期的国家就是这样。周朝的德行虽然衰落，但至今仍有后裔列为诸侯，国脉未断。秦朝的力量耗尽后，家族被灭，怎么可能让人来朝拜呢？"

大夫曰："中国与边境，犹支体与腹心也。夫肌肤寒于外，腹心疾于内，内外之相劳，非相为赐也！唇亡则齿寒，支体伤而心憯怛。故无手足则支体废，无边境则内国害。昔者，戎狄攻太王于邠，逾岐、梁而与秦界于泾、渭，东至晋之陆浑，侵暴中国，中国疾之。今匈奴蚕食内侵，远者不离[1]其苦，独边境蒙其败。《诗》

云：‘忧心惨惨，念国之为虐。’不征备，则暴害不息。故先帝兴义兵以征厥罪，遂破祁连、天山，散其聚党，北略至龙城，大围匈奴，单于失魂，仅以身免，乘奔逐北，斩首捕虏十余万。控弦[②]之民，旃裘之长，莫不沮胆[③]，挫折远遁，遂乃振旅。浑耶率其众以降，置五属国以距胡，则长城之内，河、山之外，罕被寇灾。于是下诏令，减戍漕，宽徭役。初虽劳苦，卒获其庆。”

「注释」

① 离：通“罹”，遭受。

② 控弦：开弓。

③ 沮胆：丧胆。

「译文」

御史大夫桑弘羊说：“中原地区与边疆之间的关系，就像人的四肢与心脏一样。如果外部的皮肤受寒，内部的心脏也会生病，身体内外的相互影响是不可避免的。没有了嘴唇，牙齿就会因裸露在外而感到寒冷；四肢受伤，心里也会感到痛苦。同样，如果没有了手脚，人的四肢就残废了；如果没有了边境，国家内部也会受害。过去，戎狄族群攻击了居住在邠地的太王，太王带领人民越过梁山来到岐山脚下定居，与秦国在泾水和渭水交界，戎狄向东抵达晋国的陆浑地区，不断侵扰中原地区，中原诸侯对此深感痛恨。现在，匈奴族群不断蚕食、侵犯内地，距离匈奴远的地区尚能免遭受其侵害，但边疆地区却遭受了失败。《诗经·小雅·正月》中写道：‘忧心忡忡，担忧国家遭受苦难。’如果不进行征伐和准备，匈奴的暴行就不会停止。因此，已故武帝发起了正义之战，惩罚匈奴的罪行，接着攻破了祁连山和天山，驱散了匈奴聚集的党羽，北至匈奴单于祭天的龙城，汉军包围了匈奴，匈奴单于丧魂落魄，仅凭一身之力仓皇逃脱，我军乘胜追击，斩杀和俘虏了十多万匈奴。匈奴的弓箭手和身穿毡袍的首领都被吓破了胆，遭受挫败后纷纷逃离，汉军于是整顿军队回朝。匈奴的浑邪王带领他的臣民向汉朝投降，汉朝在陇西、北地、上郡、朔方、云中设立了五个属国来抵御匈奴，从此长城以内，河山之外的地区很少再受到匈奴的侵扰。于是皇帝颁布了诏令，减少了征兵和漕运的负担，放宽了徭役。虽然在征讨匈奴的初期经历了艰苦，但最终我们获得了成功。”

文学曰：“周累世积德，天下莫不愿以为君，故不劳而王，恩施由近而远，而蛮、貊自至。秦任战胜以并天下，小海内[①]而贪胡、越之地，使蒙恬击胡，取河南以为新秦，而忘其故秦，筑长城以守胡，而亡其所守。往者，兵革亟动，师旅数起，长城之北，旋车遗镞[②]相望。及李广利等轻计——计还马足，莫不寒心；虽得浑耶，不能更所亡。此非社稷之至计也。”

「注释」

① 小海内：以海内为小。

② 遗镞（zú）：指遗弃或残剩的箭镞。

「译文」

文学之士说："周朝代代积累善行，全天下的人都愿意拥戴周王为君，因此周朝无需费力就能称王，恩泽从近及远地传播，连偏远的蛮族和貊族也自发前来朝拜。而秦朝凭借战争的胜利来统一天下，嫌弃中原的疆域太小，贪图匈奴和百越的土地，派遣蒙恬攻打匈奴，占领了黄河以南的河套地区，将其称为新秦，却忘记了秦国原有的土地，建造长城来防御匈奴，最终却抛弃了应当守护的中国本土。过去，战争频繁，军队经常被调集，在长城以北，路上到处可见倒下的战车和遗落的箭矢。等到李广利等人轻率地策划——统计回来的马匹数量，让每个人都感到心寒；尽管收降了浑邪王，但无法抵偿已经失去的东西。这显然不是治国的最佳策略。"

伐功第四十五

大夫曰："齐桓公越燕伐山戎[1]，破孤竹[2]，残令支[3]。赵武灵王逾句注，过代谷，略灭林胡[4]、楼烦[5]。燕袭走东胡，辟地千里，度辽东而攻朝鲜。蒙公为秦击走匈奴，若鸷鸟[6]之追群雀。匈奴势慑，不敢南面而望十余年。及其后，蒙公死而诸侯叛秦，中国扰乱，匈奴纷纷，乃敢复为边寇。夫以小国燕、赵，尚犹却寇虏以广地，今以汉国之大，士民之力，非特齐桓之众，燕、赵之师也；然匈奴久未服者，群臣不并力，上下未谐故也。"

「注释」

① 山戎：亦称"无终"。古族名。春秋时原分布在今山西太原，后迁河北玉田县西北无终山，故名。

② 孤竹：古国名。相传为姜姓，其君墨胎氏。在今河北卢龙东南。存在于商、西周、春秋时。伯夷、叔齐即商末西周初年孤竹君的两子。齐桓公救燕伐山戎，曾攻及孤竹。

③ 令支：古国名。在今河北迁安市西。山戎与国。公元前664年为齐桓公所灭。

④ 林胡：古族名。战国时分布在今山西朔州北至内蒙古自治区内。

从事畜牧，精骑射。赵筑长城以为防御。

⑤ 楼烦：古部族名。春秋末，分布于今山西宁武、岢岚等县地。精骑射，从事畜牧。后活动于今陕北及内蒙古南部。

⑥ 鸷（zhì）鸟：凶猛的鸟。

「译文」

御史大夫桑弘羊说：“齐桓公带兵越过燕国，攻打山戎，大破孤竹，消灭了令支。赵武灵王越过句注山，通过代谷，几乎消灭了林胡和楼烦。燕国发动突袭，驱逐了东胡，扩张了千里疆域，穿越辽东，征服了朝鲜。蒙恬为秦国击退了匈奴，如同猛禽追赶鸟群。匈奴被蒙恬的力量震慑，十多年来不敢向南方窥视。然而后来，蒙恬被赐死，诸侯背叛了秦国，中国陷入混乱，匈奴趁机纷纷活动，再次成为边境的威胁。即使是小国如燕、赵，也敢于击退侵略者，扩大自己的领土。现在，凭借汉国这样的大国和强大的民众力量，已经不仅仅是齐桓公的军队和燕、赵的兵力；然而匈奴却长时间未被征服，这是群臣没有同心协力、朝廷内外没有达成和谐一致的缘故。”

文学曰：“古之用师，非贪壤土之利，救民之患也。民思之，若旱之望雨，箪食壶浆，以逆王师。故忧人之患者，民一心而归之，汤、武是也。不爱民之死，力尽而溃叛者，秦王是也。《孟子》曰：‘君不乡道，不由仁义，而为之强战，虽克必亡。’此中国所以扰乱，非蒙恬死而诸侯叛秦。昔周室之盛也，越裳氏来献，百蛮致贡。

其后周衰，诸侯力征，蛮、貊分散，各有聚党，莫能相一，是以燕、赵能得意焉。其后，匈奴稍强，蚕食诸侯，故破走月氏[①]，因兵威，徙小国，引弓之民，并为一家，一意同力，故难制也。前君为先帝画匈奴之策：‘兵据西域，夺之便势之地，以候其变。以汉之强，攻于匈奴之众，若以强弩溃痈疽[②]；越之禽吴，岂足道哉！’上以为然。用君之义，听君之计，虽越王之任种、蠡不过。以搜粟都尉为御史大夫，持政十有余年，未见种、蠡之功，而见靡弊之效，匈奴不为加俛[③]，而百姓黎民以敝矣。是君之策不能弱匈奴，而反衰中国也。善为计者，固若此乎？”

「注释」

① 月氏（zhī）：“氏”一作“支”。古族名。汉文古籍常将大月氏略写作月氏。秦汉之际游牧于敦煌、祁连间。西汉文帝前元三至四年（前177—前176）间，遭匈奴攻击，大部分人西迁至塞种地区（今新疆伊犁河流域）。

② 痈疽（yōng jū）：一切由风火、湿热、痰凝、血瘀等邪毒所引起的局部化脓性疾病。

③ 俛：通“俯”，俯首。

「译文」

文学之士说：“古时候发动战争，并不是因为贪图疆土的利益，而是为了解救百姓的困苦。老百姓思念王师，就像干旱之地渴望雨水一样，他们用简陋的竹篮装饭，用陶壶盛米浆，迎接王师的到来。因此，那些关心百姓疾苦的统治者，百姓会全心全意地归顺他，商汤和周武王就是这样的例子。那些不关心百姓生死，导致百姓被折磨得力竭，最后众叛亲离，秦王就是这样的人。孟子曾说：‘君主如果不走正道，不遵循仁义，而强迫人民为他战斗，即使暂时胜利，最终必将灭亡。’这就是秦朝末年中国混乱的原因，并不仅仅是蒙恬的死导致诸侯反叛。在周朝鼎盛时期，南方的越裳国前来献贡，周边少数民族也都纷纷前来进贡。但后来周朝衰落，诸侯开始相互武力征伐，蛮荒部落四分五裂，各立党羽，无法团结一致，这是燕、赵能够取得胜利的原因。后来，匈奴逐渐变得强大，蚕食诸侯的领土，他们击败了月氏国，借助军事威力，迁徙了小国家，使得擅长骑射的北方民族联合成为一家，团结一致，因此难以被征服。您曾为先帝制定了对抗匈奴的策略：‘利用汉军占据西域，夺取战略要地，静待时机。以汉的强大攻击匈奴的众多，就像用强弓硬弩击溃毒疮，就像越国消灭吴国，不值一提。’皇帝认为您的策略是正确的。皇帝采纳了您的思想和计谋，即使越王勾践任用文种和范蠡也不过如此。您从搜粟都尉升为御史大夫，掌权十余年，却未能见到像文种和范蠡那样的成就，只看到了国家财政的浪费和政治的败坏，匈奴并没有因此而俯首听命，而全国的百姓却因此而家业破败。这表明您的策略并没有削弱匈奴，反而削弱了中国。难道一个善于替国家策划的人，就应该像您这样吗？”

西域第四十六

大夫曰："往者，匈奴据河、山之险，擅田牧之利，民富兵强，行入为寇，则句注之内惊动，而上郡以南咸城[1]。文帝时，虏入萧关，烽火通甘泉，群臣惧不知所出，乃请屯京师以备胡。胡西役大宛、康居之属，南与群羌通。先帝推让[2]斥夺广饶之地，建张掖以西，隔绝羌、胡，瓜分其援。是以西域之国，皆内拒匈奴，断其右臂，曳剑而走，故募人田畜以广用，长城以南，滨塞[3]之郡，马牛放纵，蓄积布野，未睹其计之所过。夫以弱越而遂意强吴，才地[4]计众非钧也，主思臣谋，其往必矣。"

「注释」

① 城：修筑城墙。

② 推让：驱逐。让，通"攘"。

③ 滨塞：边塞，边远险要的地方。

④ 才地：估算土地。才，通"裁"。

「译文」

御史大夫桑弘羊说："过去，匈奴利用黄河和阴山的天然屏障，霸占耕地和牧场，使得他们的人民富有，军队强大。每当他们侵扰边境，内地就会震动，从雁门关到上郡南部都会修筑城池防卫。文帝时期，匈奴侵略萧关，烽烟一路燃到甘泉，朝中的大臣都惊慌失措，不知道怎么办才好，只得请求在京城驻军以防匈奴的侵袭。匈奴在西方征服了大宛、康居等国，在南方与各羌族结盟。已故先帝驱逐匈奴，果断地夺回了中国肥沃的土地，在张掖以西建立了郡县，将羌族和匈奴隔离开来，割断了匈奴的外援。因此，西域的各个国家都开始抵抗匈奴，相当于切断了匈奴的右臂，匈奴无奈之下只能拖剑而逃。之后汉朝开始招募民众在河西地区耕种和放牧，以此来增加国家的财富。在长城以南，边塞的各个郡县，马匹和牛群可以自由奔跑，粮食储备遍布田野。我认为朝廷开辟西域、征服匈奴的策略并没有什么不妥。就像在春秋时期，虽然越国弱小，但最终还是按照自己的意愿击败了强大的吴国。估算土地面积和人口数量，吴越并不是均等的，但越王勾践深思熟虑，名臣范蠡、文种为之出谋划策，越国的军队出征，灭吴成了必然。”

文学曰：“吴、越迫于江、海，三川循环之，处于五湖之间，地相迫，壤相次，其势易以相禽也。金鼓[①]未闻，旌旗未舒，行军未定，兵以接矣。师无辎重[②]之费，士无乏绝之劳，此所谓食于厨仓而战于门郊者也。今匈奴牧于无穷之泽，东西南北，不可穷极，虽轻车利马，不能得也，况负重羸兵以求之乎？其势不相及也。茫茫乎若行九皋[③]未知所止，皓皓乎若无网罗而渔江、海，虽及之，三军罢弊，适遗之饵也。故明王知其无所利，以为役不可数行，而权不可久张也，故诏公卿大夫、贤良、文学，所以复枉[4]兴微[5]之路。公卿宜思百姓之急，匈奴之害，缘圣主之心，定安平之业。今乃留心于末计，摧本议，不顺上意，未为尽于忠也。”

「注释」

① 金鼓：古代击鼓进攻，鸣金收兵。

② 辎（zī）重：军用器械、粮草、营帐、服装等的统称。

③ 九皋（gāo）：深泽。

④ 复枉：纠正弯曲。

⑤ 兴微：从微小之处做起。

「译文」

文学之士说：“吴国和越国被江河和海洋所限制，松江、钱塘江和浦阳江三江环绕，位于长荡湖、太湖、射贵湖、上湖、滆湖五大湖泊之中，土地紧邻，边界接壤，这使得它们容易相互冲突。军队金鼓尚未敲响，军旗还未展开，行军的计划还没定下来，双方的兵器就已经交接。军队不需军用物资的费用，士兵也没有长途远征的筋疲力尽，这正是所谓的‘在厨房吃完饭后直接走到门前去作战’的情形。而今，匈奴在无边无际的草原上放牧，无论是东西南北，都是一望无际，即便拥有轻便的战车和飞速的战马也无法追赶，更何况是背负重装备追赶的汉军呢？这种情况下，汉军根本无法赶上。如此追赶就像在茫茫无尽的水泽草原上奔波，不知道目的地在哪里，或者像在广阔的江海中没有网而徒手捕鱼，即使追上了匈奴，汉军将士也已经筋疲力尽，反而成了送到匈奴嘴边的猎物。因此，英明的君主意识到对匈奴的征伐没有任何好处，认为不应该频繁发动战争，也不应该无限扩张权力，所以他下令公卿、大夫、贤良之士和文学之士相互讨论，寻找纠正弯曲、从细微处复兴汉朝的方法。作为公卿，你们应当考虑人民的紧迫需求和匈奴的威胁，顺应圣明君主的意愿，确立和平安定的治理。但现在，你们却专注于次要的战略，破坏了与民休息的根本计划，不顺从君主的意志，这不能算是尽忠。”

大夫曰：“初，贰师不克宛而还也，议者欲使人主不遂忿[1]，则西域皆瓦解而附于胡，胡得众国而益强。先帝绝奇听，行武威，还袭宛，宛举国以降，效其器物，致其宝马。乌孙之属骇胆，请为臣妾。匈奴失魄，奔走遁逃，虽未尽服，远处寒苦墝埆之地，壮者死于祁连、天山，其孤未复。故群臣议以为匈奴困于汉兵，折翅伤翼，可遂击服。会先帝弃群臣，以故匈奴不革。譬如为山[2]，未成一篑而止，度功业而无继成之理，是弃与胡而资强敌也。辍几沮成，为主计若斯，亦未可谓尽忠也。”

「注释」

① 遂忿：泄愤。

② 为山：堆土成山。

「译文」

御史大夫桑弘羊说：“起初，贰师将军李广利领导的军队未能征服大宛，撤回敦煌。参与议政的公卿建议皇帝不要为了发泄愤恨而继续进攻，应该停止攻宛，否则会使西域中有意归汉的国家意志动摇，转向支持依附匈奴，匈奴得到支持将变得更加强大。然而，已故武帝没有采纳这些无稽之谈，而是决定展现军事力量，再次进攻大宛，最终大宛全国投降，并上缴了宝贵的器物和珍贵的汗血宝马。乌孙和其他西域国家闻风丧胆，纷纷请求成为汉朝的臣民。匈奴惊慌失措，四处逃窜，尽管还未完全臣服，但他们被迫居住在遥远且贫瘠的地方，许多壮年男子在祁连山和天山战死，他们的孤儿还未长大。因此，朝廷的大臣们认为，匈奴已被汉军困住，如同折断了翅膀，应该趁机彻底征服他们。但不幸的是，恰逢武帝弃群臣而去，匈奴的局势并未有所改变。这就像堆土成山，却在差一筐土就完成时停下，功业未竟，没有继续推向成功的意愿，这无异于放弃了成果，反而增强了匈奴实力。中断了即将成功的事业，破坏了事业的成功，谋划这样的策略对于君主来说，也不能算尽了忠诚。”

文学曰：“有司言外国之事，议者皆徼一时之权，不虑其后。张骞言大宛之天马汗血，安息[①]之真玉大鸟[②]，县官既闻如甘心焉，乃大兴师伐宛，历数期而后克之。夫万里而攻人之国，兵未战而物故过半，虽破宛得宝马，非计也。当此之时，将卒方赤面[③]而事四夷，师旅相望，郡国并发，黎人困苦，奸伪萌生，盗贼并起，守尉不能禁，城邑不能止。然后遣上大夫衣绣衣以兴击之。当此时，百姓元元，莫必其命，故山东豪杰，颇有异心。赖先帝圣灵斐然。其咎皆在于欲毕匈奴而远几也。为主计若此，可谓忠乎？”

「注释」

① 安息：“帕提亚王国”。西亚古国。帕提亚（Parthia）地处伊朗高原东北部，原为波斯帝国属地。公元前4世纪曾被马其顿亚历山大占领，后属塞琉西王国。前3世纪中期独立，阿萨息斯一世（Arsaces Ⅰ）称王，建阿萨息斯王朝（中国史籍译称“安息”）。

② 大鸟：鸵鸟。

③ 赤面：红脸，形容将士与敌厮杀时血脉偾张的面容。

「译文」

文学之士说：“负责外事的官员们讨论时都只看重一时的权力，而不考虑长远后果。张骞告诉武帝，大宛有汗血宝马，安息有珍贵的玉石和巨大的鸵鸟，这些话一旦传到朝廷，他们便急切地想要这些异国之宝以满足自己的欲望，于是征调大军去征服大宛，历经数年艰辛才将其攻下。然而，跋涉万里去侵略他国，战斗尚未开始，士兵就已损失过半，即便最终攻克大宛获得了宝马，这也不是明智之举。在那个时候，士兵们正在与边疆四夷苦战，军队遍布道路，各地都在征兵，百姓们生活在困苦之中，奸诈之徒开始出现，盗贼四起，地方官吏束手无策，不能禁止，城镇无法阻挡。随后，朝廷派遣身穿绣花官服的特使去镇压叛乱。在这种情况下，百姓们的生命安全无人能保，因此山东的豪杰们开始心生异志。幸好先帝的神圣灵气显现，才使混乱得以平息。这一切错误，都是因为官员们一心想要彻底征服匈奴，却没有考虑到停战休养的大计。像这样为君主出谋划策，真的称得上忠诚吗？”

世务第四十七

大夫曰："诸生妄言！议者令可详用，无徒守椎车之语[①]，滑稽而不可循。夫汉之有匈奴，譬若木之有蠹，如人有疾，不治则浸以深。故谋臣以为击夺以困极之。诸生言以德怀之，此有其语而不可行也。诸生上无以似三王，下无以似近秦，令有司可举而行当世，安蒸庶[②]而宁边境者乎？"

「注释」

① 守椎车之语：指过时的、没有用的话。

② 蒸庶：民众，百姓。

「译文」

御史大夫桑弘羊说："各位文学之士简直是在胡说！参与讨论的人所提的意见应该周详可用，不要总是守着一些过时的空话来混淆是非又让人不可捉摸。大汉有匈奴的侵扰，就像树木有蛀虫，又像人有疾病，如果不及时治疗，就会逐渐恶化。因此，有谋略的臣子认为应该攻击匈奴，夺取胜利，使他们陷入极端的困境之中。各位文学之士说要以仁德去感化匈奴，这种做法口头上说说可以，实际施行起来却是行不通的。你们这些文学之士，远点说没有夏、商、周三王那样的仁德，近点说又没有秦始皇那样的韬略，却还要让官吏推荐你们，并在当下施行你们的主张，这样怎么能够使百姓安定、边境安宁呢？”

文学曰：“昔齐桓公内附百姓，外绥诸侯，存亡接绝，而天下从风。其后，德亏行衰，葵丘之会，振而矜之，叛者九国。《春秋》刺其不崇德而崇力也。故任德，则强楚告服，远国不召而自至；任力，则近者不亲，小国不附。此其效也。诚上观三王之所以昌，下论秦之所以亡，中述齐桓所以兴，去武行文，废力尚德，罢关梁①，除障塞②，以仁义导之，则北垂无寇虏之忧，中国无干戈之事矣。”

「注释」

① 罢关梁：撤除关卡，以便于货物流通。

② 除障塞：除掉屏障要塞。

「译文」

文学之士说：“从前，齐桓公对内亲附百姓，对外安抚诸侯，挽救即将灭亡的国家，接继已经灭亡的国家，所以天下诸侯很快便归顺于他。后来，齐桓公的德行衰败，在葵丘会盟诸侯之时，他趾高气昂、骄横跋扈，最终使得许多诸侯国都背叛了他。《春秋》也指责齐桓公不崇尚仁德而崇尚武力。因此，当齐桓公崇尚仁德之时，强大如楚国也会宣告臣服，远方的诸侯国也会主动归顺；当齐桓公崇尚武力时，附近的诸侯国不会再亲近他，弱小的国家也不会再依附他。这就是崇尚仁德与崇尚武力的不同结果。如果我们远一些去观察夏、商、周三王统治时期为何会昌盛，近一些去讨论秦朝是怎样灭亡的，分析居于两者中间的齐桓公为何会兴起，（便可以发现）如果朝廷放弃依靠武力而推广礼义，废除暴力而崇尚仁德，撤销关卡，拆除屏障要塞，以仁义去引导天下，那北部边境便不再会有匈奴的侵扰，中原地区也就不再会有战事了。”

大夫曰：“事不豫辨[①]，不可以应卒。内无备，不可以御敌。《诗》云：‘诰尔民人，谨尔侯度，用戒不虞。’故有文事，必有武备。昔宋襄公信楚而不备，以取大辱焉，身执囚而国几亡。故虽有诚信之心，不知权变，危亡之道也。《春秋》不与夷、狄之执中国，为其无信也。匈奴贪狼，因时而动，乘可而发，飙举[②]电至。而欲以诚信之心，金帛之宝，而信无义之诈，是犹亲跖、蹻而扶猛虎也。”

「注释」

① 豫辨：事先辨别。豫，通“预”。

② 飙举：像狂飙一样行动。

「译文」

御史大夫桑弘羊说："事情如果不事先辨识，就不可以应付突然发生的变化。朝廷内部如果没有做好军事防备，就不能抵御敌人的进攻。《诗经·大雅·抑》中说：'告诉你们的百姓，要谨慎遵守诸侯制定的法律，以此来戒备意外事件的发生。'因此，国家在进行文治的同时，也要做好武力方面的准备。从前宋襄公因为过于相信楚国，而不提前做好防备，以至于遭受了奇耻大辱，被楚国人捉为囚犯，国家也差一点灭亡。所以说，只有诚信之心，而不知道随机应变，就是走向了危险与灭亡的道路。《春秋》之中不赞许身为夷狄的楚国抓捕中原诸侯宋襄公这件事，是因为楚国不讲信用。匈奴就像虎狼一般贪婪，他们会等待时机发起进攻，会像狂飙一般席卷而来，又像闪电一般转瞬即去。现在你们竟然想用诚信之心去对待他们，赠送给他们黄金丝绸等宝物，盲目地相信毫无信义的欺诈，这就好比亲近盗跖、庄跻这两个大盗而扶助猛虎一样。"

文学曰："《春秋》'王者无敌'。言其仁厚，其德美，天下宾服，莫敢交也。德行延及方外，舟车所臻，足迹所及，莫不被泽。蛮、貊异国，重译自至。方此之时，天下和同，君臣一德，外内相信，上下辑睦。兵设而不试，干戈闭藏而不用。《老子》曰：'兕[1]无所用其角''螫[2]虫无所输其毒'。故君仁莫不仁，君义莫不义。世安得跖、跻而亲之乎？"

「注释」

① 兕（sì）：古书上所说的雌犀牛。

② 螫（shì）：蜂、蝎等刺人。

「译文」

文学之士说："《春秋》中说，施行王道的人天下无敌。这是在说天子为人宽厚，道德美好，所以天下的人都归顺于他，没有人敢与他较量。他的德行可以传播到国境之外，凡是车船可以到的地方、足迹可以抵达的地方，没有人不蒙受他的恩泽。像蛮、貊这样蛮荒落后的异族，也可以通过几重翻译，主动前来归附。到那时，天下太平，君臣同心同德，国境内外相互信任，朝野上下和睦相处。设立军队却不需要作战，兵器收藏起来而不需要使用。老子说：'犀牛没有地方使用它的牛角，毒虫也没有地方释放它的毒液。'所以，一国之主如果仁，那就没有人不仁；一国之主如果义，那就没有人不义。如此这般，世上哪里还有盗跖、庄蹻这样的人可以去亲近呢？"

大夫曰："布心腹[①]，质情素[②]，信诚内感，义形乎色。宋华元、楚司马子反之相睹也，符契内合[③]，诚有以相信也。今匈奴挟不信之心，怀不测之诈，见利如前，乘便而起，潜进市侧，以袭无备。是犹措重宝于道路而莫之守也。求其不亡，何可得乎？"

「注释」

① 布心腹：说出内心的话。

② 情素：真情实意，本心。

③ 符契内合：如同契约凭证相合。古代契约凭证一分为二，当事双方各执一半，兑约时以契约相合为据。

「译文」

御史大夫桑弘羊说："推心置腹地说出心里话，对话表达真实感情，内心满怀真诚，脸上就会显出正义的神情。春秋时期，宋国大夫华元与司马子反在战场上相见，倾心交谈，就像符或契合在一起一样，这是因为他们都有诚意而可以信任。但现在，匈奴怀有不可信任的险恶用心，以及难以推测的狡诈诡计，看到利益就想冲上前去掳掠，抓住机会便会随时发起进攻，他们会偷偷潜藏在市场旁边，趁我们没有防备之时发动袭击。这就好比将贵重的宝物放在道路上而没有人看守，想要让它不丢失，这怎么可能呢？"

文学曰："诚信著乎天下，醇[1]德流乎四海，则近者哥讴[2]而乐之，远者执禽而朝之。故正近[3]者不以威，来远者不以武，德义修而任贤良也。故民之于事也，辞佚而就劳，于财也，辞多而就寡。上下交让，道路雁行[4]。方此之时，贱货而贵德，重义而轻利，赏之不窃，何宝之守也！"

「注释」

① 醇：通“纯”。

② 哥讴：歌颂。哥，通“歌”。

③ 正近：纠正近处民众言行。

④ 雁行：并行、平列而有次序。

「译文」

文学之士说：“如果君主以诚信著称于天下，让纯德流传于四海，那附近的国家便会歌颂他并乐于臣服，远方的国家则会拿着礼物前来朝贡。因此纠正近处的人不依靠威势，招徕远处的人不依靠武力，而是依靠施行仁义道德，任用贤良的人。如此，老百姓在做事情时，才会不贪图安逸而勤恳劳作；在接纳财物时，也会推让多的而选择少的。朝野上下相互谦让，路上的行人就像雁行一样排列有序。到了这时，人们都轻视财物而崇尚德行，重视道义而轻视利益，即使奖赏东西，他都不会要，（如此）还有什么宝物是需要看守的呢？”

和亲第四十八

大夫曰："昔徐偃王行义而灭，鲁哀公好儒而削。知文而不知武，知一而不知二。故君子笃仁以行，然必筑城以自守，设械以自备，为不仁者之害已也。是以古者，蒐[①]狝[②]振旅而数军实焉，恐民之愉[③]佚而亡戒难。故兵革者国之用，城垒者国之固也；而欲罢之，是去表见里，示匈奴心腹也。匈奴轻举潜进，以袭空虚，是犹不介[④]而当矢石之蹊，祸必不振。此边境之所惧，而有司之所忧也。"

「注释」

① 蒐（sōu）：春天打猎。

② 狝（xiǎn）：古代秋天出猎的名称。

③ 愉（tōu）：通"偷"，苟且，怠惰。

④ 介：通"甲"。

「译文」

御史大夫桑弘羊说："从前，徐国的偃王因仁义之治而国破家亡，鲁国的哀公偏爱儒士而导致国势衰微。他们只懂得文治之道，却不懂武备之重，只通晓一端，却忽略了另一端。因此，虽然君子应当坚持仁义之行，但也必须建造城池以保护自己，准备武器以备不时之需，以防那些无仁之人伤害自己。正因如此，古时候的人们会在春秋举行狩猎，以此来检阅军队，确保军备齐全，他们担心人民苟且偷安，而忘记了防备灾难。所以，兵器和盔甲是国家的必需品，城墙和堡垒是国家的坚固根基。而现在你们想要废除兵革城堡，这无异于撤去国家的外部防护展现内里，向匈奴暴露了我们的心腹。匈奴人轻装上阵，悄无声息地接近，以便突袭我们的空虚之地，这就像不穿甲胄直接站在箭石飞行的路径上，灾难是无法避免的。这是边境地区所恐惧的事，也是负责官员所担忧的事。”

文学曰：“往者，通关梁，交有无，自单于以下，皆亲汉内附，往来长城之下。其后，王恢误谋马邑，匈奴绝和亲，攻当路塞[①]，祸纷拏[②]而不解，兵连而不息，边民不解甲弛弩，行数十年，介胄而耕耘，钼耰而候望，燧燔烽举，丁壮弧弦而出斗，老者超越而入葆[③]。言之足以流涕寒心，则仁者不忍也。《诗》云：‘投我以桃，报之以李。’未闻善往而有恶来者。故君子敬而无失，与人恭而有礼，四海之内，皆为兄弟也。故内省不疚，夫何忧何惧！”

「注释」

① 攻当路塞：进攻交通要道上的关塞。

② 纷挐（ná）：混乱貌。

③ 葆：通“堡”，城堡。

「译文」

文学之士说：“过去，汉朝与匈奴之间的关卡和桥梁畅通无阻，双方互通有无，从匈奴的单于到普通百姓，都与汉朝保持亲密关系，愿意归附，双方往来于长城之下。但随后，王恢在马邑的策划失误导致匈奴与汉朝的和亲关系断裂，匈奴便攻击了要道上的关塞，灾难接踵而至，难以解决，战火连绵不绝，边境居民长年累月不得卸下盔甲，不敢放松弓弩，经历几十年，他们穿戴着铠甲头盔耕作，手持农具还要警惕敌情，边疆上烽火连天，壮年男子携弓带箭奔赴战场，老人则急忙逃入堡垒避难。这些情况让人听闻后不禁泪流满面，心生寒意，仁慈之人无法忍受这样的景象。《诗经·大雅·抑》中说：‘你给我一个桃，我回报你一个李。’从未听说过用善意交往却换来恶意的回应。因此，君子应当保持尊重而不失礼，如果与人相处恭敬有礼，那么四海之内的人就都是兄弟姐妹。所以，只要内心自省而无愧疚，何需忧虑和恐惧呢？”

大夫曰：“自春秋诸夏之君，会聚相结，三会之后，乖疑相从，伐战不止；六国从亲，冠带[1]相接，然未尝有坚约。况禽兽之国乎！《春秋》存君在楚，诘朏之会书公，绐[2]夷、狄也。匈奴数和亲，而常先犯约，贪侵盗驱，长诈之国也。反复无信，百约百叛，若朱、象之不移，商均之不化。而欲信其用兵之备，亲之以德，亦难矣。”

「注释」

① 冠带：指戴帽束带。此处指山东六国派出的合纵使者。

② 绐：通“殆”，危。

「译文」

御史大夫桑弘羊说：“自春秋时期以来，华夏的各诸侯国领袖们聚集一堂，结盟联合，但经过几次盟会之后，猜忌和怀疑随之而生，互相攻伐，战争不止；到了战国时期，山东六国联合起来对抗秦国，合纵使者们冠带相望于道，相互之间的盟约却从未得到坚守。中原地区尚且如此，更何况是像匈奴这样野蛮的国家呢！《春秋·襄公二十九年》记载，鲁襄公被囚禁在楚国，《春秋·定公四年》中的诘鼬之会也提到了鲁定公，都是认为夷狄危险。匈奴多次与汉朝和亲，却总是首先违背盟约，他们贪婪地侵扰和掠夺，是一个擅长欺骗的国家。他们屡次背信弃义，一百次盟约便会一百次背叛，就像尧的不肖子丹朱、舜的不肖弟象那样本性顽劣，就像舜的不肖子商均那样无法被感化。想要相信匈奴在军事准备上的诚意，以及用仁德来亲近他们，实在是太难了。”

文学曰：“王者中立[①]而听乎天下，德施方外，绝国殊俗，臻于阙廷[②]，凤皇在列树，麒麟在郊薮[③]，群生庶物，莫不被泽。非足行而仁办之也，推其仁恩而皇之，诚也。范蠡出于越，由余长于胡，皆为霸王贤佐。故政有不从之教，而世无不可化之民。《诗》云：‘酌彼行潦，挹彼注兹。’故公刘处戎、狄，戎、狄化之。太王去豳[4]，豳民随之。周公修德，而越裳氏来。其从善如影响。为政务以德亲近，何忧于彼之不改？”

「注释」

① 中立：立于天下的中心。

② 阙廷：朝廷。亦借指京城。

③ 郊薮（sǒu）：郊野草泽之地。

④ 豳（bīn）：同“邠”，古邑名。在今陕西旬邑西南。周族后稷的曾孙公刘由邰迁居于此，到文王祖父太王又迁于岐。

「译文」

文学之士说：“君主立于中央，聆听天下之声，其仁德之泽，流布至远方不同风俗习惯的邦国，他们都来到天子的宫阙朝廷。凤凰栖于树上，麒麟在野泽游玩，天下万物生灵，没有不承受天子恩泽的。这并不是君主亲足行走所能办到的，而是通过推广仁慈之恩，广泛地施与众人，这是出自天子的诚心啊。范蠡离开越国，由余在西戎成长，他们最终都成为霸主的贤良辅佐。所以，只有朝廷发布的政令不合民意，但没有不可教化的民众。《诗经·大雅·泂》中说：‘从道旁取水，倒入此处。’因此，公刘居于戎狄之地，使戎狄变得文明。太王离开豳地，豳地的人民跟随他到岐山下。周公修身养德，远方的越裳氏便前来朝拜。善行之举，如影随形，如响应声。若朝廷之政务以求仁以德亲近匈奴，何需忧虑他们不改天性呢？”

卷九

繇役第四十九

大夫曰："屠者解分中理[①]，可横以手而离也；至其抽筋凿骨，非行金斧不能决。圣主循性而化，有不从者，亦将举兵而征之，是以汤诛葛伯，文王诛犬夷。及后戎、狄猾夏，中国不宁，周宣王、仲山甫式遏寇虐。《诗》云：'薄伐猃狁[②]，至于太原。''出车彭彭，城彼朔方[③]。'自古明王不能无征伐而服不义，不能无城垒而御强暴也。"

「注释」

① 中理：符合腠理。

② 猃狁（xiǎn yǔn）：古族名。《史记》载黄帝北逐荤粥。殷周之际，分布在今陕西、甘肃北境及内蒙古自治区西部。从事游牧。

③ 朔方：北方。

「译文」

御史大夫桑弘羊说："就像屠夫在分割肉体时，只需符合腠理就能轻易从旁侧用手分开；但当需要抽出筋脉或劈开骨头时，没有锋利的金斧是无法完成的。圣明的君主顺应人性去教化人民，若遇到不顺从的，也必须动用武力去征服，正如商汤处决了葛伯、文王处决了犬夷一样。后来，戎狄扰乱中原，使得中国不得安宁，周宣王和仲山甫起而制止这些侵扰。《诗经·小雅·六月》中说：‘轻兵攻打猃狁，一直打到太原。’《诗经·小雅·出车》说：‘战车隆隆，在北方筑城。’自古以来，明智的君王无法不通过征战来制服那些不义之人，也不能不建立城垒来抵御暴力。”

文学曰：“舜执干戚而有苗①服，文王底德而怀四夷。《诗》云：‘镐京②辟雍，自西自东，自南自北，无思不服。’普天之下，惟人面之伦，莫不引领而归其义。故画地为境，人莫之犯。子曰：‘白刃可冒，中庸不可入。’至德之谓也。故善攻不待坚甲而克，善守不待渠梁而固。武王之伐殷也，执黄钺，誓牧之野，天下之士莫不愿为之用。既而偃兵，搢③笏④而朝，天下之民莫不愿为之臣。既以义取之，以德守之。秦以力取之，以法守之，本末不得，故亡。夫文犹可长用，而武难久行也。”

「注释」

① 有苗：亦称“苗民”。古族名。《史记·五帝本纪》载其地在江、淮、荆州（今河南南部至湖南洞庭湖、江西鄱阳湖一带）。传说舜时被迁到三危（今甘肃敦煌一带）。

② 镐(hào)京：与丰同为西周国都。故址在今陕西西安市长安区西北。

③ 搢（jìn）：插。

④ 笏（hù）：朝笏，亦称“手板”。古时大臣朝见时手中所执的狭长板子，用玉、象牙或竹片制成，以为指画、记事之用。

「译文」

文学之士说：“舜帝命人手执盾牌大斧跳武舞，使得有苗归顺；文王以德服人，四方异民心悦诚服。《诗经·大雅·文王有声》中写道：‘镐京建立辟雍，从西到东，从南到北，没有人不想归服。’普天之下，所有人类都会自然而然地归顺正义。因此，只需划定界限，就无人敢越雷池一步。孔子曾言：‘刀剑可以迎面而来，但至高的道德是不可侵犯的。’说的就是至高无上的德行。所以，擅长进攻的人无须坚固的盔甲就能取胜，擅长防守的人无须深渠高垒就能坚守。周武王征伐殷纣，手持黄钺，在牧野上誓师，天下的勇士无不愿意为他效力。之后武王停战，朝臣们插朝笏参加朝会，天下的百姓无不愿意成为他的子民。周朝以正义之道取得天下，以仁德之道守护天下。而秦朝则是以武力夺取天下，以严苛的法律维护天下，最终因本末倒置而亡。文治之道可以长久施行，而武力之道难以持续。”

大夫曰：“《诗》云：‘猃狁孔炽，我是用戒。’‘武夫潢潢，经营四方。’故守御征伐，所由来久矣。《春秋》大戎未至而豫御之。故四支强而躬体固，华叶茂而本根据。故饬四境所以安中国也，发戍漕所以审劳佚也。主忧者臣劳，上危者下死。先帝忧百姓不赡，出禁钱①，解乘舆骖②，贬乐损膳③，以赈穷备边费。未见报施之义，而见沮成之理，非所闻也。”

「注释」

① 禁钱：由少府掌管、供帝王使用的钱财。

② 解乘舆骖：解下皇帝车舆上的骖马。

③ 贬乐损膳：减少音乐娱乐，降低伙食标准。

「译文」

御史大夫桑弘羊说：“《诗经·小雅·六月》中有云：‘猃狁之气勃发，形势因此紧急。’《诗经·大雅·江汉》又说：‘武士们雄壮勇猛，四处征战经营。’由此可见，边防征战的传统由来已久。《春秋》记载，即使戎狄未至，也要提前做好防备。因此，四肢若强健，则身体自然健全；叶若繁茂，则树根必深厚。所以，整顿四方边境，是为了确保中原的安宁；征发戍边漕运，是为了确保一劳永逸。君主有忧虑时，臣子就应当辛劳；上位者有危险时，下位者就应当献身。已故武帝担心百姓生活不富足，便动用皇家经费，解下皇帝车舆上的骖马，减少音乐娱乐，降低伙食标准，以此救济贫困，补给边防之费。我未曾见过你们有何报答先皇的举措，反倒听闻你们贬低先帝功绩的不当之言，这是我没听说过的。”

文学曰：“周道衰，王迹熄，诸侯争强，大小相凌。是以强国务侵，弱国设备。甲士劳战阵，役于兵革，故君劳而民困苦也。

今中国为一统，而方内不安，徭役远而外内烦也。古者，无过年之繇，无逾时之役。今近者数千里，远者过万里，历二期①。长子不还，父母愁忧，妻子咏叹，愤懑之恨发动于心，慕思之积痛于骨髓。此《杕杜》②《采薇》③之所为作也。”

「注释」

① 二期：两年。

② 《杕（dì）杜》：《诗经·小雅》篇名。《诗序》说是慰劳戍役归还者的诗。诗中写戍役者的家人盼望其归还的心情。

③ 《采薇》：《诗经·小雅》篇名。诗中反映从军者抗御猃狁的艰辛生活和怀归之情。《鲁诗》及《齐诗》皆说是周懿王时的作品。《诗序》则说是文王派遣戍卒时所唱的乐歌。也有人说是季历（文王父）时诗，一说系周宣王时作品。

「译文」

文学之士说：“周朝的治理日渐衰弱，王室事迹黯淡，各个诸侯国争夺霸权，强者压迫弱者。由此强国不断侵略，而弱国则不得不防备。身披铠甲的士兵在战场上劳累奔波，被征召参与战争，使得君主辛劳，百姓也生活在困苦之中。现在虽然中国实现了统一，但国内仍然动荡不安，民众服役的地方遥远，无论国内外都让人烦心。在古时，没有超过一年的徭役，也没有超过时限的兵役。而现在，近距离的徭役也有数千里，远距离的更是超过万里，时间长达两年之久。长子不能归家，父母因此忧心忡忡，妻子则叹息不已，心中充满了愤怒和悲痛，对亲人的思念之情深入骨髓。这些情感正是《诗经·唐风·杕杜》《诗经·小雅·采薇》创作的原因啊。”

险固第五十

大夫曰："虎兕所以能执熊罴、服群兽者，爪牙利而攫①便也。秦所以超诸侯、吞天下、并敌国者，险阻固而势居然也。故龟猬有介，狐貉不能禽；蝮蛇②有螫，人忌而不轻。故有备则制人，无备则制于人。故仲山甫补衮职之阙，蒙公筑长城之固，所以备寇难，而折冲万里之外也。今不固其外，欲安其内，犹家人不坚垣墙，狗吠夜惊，而暗昧妄行也。"

「注释」

① 攫：鸟用爪疾取。

② 蝮蛇：亦称"短尾蝮""草上飞"。爬行纲，蝰科。有毒。

「译文」

御史大夫桑弘羊说："老虎、犀牛之所以能够捕捉熊罴、制服各种野兽，是因为它们有锋利的爪牙，便于抓捕猎物。秦国之所以能够超越各个诸侯国、吞灭天下、兼并敌国，是因为占据了险要坚固的地形，这是形势发展的结果。因为乌龟、刺猬有甲壳，所以狐貉无法捕捉它们；蝮蛇有毒牙，所以人类忌惮而不敢轻视它。所以，有所防备就能控制别人，没有防备就要受制于人。周宣王名臣仲山甫之所以能弥补天子的过失，蒙恬之所以修筑险固的长城，都是因为要做好防备，抵御万里之外的敌人。如今，不加强国家边防，就想要安定国内，这就像百姓们不去修筑坚固的院墙，所以夜里一听到犬吠声便会惊起，在黑夜之中不知所措一样。”

文学曰：“秦左殽、函，右陇阺，前蜀、汉，后山、河，四塞以为固，金城千里，良将勇士，设利器而守陉[①]隧，墨子守云梯之械也。以为虽汤、武复生，蚩尤复起，不轻攻也。然戍卒陈胜无将帅之任，师旅之众，奋空拳而破百万之师，无墙篱之难。故在德不在固。诚以仁义为阻，道德为塞，贤人为兵，圣人为守，则莫能入。如此则中国无狗吠之警，而边境无鹿骇[②]狼顾[③]之忧矣。夫何妄行而之乎？”

「注释」

① 陉（xíng）：狭窄的通道。

② 鹿骇：鹿性易惊，喻惊惶纷扰之状。

③ 狼顾：狼行走时常回头后顾以防袭击。比喻人有后顾之忧。

「译文」

文学之士说：“秦国的东边有崤山与函谷关，西边有陇山，前方为蜀郡与汉中，后方为群山与黄河，四面有坚固的天险要塞，如同绵延千里、固若金汤的铜墙铁壁，再加上良将勇士，可以手持锐利的武器在山陉关隘处把守，这就如同墨子防备敌人使用云梯来攻城一般。秦国认为，即便是商汤、周武王再世，蚩尤复生，也绝不敢轻易向秦国发起进攻。可是，有一个名叫陈胜的戍卒，他既不是王侯将帅，也没有师旅那样多的兵马，他只凭赤手空拳，就打败了秦朝的百万虎狼之师，仿佛比越过围墙、篱笆还要容易。因此，防备敌人的关键在于仁德，而不在于边防的险固。如果真能做到用仁义为险，以道德为关，以贤臣士人为器，以圣者仁人为将，那么就不会有敌人能够侵入了。这样一来，中原就不会有犬吠报警之声，边境也不会有像鹿受惊骇、狼行回顾那样的忧虑。（如此一来）又怎么会出现在黑夜之中不知所措的情况呢？”

大夫曰：“古者，为国必察土地、山陵阻险、天时地利，然后可以王霸。故制地城郭，饬沟垒，以御寇固国。《春秋》曰：‘冬浚洙。’修地利也。三军顺天时，以实击虚，然困于阻险，敌于金城。楚庄之围宋，秦师败崤嵚崟[1]，是也。故曰：‘天时不如地利。’羌、胡固，近于边，今不取，必为四境长患。此季孙之所以忧颛臾，有句贱之变[2]，而为强吴之所悔也。”

「注释」

① 嵚崟（qīn yín）：山高貌。

② 句贱之变：指句践灭吴。句践，亦作“勾践”。春秋时越国君。越王允常之子。公元前 497—前 465 年在位。

「译文」

御史大夫桑弘羊说："古时候，治理国家的人一定要率先考察土地、山川险阻、天时地利，然后才能称霸于天下。因此，要因地制宜地修建内城外郭，挖护城河，筑堡垒，以防御敌人，巩固边防。根据《春秋·庄公九年》的记载：'鲁国到了冬天要疏浚洙水。'这里说的就是要加强有利的地形。三军要顺应天时，以实击虚，但是有时候也会被险阻所困、被坚固的城防阻挡。这就是楚庄王围攻宋国时无法攻克，秦军在险峻的崤山惨败的原因。所以，孟子说：'天时不如地利。'羌人和匈奴都很强大，又接近中原边境，如果现在不将它们打下来，那势必会成为中原边境的长久祸患。这就是鲁国季孙肥之所以忧虑颛臾、越王勾践变强，让吴王夫差懊悔不已的原因啊！"

文学曰："地利不如人和，武力不如文德。周之致远，不以地利，以人和也。百世不夺，非以险，以德也。吴有三江、五湖之难，而兼于越。楚有汝渊、两堂之固，而灭于秦。秦有陇阺、崤塞，而亡于诸侯。晋有河、华、九阿，而夺于六卿。齐有泰山、巨海，而胁于田常。桀、纣有天下，兼于滈[①]亳。秦王以六合[②]困于陈涉。非地利不固，无术以守之也。释迩忧远，犹吴不内定其国，而西绝淮水与齐、晋争强也；越因其罢，击其虚。使吴王用申胥，修德，无恃极其众，则句践不免为藩臣海崖，何谋之敢虑也？"

「注释」

① 滈（hào）：通“镐”，西周都城。

② 六合：天、地和东、南、西、北四方。亦泛指天下。

「译文」

文学之士说：“有利的地势不如与人和善，使用武力不如使用仁德。周朝之所以能够招抚远方的异族，不是依靠有利的地势，而是依靠与人和善。周朝的政权数百年不被人夺走，不是依靠险峻的地势，而是依靠道德仁义。吴国有三江、五湖的险峻地势，结果却被越国兼并。楚国有汝渊、两棠的天然险阻，结果却被秦国消灭。秦国有陇阺、崤山的牢固关塞，结果却被山东六国的诸侯推翻。晋国有黄河、华山、九阿的天险要塞，政权却被六家公卿篡夺。齐国有泰山、大海之险，结果却被权臣田常夺权。夏桀、殷纣王坐拥天下，最后却被商汤、周文王取代。秦王统一天下，结果却被戍卒陈涉击败。以上这些君王，并不是所拥有的地利不够险峻，而是因为没有好的办法来守住政权。舍近求远，就如同吴国一样，不对内安定国家，反而西渡淮河，去跟齐国、晋国争强；结果，越国趁着吴国疲惫的时候，趁虚而入。如果吴王能够重用申胥，修治德政，不去倚仗兵多将勇，那么勾践也免不了永远都是吴王海边籓国的臣属，又如何敢图谋吴国呢？”

大夫曰：“楚自巫山起方城，属巫、黔中，设扞关[1]以拒秦。秦包商、洛、崤、函，以御诸侯。韩阻宜阳、伊阙，要成皋、太行，以安周、郑。魏滨洛筑城、阻山带河，以保晋国。赵结飞狐、句注、孟门，以存邢、代[②]。燕塞碣石，绝邪谷，绕援辽。齐抚阿、甄，关荣、历，倚太山[③]，负海、河。关梁者，邦国之固，而山川者，社稷之宝也。徐人灭舒，《春秋》谓之‘取’，恶其无备，得物之易也。故恤来兵，仁伤刑。君子为国，必有不可犯之难。《易》曰：‘重门击柝，以待暴客。’言备之素修也。”

「注释」

① 扞（hàn）关：古关名。亦名“江关”。春秋楚筑。在今重庆奉节东长江北岸赤甲山上。东汉初公孙述东据扞关，尽有益州之地。后世亦称“楚关”。

② 邢、代：此处邢、代指赵国。

③ 太山：指泰山。

「译文」

御史大夫桑弘羊说：“楚国从巫山开始一直到方城山，包括连接巫郡和黔中，都设置了扞关来抵御秦国的入侵。秦国拥有商山、洛水、崤山和函谷关等险要地形，以此抵御六国的诸侯。韩国占据了宜阳、伊阙的天险，以成皋、太行山为要塞，以此保卫国家的安全。魏国在洛水之滨修筑长城，以华山、黄河为天险，以此保卫国家的安全。赵国将飞狐口、句注山和孟门山连接起来，以此保卫国家的安全。燕国将碣石山作为关塞，将邪谷作为天险，并有辽水环绕，以此保卫赵国的安全。齐国占据东阿和甄城，在荣成山和历山设立关隘，背靠泰山、大海和黄河，以此保卫国家的安全。关塞壁垒是国家坚固的屏障，高山险川是江山社稷的珍宝。徐国灭掉舒国，《春秋·僖公三年》将其称之为‘取’，这是讽刺舒国没有边防，徐国才如此容易地拿下舒国。因此，怜悯敌人就会导致外敌入侵，施行仁政就会对法制造成损害。君子治理国家，就一定要设置让敌人无法入侵的防御工事。《周易·系辞下》说：‘设置双重城门，并在城门上敲梆巡更预警，就是为了对付入侵的敌人。’这就是说，平日里就要加强防备啊。”

文学曰：“阻险不如阻义，昔汤以七十里，为政于天下，舒以百里，亡于敌国。此其所以见恶也。使关梁足恃，六国不兼于秦；河、山足保，秦不亡于楚、汉。由此观之：冲隆[①]不足为强，高城不足为固。行善则昌，行恶则亡。王者博爱远施，外内合同[②]，四海各以其职来祭，何击拓而待？《传》曰：‘诸侯之有关梁，庶人之有爵禄，非升平[③]之兴，盖自战国始也。’”

「注释」

① 冲隆：古兵车名。

② 合同：同心同德。

③ 升平：太平。

「译文」

文学之士说：“凭借险要的地势做关塞，不如用仁义做关塞。

曾经，商汤以方圆七十里封地起家，最终执掌天下。舒国有百里封地，最后却被徐国灭掉。舒国不施仁义才是它被《春秋》所讽刺的原因啊。如果边塞能够防御敌人，那么六国就不会被秦国兼并；如果高山险川足以保护国家，那么秦国就不会被楚、汉灭掉。由此可见：战车不足以称作强大，城垒不足以称作牢固。施行仁义就会昌盛，胡乱作恶就会灭亡。君主能够广博仁爱，恩泽远施，就能让朝廷内外同心同德，让四方诸侯都各尽其职，前来祭祀我们的祖先，如此一来，还需要什么敲梆巡更、防备敌人呢？所以《公羊传》说：‘诸侯国有边关要塞，贫贱之人获得爵位俸禄。这不是太平盛世的象征，而是国家战乱的开始。’”

论勇第五十一

大夫曰："荆轲怀数年之谋而事不就者，尺八匕首不足恃也。秦王惮于不意，列断[①]贲、育者，介[②]七尺之利也。使专诸空拳，不免于为禽；要离无水，不能遂其功。世言强楚劲郑，有犀兕之甲，棠溪之铤也。内据金城，外任利兵，是以威行诸夏，强服敌国。故孟贲奋臂，众人轻之；怯夫有备，其气自倍。况以吴、楚之士，舞利剑，蹶强弩，以与貉虏[③]骋于中原？一人当百，不足道也！夫如此，则貉无交兵，力不支汉，其势必降。此商君之走魏，而孙膑之破梁也。"

「注释」

① 列断：裂断。列，同"裂"。

② 介：依赖。

③ 貉虏：对匈奴的蔑称。貉，通"貊"，泛指北方民族，此处指匈奴。

「译文」

御史大夫桑弘羊说："荆轲怀揣多年的暗杀计划未能成功，原因是仅靠那一尺八寸长的短剑是不够的。秦王虽然对突如其来的刺杀感到恐慌，但他能够杀掉像孟贲、夏育这样的荆轲，是因为他依靠手中握着的七尺长的利剑。如果专诸赤手空拳，他也难逃被吴王僚捕获的命运；要离如果没有水路的帮助，也无法完成刺杀庆忌的任务。世人常说楚国强大、郑国坚韧，那是因为他们拥有坚硬如犀牛皮的盔甲和锋利的棠溪之剑。他们凭借坚固的城池和锐利的武器，从而在中原诸侯国中威风凛凛，强行征服敌国。所以，即使孟贲挥舞着空拳，人们也会对他不屑一顾；而一个胆小的人如果有所准备，他的勇气就会倍增。更何况是以勇猛闻名的吴、楚之士，他们挥舞着锋利的剑，踏着强力的弩，与匈奴在中原大地上驰骋作战？一个人能抵挡百人，这根本不值一提！如果真是这样，匈奴人就无法与汉军交战，他们的力量无法与汉相抗衡，他们的势力必然会向汉投降。这正如商鞅逼迫魏国迁都、孙膑两次击败梁军一样。”

文学曰：“楚、郑之棠溪、墨阳，非不利也，犀胄兕甲，非不坚也，然而不能存者，利不足恃也。秦兼六国之师，据崤、函而御宇内，金石之固，莫耶[1]之利也。然陈胜无士民之资，甲兵之用，钼櫌棘[2]橿[3]，以破冲隆。武昭不击，乌号[4]不发。所谓金城者，非谓筑壤而高土，凿地而深池也。所谓利兵者，非谓吴、越之铤，干将[5]之剑也。言以道德为城，以仁义为郭，莫之敢攻，莫之敢入。文王是也。以道德为胄，以仁义为剑，莫之敢当，莫之敢御，汤、武是也。今不建不可攻之城，不可当之兵，而欲任匹夫[6]之役，而行三尺之刃，亦细矣！”

「注释」

① 莫耶：宝剑名。

② 棘：酸枣树木棍。

③ 橿（jiāng）：锄柄。

④ 乌号：古良弓名。

⑤ 干将：宝剑名。

⑥ 匹夫：此处指刺客。

「译文」

文学之士说："楚国和郑国的棠溪剑、墨阳剑确实锋利，犀牛皮制成的盔甲也确实坚韧，但这些并不足以保证生存，因为锋利的武器是不可靠的。秦国吞并了山东六个国家，控制了崤山和函谷关这样的战略要地，其坚固如同金石，其武器锋利如同莫耶之剑。陈胜虽然没有统治民众的资源，也没有坚固的武器装备，他们用锄头、木棍、荆棘和锄柄击败了秦国高大的战车。秦军虽然看似强大，却轻易被击败，连乌号良弓也无法发挥作用。所谓的铜墙铁壁，并不是指用土堆砌的高墙或挖掘的深沟深渠。所谓的锐利武器，并不是指吴越的铤剑或干将的宝剑。真正的铜墙铁壁是以道德为城墙，以仁义为护城河，没有人敢攻，没有人敢侵。周文王就是这样的例子。真正的锐利武器是以道德为头盔，以仁义为剑，没有人敢阻挡，没有人敢抵御。商汤和周武王就是这样的例子。现在，朝廷不去建立不可攻破的城池，不去制造不可抵挡的武器，反而依赖一两个匹夫刺客，使用三尺长的剑，这样的策略实在是小巧了！"

大夫曰：“荆轲提匕首入不测之强秦；秦王惶恐失守备，卫者皆惧。专诸手剑摩[1]万乘，刺吴王，尸孽[2]立正[3]，镐冠[4]千里。聂政自卫，由韩廷刺其主，功成求得，退自刑于朝，暴尸于市。今诚得勇士，乘强汉之威，凌无义之匈奴，制其死命，责以其过，若曹刿之胁齐桓公，遂其求。推锋折锐，穹庐扰乱，上下相遁，因以轻锐随其后。匈奴必交臂[5]不敢格也。”

「注释」

① 摩：迫近。

② 孽：古时指庶子，即妾媵所生之子，此处指吴王僚。

③ 立正：立真正王嗣公子光。

④ 镐冠：白色丧帽。镐，通“缟”，细白的生绢。

⑤ 交臂：两臂相交，犹拱手。表示降服。

「译文」

御史大夫桑弘羊说：“荆轲携带匕首闯入祸福难以预测的强大秦国；秦王因恐惧而失去了防备，守卫们也感到害怕。专诸握着长剑，逼近拥有万乘之尊的吴王，刺杀了他，导致庶子吴王僚的尸体在朝堂上展示，立真正的王嗣公子光为新吴王，穿着丧服为专诸送葬的队伍延绵千里。聂政离开卫国，前往韩国朝廷，刺杀了他的仇家侠累，完成了他的使命，得到了他所追求的，然后在朝廷上自行处刑，最终被韩国暴陈尸体于市场上。如果现在能找到勇士，借助强大汉朝的威势，凌驾于不讲信义的匈奴之上，掌控他们的生死，追究他们的过错，就像曹刿当年威胁齐桓公一样，实现自己的目标。削弱匈奴的锋芒，挫败他们的锐气，使得住在毡帐中的匈奴人陷入混乱，君臣之间互相逃遁，然后汉军以轻装上阵的精锐部队紧随其后。匈奴人肯定会束手待擒，不敢与汉军对抗。”

文学曰：“汤得伊尹，以区区之亳兼臣海内，文王得太公，廓[①]酆、鄗[②]以为天下，齐桓公得管仲以霸诸侯，秦穆公得由余，西戎八国服。闻得贤圣而蛮、貊来享，未闻劫杀人主以怀远也。《诗》云：‘惠此中国，以绥四方。’故‘自彼氐、羌，莫不来王’。非畏其威，畏其德也。故义之服无义，疾于原马良弓；以之召远，疾于驰传重驿。”

「注释」

① 廓：扩张。

② 酆（fēng）、鄗（hào）：均为古地名。

「译文」

文学之士说：“商汤有了伊尹的辅佐，便以微末的亳地统治了整个国家；周文王有了姜太公的帮助，将领土从丰、镐扩张至整个天下；齐桓公有了管仲，便称霸了诸侯；秦穆公有了由余，使得西方的八个戎国臣服。我只听说过因为有贤圣之人，那些落后的偏远国家会前来献礼，但从未听说过通过劫持或杀害他国君主来赢得远方人民的心。《诗经·大雅·民劳》中说：‘恩泽京师百姓，以安抚中原诸侯国。’所以《诗经·商颂·殷武》中也提到：‘从远方的氐羌，没有不来朝拜商王的。’他们不是畏惧中国武力，而是敬畏中国天子的德行。因此，以仁德征服那些无义之人，比最快的马和最好的弓箭还要迅速；用义德召唤远方之人，比最快的驿马还要快。”

论功第五十二

大夫曰："匈奴无城廓之守，沟池之固，修戟强弩之用，仓廪府库之积，上无义法，下无文理，君臣嫚易，上下无礼，织柳为室，旃席[1]为盖。素弧骨镞，马不粟食[2]。内则备不足畏，外则礼不足称。夫中国天下腹心，贤士之所总，礼义之所集，财用之所殖也。夫以智谋愚，以义伐不义，若因秋霜而振落叶。《春秋》曰：'桓公之与戎、狄，驱之尔。'况以天下之力乎？"

「注释」

① 席（xí）：席。

② 不粟食：不用谷子喂。

「译文」

御史大夫桑弘羊说："匈奴人缺乏内城外郭的防御，没有护城河的坚强堡垒，没有修炼长矛和强弩的兵力，也不具备粮仓和国库的储备。他们的社会上层没有正义的法律，下层缺乏教化和理性，君臣之间无礼轻蔑，社会秩序失去了礼节。他们的住所是用柳条编织的，屋顶则是用毡席覆盖的。他们的武器是未经修饰的弓和骨头制成的箭头，他们的马匹也不用谷子喂。国内的防备不足以引起恐惧，国外的礼仪也不值得称道。而中国是天下的核心，是贤人聚集的地方、礼义文化的汇聚之所、财富资源的增殖之地。用中国的智慧策略谋伐匈奴的愚昧，用中国的仁义原则攻击匈奴的不义，就像秋天的霜冻使落叶纷纷坠落。《春秋公羊传·庄公三十年》中说：‘齐桓公对付戎狄，只是将他们赶走而已。’何况是以整个天下的力量对抗匈奴的汉朝呢？”

文学曰：“匈奴车器无银黄丝漆之饰，素成[1]而务坚，丝无文采裙袆曲襟之制，都成而务完。男无刻镂奇巧之事，宫室城郭之功。女无绮绣淫巧之贡，纤绮罗纨之作。事省而致用，易成而难弊。虽无修戟强弩，戎马良弓；家有其备，人有其用，一旦有急，贯弓上马而已。资粮不见案首，而支数十日之食，因山谷为城郭，因水草为仓廪。法约而易辨，求寡而易供。是以刑省而不犯，指麾[2]而令从。嫚于礼而笃于信，略于文而敏于事。故虽无礼义之书，刻骨卷木，百官有以相记，而君臣上下有以相使。群臣为县官计者，皆言其易，而实难，是以秦欲驱之而反更亡也。故兵者凶器，不可轻用也。其以强为弱，以存为亡，一朝尔也。”

「注释」

① 素成：以朴素本色制成。

② 指麾：同“指挥”。

「译文」

文学之士说："匈奴的车和器具不用银子、黄金、丝绸和漆料来装饰，它们以材料的朴素本色制成，追求的是坚固耐用。他们的丝绸衣物也不讲究花哨的图案和颜色，没有裙摆、护膝和交叉领口之类的设计，而是用整块布料裁剪而成，注重的是完整无损。男子不从事精细的雕刻工艺，也不建造华丽的宫殿和城墙。女子不制作精美的刺绣品，也不织造图案繁复的丝绸。他们的生活简单而实用，东西制作容易且不易损坏。匈奴尽管没有精良的武器，如长矛和强弩，但每家都有战马和好弓；每个人都有自己的职责，一旦有紧急情况，就能立刻挟弓上马战斗。他们的粮食虽然不是摆在桌上的，但能够支撑数十天的食用，他们利用山谷做城堡，用自然的水源和草地作为粮仓。他们的法律简明易懂，需求少而容易满足。因此，虽然刑罚减少，但人们并不违犯，长官指挥，大家就会遵从。他们虽不讲究礼节，却非常讲信用，虽然文书简略，但办事效率高。所以，即使没有礼义的书籍，只是在骨头上刻记，或者用木简记录，官员们也有记事的工具，君主和臣子也有传递信息的方法。朝廷的大臣都认为征服匈奴很容易，实际上却很难，这也是为什么秦国想要驱逐匈奴，最终却导致了自己的灭亡。因此，战争是危险的工具，不应轻易使用。它能将强者变弱，将生者化为死者，也就是一个早晨的事情而已。"

大夫曰："鲁连有言：'秦权使其士，虏使其民。'故政急而不长。高皇帝受命平暴乱，功德巍巍[①]，惟天同大焉。而文、景承绪润色之。及先帝征不义，攘无德，以昭仁圣之路，纯至德之基，圣王累年仁义之积也。今文学引亡国失政之治，而况之于今，其谓匈奴难图，宜矣！”

「注释」

① 巍巍：高大貌。

「译文」

御史大夫桑弘羊说：“鲁仲连曾经指出：‘秦国对待士人采取欺骗手段，将百姓当作俘虏来使唤。’这就是为何秦的统治紧张且短暂。高祖皇帝顺应天命，平定了秦朝的暴乱，其功德巍巍高耸，唯有苍天能与之媲美。继之而起的文帝和景帝，继承了高祖的基业，并进一步加以润泽和发展。而已故武帝，他征伐了不义的异族，驱逐了没有道德的野蛮人，以此彰显了仁慈和圣洁的道路，净化了至高无上的道德根基，这正是圣明君王年复一年积累的仁义之举。现在，有些文学作品引用了那些灭亡国家的失败政策来比较现今的政治，认为匈奴是难以制服的，这种说法是合理的！”

文学曰：“有虞氏之时，三苗不服，禹欲伐之，舜曰：‘是吾德未喻也。’退而修政，而三苗服。不牧之地，不羁[1]之民，圣王不加兵，不事力焉，以为不足烦百姓而劳中国也。今明主修圣绪，宣德化，而朝有权使之谋，尚首功之事，臣固怪之。夫人臣席天下之势，奋国家之用，身享其利而不顾其主，此尉佗、章邯所以成王，秦失其政也。孙子曰：‘今夫国家之事，一日更百变，然而不亡者，可得而革也。逮出兵乎平原广牧，鼓鸣矢流，虽有尧、舜之知，不能更也。’战而胜之，退修礼义，继三代之迹，仁义附矣。战胜而不休，身死国亡者，吴王是也。”

「注释」

① 羁：本意为马笼头，引申为约束、驯服。

「译文」

文学之士说：“有虞氏时期，三苗族群不顺从，禹王打算对他们发起战争。然而，舜帝说：‘这是因为我的德行还没有感化他们。’于是他退身并加强政治教化，最终三苗族群也顺服了。对于那些未被开化的土地和未被驯服的人民，圣明的君王不会派兵征服，也不会使用武力，因为他们认为这样做不值得麻烦百姓，同时也会使中原地区疲惫。现在，我们的明君继承了圣王的治国之道，推广德行教化，但朝廷中却有人主张使用权谋之术，崇尚斩首计功之策，我对此感到非常惊讶。那些官员利用天下的形势，动用国家的资源，自己享受利益却不考虑君主，这正是尉佗和章邯能够自立为王、秦国丧失政权的原因。孙子说：‘如今国家的大事，一天之内变化无常，但国家不会灭亡，因为总有改变的可能。一旦军队在广阔的平原上展开战斗，战鼓响起，箭雨密集，即便拥有尧舜的智慧，也无法改变战局。’战争胜利后，应当退兵并修复礼义，继承夏、商、周三代的治国之道，这样仁义就会自然而然地归附。如果战争胜利后不知道停歇，最终会导致身死国灭，吴王夫差就是这样的例子。”

大夫曰：“顺风而呼者易为气，因时而行者易为力。文、武怀余力，不为后嗣计，故三世而德衰，昭王南征，死而不还。凡伯囚执，而使不通，晋取郊、沛，王师败于茅戎。今西南诸夷，楚庄之后；朝鲜之王，燕之亡民也。南越尉佗起中国，自立为王，德至薄，然皆亡[1]天下之大，各自以为一州，倔强倨敖，自称老夫。先帝为万世度，恐有冀州之累，南荆之患，于是遣左将军楼船平之，兵不血刃，咸为县官也。七国之时，皆据万乘，南面称王，提珩[2]为敌国累世，然终不免俛首系虏于秦。今匈奴不当汉家之巨郡，非有六国之用，贤士之谋。由此观难易，察然可见也。”

「注释」

① 亡：通“忘”，忘记。

② 提珩（héng）：亦作“提衡”，相等，相对。

「译文」

御史大夫桑弘羊说：“顺着风喊叫的人，声音传得远，把握时机而采取行动的人，力量发挥得更好。周文王和周武王留有余力，但他们没有为后代谋划如何征服边疆之地，结果到了第三代，周王的德行就衰落了。周昭王南征荆楚，结果战死沙场，再也没有回来。周朝的大夫凡伯在出使途中被俘，导致夷族和华夏的使节往来中断。

晋国攻占了周朝的郊、柳两地，周朝的军队在与茅戎的战斗中惨败。现在西南的各个夷族，都是楚庄王的后代；朝鲜的君主，是燕国的流亡百姓。南越的尉佗在中国起兵，自立为王，他的德行最为浅薄，但他们都忘记了天下的广大，各自自认为是独立的国家，倔强而傲慢，自称'老子'。已故汉武帝考虑到万世后代，担心会有类似凡伯被俘或昭王战死不归的情况发生，因此派遣左将军和楼船将军等统帅平定四方，战争中几乎无人伤亡，四夷都归顺了朝廷。在战国时期的七国之中，每个国家都有万辆战车，七国君主都自称为王，互相之间势均力敌，长期以来都是敌对国家，但最终都未能逃脱成为秦国俘虏的命运。现在的匈奴，其实力并不及汉朝的一个大郡，他们没有像六国那样的资源和人才，也没有贤士为他们出谋划策。从这些情况来看，哪个难对付，哪个容易对付，一目了然。"

文学曰："秦灭六国，虏七王①，沛然有余力，自以为蚩尤不能害，黄帝不能斥。及二世弑死望夷②，子婴系颈降楚，曾不得七王之俯首。使六国并存，秦尚为战国，固未亡也。何以明之？自孝公以至于始皇，世世为诸侯雄，百有余年。及兼天下，十四岁而亡。何则？外无敌国之忧，而内自纵恣也。自非圣人，得志而不骄佚者，未之有也。"

「注释」

① 七王：韩王安、赵王迁、魏王假、楚王负刍、燕王喜、代王嘉、

齐王建。

② 望夷：秦代宫名。故址在今陕西省泾阳县东南，因东北临泾水以望北夷，故名。

「译文」

文学之士说："秦国灭掉了山东六国，俘获了七位国王，力量还富余，自认为即使是蚩尤也伤害不了他们，黄帝也推翻不了他们。然而到了秦二世，他在望夷宫被杀，秦王子婴被迫用绳索束颈投降楚国，连当初七位国王束手就擒的境遇都没能达到。如果山东六国依然存在，秦国仍旧是战国时期的强国之一，本不至于灭亡。这个论断怎么证实呢？从秦孝公到秦始皇，秦国世世代代一直是诸侯中的强者，持续了一百多年。但当秦国统一了天下后，仅仅十四年就灭亡了。为什么会这样？这是因为在外部没有敌国的威胁，在内部却放纵自己。除了圣人，在得到权力后不骄奢淫逸的，从来没有见过。"

论邹第五十三

大夫曰：“邹子疾晚世之儒墨，不知天地之弘，昭旷[1]之道，将一曲而欲道九折，守一隅而欲知万方，犹无准平[2]而欲知高下，无规矩而欲知方圆也。于是推大圣终始之运，以喻王公，先列中国名山通谷，以至海外。所谓中国者，天下八十一分之一，名曰赤县神州，而分为九州。绝陵陆不通，乃为一州，有大瀛海[3]圜其外。此所谓八极，而天地际焉。《禹贡》亦著山川高下原隰[4]，而不知大道之径。故秦欲达九州而方瀛海，牧胡而朝万国。诸生守畦亩之虑，闾巷之固，未知天下之义也。”

「注释」

① 昭旷：昭明辽阔。

② 准平：测量平面的仪器。

③ 瀛（yíng）海：大海。《论衡·谈天》：“九州之外，更有瀛海。”

④ 隰（xí）：低下的湿地。

「译文」

御史大夫桑弘羊说：“邹衍痛恨后世的儒家和墨家学者，他们未能理解天地的弘阔无垠和宇宙广阔深邃的道理。他们试图通过观察一个河湾来通达所有河流的走向，或者从一个角落推断整个世界的方向，就像没有测平仪器却想区分高下，或者没有尺子和圆规却想了解方圆。因此，邹衍展开了关于‘大圣终始’的宇宙运行论，以此启迪王侯贵族，他首先列出了中国的名山大川，进而推及至海外的地理。邹衍认为儒、墨之徒所说的‘中国’，在地理上仅占整个世界的八十一分之一，他将中国命名为赤县神州，大禹曾将其划分为九个州。其实，只有当山川断绝，陆地不相连时，才能称之为一个州，而每个州的外围都被广阔的海洋所环绕。这就是所谓的八极，是九州与天地相接的边界。《尚书·禹贡》虽然记录了山川高低和平原湿地，但它并没有像邹衍那样揭示出宇宙的伟大道理。因此，秦朝受邹衍的影响，试图连接九州，横渡四海，统治各异族，使万国来朝。而儒家和墨家的学者，他们只局限于一亩三分地的狭小思维方式，守着小巷的狭隘思想，不曾领悟到天下的大义。”

文学曰：“尧使禹为司空[①]，平水土，随山刊木，定高下而序九州。邹衍非圣人，作怪误[②]，荧惑六国之君，以纳其说。此《春秋》所谓‘匹夫荧惑诸侯’者也。孔子曰：‘未能事人，焉能事鬼神？’近者不达，焉能知瀛海？故无补于用者，君子不为；无益于治者，君子不由。三王信经道，而德光于四海；战国信嘉言[③]，而破亡如丘山。昔秦始皇已吞天下，欲并万国，亡其三十六郡；欲达瀛海，而失其州县。知大义如斯，不如守小计[④]也。”

「注释」

① 司空：掌管土木工程的辅政大臣。相传商代已置，为天子五官（司徒、司马、司空、司士、司寇）之一。西周为三公（司徒、司马、司空）之一，金文多作“司工”。

② 怪误：奇怪欺骗之说。

③ 嘉言：好话，此处指蛊惑人心的言论。

④ 小计：指“经道”。

「译文」

文学之士说：“尧帝委派禹为司空，负责水土的整治，顺应山势开辟道路，砍伐树木作为标志，按照山川的高低划分九州的界限。邹衍并非圣人，他提出了一些怪异欺人的观点，蛊惑了六国的君主，试图让他们接受他的奇特言论。这正是《春秋》中所说的‘小人迷惑诸侯’的典型例子。孔子说过：‘连活人都服侍不了，怎么可能服侍鬼神呢？’连身边的事物都理解不了，怎么可能了解遥远的海洋呢？因此，对实际用途没有帮助的事，君子不去做；对治理国家没有益处的事，君子不去追随。夏、商、周三代的君王信守传统的道义，他们的德行照耀四海；而战国时期的诸侯听信了那些动听但蛊惑人心的言论，最终导致国家灭亡，就像山丘的崩塌。秦始皇曾经吞并了整个天下，想要进一步吞并所有国家，结果却失去了秦国的三十六个郡；他想要到达四海之外，却失去了秦朝的州县。秦始皇这样的人，知道邹衍所谓的‘大义’，却不如坚守儒家的‘小计’。”

论灾第五十四

大夫曰："巫祝不可与并祀，诸生不可与逐语①，信往疑今，非人自是。夫道古者稽之今，言远者合之近。日月在天，其征在人，灾异之变，夭寿之期，阴阳之化，四时之叙②，水火金木，妖祥之应，鬼神之灵，祭祀之福，日月之行，星辰之纪，曲言之故，何所本始？不知则默，无苟乱耳。"

「注释」

① 逐语：相随一起讨论问题。逐，追随。

② 叙：通"序"，顺序。

「译文」

御史大夫桑弘羊说："巫师和祝融不应当共同参与祭祀仪式，学者们也不应当与他们一起讨论问题。他们对古代圣王盲目崇拜，对现代的明君持怀疑态度，自视甚高，不接受他人意见。实际上，讨论古人时应当与现实相联系，谈及远方事物时也应与身边事物相结合。日月虽在天空，但其象征意义却体现在人间，无论是灾异的变化、生命的长短、阴阳的转换、春夏秋冬四季的顺序、水火金木土五行的运作、不祥与吉祥的预兆、鬼神的神秘力量、祭祀带来的祝福、日月的运行、星辰的轨迹，还是片面言论的根源，凡此种种，这些现象的起点在哪里？如果不清楚，那就保持沉默，不要随便扰乱视听。”

文学曰：“始江都相董生推言阴阳，四时相继，父生之，子养之，母成之，子藏之。故春生，仁；夏长，德；秋成，义；冬藏，礼。此四时之序，圣人之所则也。刑不可任以成化，故广德教。言远必考之迩，故内恕以行，是以刑罚若加于己，勤劳若施于身。又安能忍杀其赤子，以事无用[1]，罢弊所恃，而达瀛海乎？盖越人美蠃蚌而简[2]太牢，鄙夫乐咋唶[3]而怪韶濩[4]。故不知味者，以芬香为臭，不知道者，以美言为乱耳。人无夭寿，各以其好恶为命。羿、敖[5]以巧力不得其死，智伯以贪狠亡其身。天灾之证，祯祥之应，犹施与之望报，各以其类及。故好行善者，天助以福，符瑞是也。《易》曰：‘自天佑之，吉无不利。’好行恶者，天报以祸，妖灾是也。《春秋》曰：‘应是而有天灾。’周文、武尊贤受谏，敬戒不殆，纯德上休，神祇相况。《诗》云：‘降福穰穰，降福简简[6]。’日者阳，阳道明；月者阴，阴道冥；君尊臣卑之义。故阳光盛于上，众阴之类消于下；月望于天，蚌蛤盛于渊。故臣不臣，则阴阳不调，日月有变；政教不均，则水旱不时，螟螣生。此灾异之应也。四时代叙，而人则其功，星列于天，而人象其行。常星[7]犹公卿也，众星犹万民也。列星正则众星齐，常星乱则众星坠矣。”

「注释」

① 无用：指征服北方荒漠之地。

② 简：怠慢，轻视。

③ 咋喈（zé jiè）：指呼喊吆喝声。

④ 韶濩（hù）：汤乐名，后亦指庙堂、宫廷之乐，或泛指雅正的古乐。

⑤ 敖：通“奡（ào）”，夏代寒浞之子。

⑥ 简简：盛大貌。

⑦ 常星：恒星。汉文帝名叫刘恒，汉人为避名讳而称“恒”为“常”。

「译文」

文学之士说：“江都的国相董仲舒曾经推论阴阳之理，认为春夏秋冬四季的更迭如同父母与子女的关系：春天如同父亲般创生万物，夏天则如子女般使其成长，秋天如母亲般收获成果，冬天子女般储藏收成。因此，春天萌芽，代表着仁；夏天成长，象征着德；秋天收获，体现了义；冬天收藏，则为礼。这四季的循环更替是圣人所遵循的自然法则。刑罚不能单独用来教化人心，因此需要广泛传播道德教化。讨论远古的事必须结合现实，所以应当以宽恕之心去行事，推己及人，对他人施以的刑罚就如同施加在自己身上一样，看待他人的辛劳也如同自己的劳动。这样的话，怎能忍心杀害无辜的百姓，为了无用的征战而耗尽国家的根本，将帝国的力量推向海的尽头呢？越人珍视螺蚌而轻视丰盛的猪牛羊之宴，粗俗之人喜欢大呼小叫而认为汤乐韶濩是怪声。不懂得欣赏的人会将香气视为恶臭，不理解道理的人会将智慧的言论视为扰乱耳目的噪音。人的命运不在于寿命的长短，而在于他们的善恶行为。像羿和敖这样的人因为技巧而未能善终，智伯因为贪婪和残忍而自取灭亡。天灾在人间的征兆，吉祥在世上的预示，如同施恩得到报答一样，都是对人们行为的回应，每个人都会根据自己的行为得到相应的结果。那些乐于行善的人，上天将以福报来帮助他们，这就是吉祥的征兆。《周易·大有卦》说：‘得到天的佑护，只有吉祥而没有不利。’而那些喜欢作恶的人，上天将以灾祸来报应他们，这就是不祥的预兆。《春秋公羊传·宣公十五年》说：‘这样的行为必将引起天灾。’周文王和周武王尊重贤人，接受忠告，保持谨慎，毫不怠慢，他们的纯正德行得到了天神的赞许。《诗经·周颂·执竞》说：‘天降的福分很多，天帝赐予的福分盛大。’太阳代表阳，阳光明亮；月亮代表阴，阴暗深沉；日月象征着君臣的尊卑关系。因此，阳光普照大地，阴暗的事物消散；月亮圆满时，水中的蚌蛤会丰盈。如果臣子不尽忠，阴阳就会失衡，日月就会出现异常；如果政治和教化失衡，就会出现水旱灾害，害虫肆虐。这些都是灾异的征兆。春夏秋冬四季的更替，人们应当效仿其规律；星辰排列在天空，人们应当模仿其行为。恒星就像朝廷中的公卿，众星就像普通百姓。当恒星保持正常，众星也会井然有序；如果恒星混乱，众星也将坠落。”

大夫曰：“文学言刚柔之类，五胜相代生[1]。《易》明于阴阳，《书》长于五行。春生夏长，故火生于寅木，阳类也；秋生冬死，故水生于申金，阴物也。四时五行，迭废迭兴，阴阳异类，水火不同器。金得土而成，得火而死，金生于巳，何说何言然乎？”

「注释」

① 五胜相代生：五行相胜，金胜木，木胜土，土胜水，水胜火，火胜金。胜，克。代，替代。

「译文」

御史大夫桑弘羊说：“文学之士提到了刚强与柔和的特性，以及金木水火土五行相胜相克的原理。《周易》专注于解释阴阳，而《尚书》则详述五行理论。春天带来生机，夏天促进成长，因此属于夏天的火元素，源自代表春天的木元素，属于阳性；秋天意味着成熟，冬天象征死亡，所以属于冬天的水元素，起源于代表秋天的金元素，属于阴性。四季的变换和五行的运作，是一种交替的兴衰过程，阴阳是不同的类别，水和火是截然不同的元素。金元素在土的帮助下得以形成，在火的作用下则会消亡，但代表秋天的金元素却说是在代表夏天的巳火中诞生，其中的道理究竟是怎样的呢？”

文学曰：“兵者，凶器也。甲坚兵利，为天下殃。以母[①]制子[②]，故能久长。圣人法之，厌[③]而不阳[④]。《诗》云：‘载戢干戈，载櫜弓矢，我求懿[⑤]德，肆于时夏。’衰世不然。逆天道以快暴心，僵尸血流，以争壤土。牢人之君，灭人之祀，杀人之子，若绝草木，刑者肩靡[⑥]于道。以己之所恶而施于人。是以国家破灭，身受其殃，秦王是也。”

「注释」

① 母：比喻火，指德。

② 子：比喻金，指兵。

③ 厌：通“压”，倾覆。

④ 阳：一本作“扬”，显扬。

⑤ 懿：美，美德。

⑥ 肩靡：即“肩摩”，肩与肩相摩，形容人多拥挤。

「译文」

文学之士说：“武器，本质上是带来灾难的工具。坚硬的甲胄和锋利的兵刃，为世间带来了无尽的祸患。以仁德之心来抑制兵器，这样国家才能长久稳定。圣人遵循这一原则，压制武器的使用，不让其发展。《诗经·周颂·时迈》中说：‘将战争的武器收起，将弓箭放入箭袋。周王追求的是美德，他要将这种德行扩散于华夏的大地。’但在衰败的时代并非如此。人们违背自然法则，以满足残忍的欲望，尸体横陈，血流成河，仅为了争夺一片土地。他们囚禁其他国家的君主，灭绝他人的祭祀，杀害他人的子嗣，就像铲除草木一般轻易。在路上，受刑的人接连不断。他们将自己所憎恶的事施加于他人。因此，国家灭亡，个人遭殃，秦国的君主就是这样的例子。”

大夫曰："金生于巳，刑罚小加，故荠麦夏死。《易》曰：'履霜，坚冰至。'秋始降霜，草木陨零，合冬行诛，万物毕藏。春夏生长，利以行仁。秋冬杀藏，利以施刑。故非其时而树，虽生不成。秋冬行德，是谓逆天道。《月令》：'凉风至，杀气动，蜻蛚[1]鸣，衣裘成。天子行微刑，始貙蒌[2]，以顺天令。'文学同四时，合阴阳，尚德而除刑。如此，则鹰隼不鸷，猛兽不攫，秋不搜狝，冬不田狩者也。"

「注释」

① 蜻蛚（liè）：蟋蟀。

② 貙（chū）蒌：为立秋祭礼。貙，兽名。《尔雅·释兽》："貙，似狸。"传说貙常以立秋日杀物祭兽，因此有"貙蒌"之祭。

「译文」

御史大夫桑弘羊说："金元素象征的秋季起源于象征夏季的巳火，因此在这个时期，刑罚开始逐渐增加，导致荠菜和小麦在夏天死亡。《周易·坤卦》中说：'踏过初霜，预示着坚冰即将来临。'秋天的霜降标志着草木的凋零，到了冬天则执行极刑，所有生物都进入休眠状态。春夏是万物生长的季节，此时适宜施行仁政。而秋冬是万物收获和储藏的季节，此时适宜施行刑罚。如果在错误的季节种植，植物即使发芽也难以成长。在秋冬季节推行德政，就是违背自然规律的行为。《礼记·月令》中提到：'凉风起时，杀气开始萌动，蟋蟀开始鸣叫，人们制作棉衣和狐狸皮裘。天子在这个时候施行轻微的刑罚，开始秋季的祭祀，以此来顺应自然的法则。’文学之士混淆了四季的政策，不区分阴阳，只是一味地提倡德治而主张废除刑罚。如果真是这样，那么鹰隼将不再猛烈，猛兽将不再捕食，人们在秋天将不再进行打猎，冬天也不再进行狩猎。”

文学曰：“天道好生恶杀，好赏恶罪。故使阳居于实而宣德施，阴藏于虚而为阳佐辅。阳刚阴柔，季不能加孟。此天贱冬而贵春，申阳屈阴。故王者南面而听天下，背阴向阳，前德而后刑也。霜雪晚至，五谷犹成。雹雾夏陨，万物皆伤。由此观之：严刑以治国，犹任秋冬以成谷也。故法令者，治恶之具也，而非至治之风也。是以古者，明王茂①其德教，而缓其刑罚也。网漏吞舟之鱼，而刑审于绳墨之外，及臻其末，而民莫犯禁也。”

「注释」

①茂：加强。

「译文」

文学之士说：“自然之道偏爱生命的繁衍，反对杀戮；喜欢赏赐，不喜欢惩罚。因此，它使阳气占据实质，广泛传播仁德；让阴气隐于空虚，辅助阳气。阳气坚硬，阴气柔和，不能让次要的超越主要的。这就是为什么自然轻视冬季而重视春季，使阳气压倒阴气。所以，君主面朝南方治理国家，背离阴暗，面向光明，优先考虑德治而非刑罚。如果霜雪来得晚一些，五谷仍能成熟。但如果夏天出现冰雹和浓雾，所有生物都会受到损害。从这个角度看，用严厉的刑罚来治理国家，就像依赖秋冬季节来种植庄稼一样不可靠。因此，法律只是治理邪恶的工具，并不是实现理想国治的方法。因此，在古代，明智的君主会加强道德教育，减轻刑罚的严厉性。法网虽然宽松，可能漏掉大鱼，但判决通常会比法规更为宽容，最终人民将不再违反法令。”

卷十

刑德第五十五

大夫曰："令者所以教民也，法者所以督奸也。令严而民慎，法设而奸禁。网疏则兽失，法疏则罪漏。罪漏则民放佚而轻犯禁。故禁不必，怯夫徼幸[1]；诛诚[2]，跖、跻不犯。是以古者作五刑，刻肌肤而民不逾矩。"

「注释」

① 徼幸：同"侥幸"，指企图获得意外的成功或免去不幸。

② 诚：意同"必"，指坚决执行。

「译文」

御史大夫桑弘羊说："政令的目的在于教化民众，法律的作用在于监督邪恶。当政令严格时，人民便会变得小心谨慎；当法律确立时，邪恶行为便会受到抑制。如果捕兽的网孔太大，野兽就会逃脱；如果法律有漏洞，罪犯就会逍遥法外。一旦罪犯得以逃脱，人民就会放纵自己，就容易违反法令。因此，如果禁令不坚定，即使是胆小的人也会心存侥幸试图碰运气去犯罪；如果刑罚严厉而公正，连像跖和跻这样的恶棍也不敢轻举妄动。这就是为什么古代制定了墨刑、劓刑、刖刑、宫刑、大辟等五种刑罚的原因，并有各种肉体的刑罚，这样才使得人民不敢越过法律的界限。”

文学曰：“道径众，人不知所由；法令众，民不知所辟。故王者之制法，昭乎如日月，故民不迷；旷乎若大路，故民不惑。幽隐远方，折乎知之，室女[1]童妇，咸知所避。是以法令不犯，而狱犴[2]不用也。昔秦法繁于秋荼，而网密于凝脂。然而上下相遁[3]，奸伪萌生，有司治之，若救烂[4]扑焦[5]，而不能禁；非网疏而罪漏，礼义废而刑罚任也。方今律令百有余篇，文章[6]繁，罪名重，郡国用之疑惑，或浅或深，自吏明习者，不知所处，而况愚民！律令尘蠹于栈阁[7]，吏不能遍睹，而况于愚民乎！此断狱所以滋众，而民犯禁滋多也。‘宜犴宜狱，握粟出卜，自何能穀[8]？’刺刑法繁也。亲服之属甚众，上杀下杀[9]，而服不过五。五刑之属三千，上附下附，而罪不过五。故治民之道，务笃其教而已。”

「注释」

① 室女：未出嫁的女子。

② 犴（àn）：即狴犴，传说中的兽名。杨慎《升庵集》：“俗传龙生九子不成龙……四曰狴犴，形似虎，有威力，故立于狱门。”旧时狱门上绘狴犴，故狴犴又作为牢狱的代称。

③ 遁：本意为逃避，引申为隐瞒、欺骗。

④ 救烂：补救破烂的衣服。

⑤ 扑焦：扑灭烧焦的东西。

⑥ 文章：礼乐法度。

⑦ 栈阁：存放物品的屋子。

⑧ 穀（gǔ）：善，良好。

⑨ 上杀下杀：《礼记·丧服小记》："上杀，下杀，旁杀，而亲毕矣。"郑玄注："杀，谓亲益疏者，服之则轻。"孔颖达疏："上杀者，据己上服父祖而减杀……下杀者，谓下于子孙而减杀。"以自己为基点，向上推算，血缘关系愈亲近，丧服愈重，血缘关系愈疏远，丧服愈轻，依次减杀，如为父亲服丧三年，为祖父服丧一年等，这叫作上杀。以自己为基点，向下推算，依次减杀丧服，如为子服丧一年，为孙服丧九月等，这叫作下杀。

「译文」

文学之士说："当道路纷繁众多时，人们迷失不知该循何路；当法令层出不穷时，民众困惑不知如何规避。因此，君王制定的法令应当明晰如日月，使民众不至迷茫；应当宽阔如大道，使民众不至困惑。无论是在幽暗的角落还是在遥远的地方，人们都能清楚地知晓法令，连闺妇少女都明白应如何规避。正因为如此，法令无人违反，监狱空空如也。昔日秦国的法令繁复超过秋天的草木，法网细密超过凝固的脂肪。然而，官民之间互相欺骗隐瞒，奸诈和欺骗行为层出不穷，即使官员试图管理，也如同修补破烂的衣物，扑灭烧焦的火焰，根本无法阻止违法行为；这不是因为法网疏漏而让罪犯逃脱，而是因为废弃了礼义而滥用刑罚。现今的律令篇章超过一百，法令条文复杂，罪名沉重，使得各郡国在执行时感到迷惑，有的法令过于宽松，有的过于严苛，即便是熟悉法令的官员也不知如何应对，更不用说那些无知的民众了！律令文书积满尘埃，蠹虫滋生，被放在藏书阁架之上，连官员都无法全部读完，何况愚昧的民众呢！这就是断案数量日益增多，民众违反禁令的情况也越来越多的原因。《诗经·小雅·小宛》中说：‘即将被囚入狱，手持小米去占卜，如何才能好运降临？’这是在讽刺刑法过于繁杂。五服的亲属人数众多，无论是向上减杀还是向下减杀，丧服的等级不超过五等。五刑的条目多达三千条，无论是向上比附还是向下比附，所治之罪都不会超过五刑。因此，治理民众的途径，关键在于深化教化而已。”

大夫曰：“文学言王者立法，旷若大路。今驰道[①]不小也，而民公犯之，以其罚罪之轻也。千仞之高，人不轻凌，千钧之重，人不轻举。商君刑弃灰于道，而秦民治。故盗马者死，盗牛者加[②]，所以重本而绝轻疾之资[③]也。武兵名食，所以佐边而重武备也。盗伤与杀同罪，所以累其心而责其意也。犹鲁以楚师伐齐，而《春秋》恶之。故轻之为重，浅之为深，有缘而然。法之微者，固非众人之所知也。”

「注释」

① 驰道：专供帝王行驶马车的道路。

② 加：通“枷”，枷锁。

③ 资：泛指车马设备。

「译文」

御史大夫桑弘羊说："你们讲述君主制定法律，应当广阔如同通衢。现在的法律的驰道已经不小了，但是百姓们还是公然触犯刑罚，原因在于对罪行的惩罚过于轻微。像千仞的峭壁，人们不会轻易去攀爬，千钧的重物，人们也不会轻易去举起。商鞅当年对那些在路上倾倒灰烬的人进行惩处，秦国的民众因此而变得守法。所以，偷马的人被判死刑，偷牛的人则枷锁囚禁，这是为了强调农业的重要性并杜绝民众乘轻车快马游弋的手段。军队的粮食充足，这是为了支持边境防御和加强军事准备。偷窃时造成伤害和谋杀被视为同一罪行，这是为了让罪犯心存畏惧，对其犯罪意图进行谴责。就像鲁国借助楚国的军力来攻打齐国，《春秋》对此表示了不满。因此，对轻罪的重判和对浅罪的深究，都是有其原因的。法律的细节之处，通常不为大众所理解。"

文学曰："《诗》云：'周道如砥，其直如矢。'言其易也。'君子所履，小人所视。'言其明也。故德明而易从，法约而易行。今驰道经营[①]陵陆，纡周[②]天下，是以万里为民阱也。罻罗张而县其谷，辟陷[③]设而当其蹊，矰[④]弋饰而加其上，能勿离乎？聚其所欲，开其所利，仁义陵迟，能勿逾乎？故其末途，至于攻城入邑，损府库之金，盗宗庙之器，岂特千仞之高、千钧之重哉！管子曰：'四维不张，虽皋陶不能为士。'故德教废而诈伪行，礼义坏而奸邪兴，言无仁义也。仁者，爱之效也；义者，事之宜也。故君子爱仁以及物，治近以及远。《传》曰：‘凡生之物，莫贵于人；人主之所贵，莫重于人。’故天之生万物以奉人也，主爱人以顺天也。闻以六畜禽兽养人，未闻以所养害人者也。鲁厩焚，孔子罢朝，问人不问马，贱畜而重人也。今盗马者罪死，盗牛者加。乘骑车马行驰道中，吏举苛而不止，以为盗马，而罪亦死。今伤人持其刀剑而亡，亦可谓盗武库兵而杀之乎？人主立法而民犯之，亦可以为逆面[5]轻主约乎？深之可以死，轻之可以免，非法禁之意也。法者，缘人情而制，非设罪以陷人也。故《春秋》之治狱，论心定罪。志善而违于法者免，志恶而合于法者诛。今伤人未有所害，志不甚恶而合于法者，谓盗而伤人者耶？将执法者过耶？何于人心不厌也！古者，伤人有创者刑，盗有臧[6]者罚，杀人者死。今取人兵刃以伤人，罪与杀人同，得无非其至意与？”

大夫俯仰未应对。

「注释」

① 营：绕行。

② 纡周：迂回环绕。

③ 辟陷：陷人于罪的手法。

④ 矰（zēng）：古代射鸟用的拴着丝绳的短箭。

⑤ 逆面：当面。

⑥ 臧：通“赃”。

「译文」

文学之士说：“《诗经》中说：‘周公的道路，平坦如磨刀石，直如箭杆。’意味着道路应该是容易行走的。又说：‘君子行走之地，小人观望之所。’意味着道路应该是清晰可见的。因此，当道德清晰明了时，人们就容易遵循；当法律简明时，人们就容易执行。但现在，皇家专用的驰道穿过山丘和平原，纡回环绕整个国家，这就像为百姓设置了遍布万里的陷阱。就像在山谷口张开的捕鸟网、大路上设立的陷阱，以及山上经过伪装装饰的短箭，百姓怎能不陷入其中？当你集中人们的欲望，打开他们的贪婪之门，在仁义衰败的时候，人们怎能不越界？因此，最终导致攻城掠地，侵吞国库之金，窃取宗庙之器，这仅仅因为高山之险、重物之难举吗？管仲说过：‘如果四维——礼、义、廉、耻——失去了作用，即使是皋陶这样的贤者也无法成为治国的君子。’这意味着，当道德教化被废弃，欺诈和伪善就会盛行；当礼义破坏，奸邪就会兴起，这都是因为缺乏仁义。仁，是爱的体现；义，是事情适宜的体现。因此，君子通过爱好仁义来影响他人，治理好近处以及远方。《春秋》说：‘在所有生命中，没有什么比人更宝贵；在君主心中，没有什么比人民更重要。’所以，天生万物是为了供养人类，君主爱护人民是为了顺应天意。我们听说用六畜来养育人类，但从未听说过用它们来伤害人。当鲁国的马厩起火，孔子中止了朝会，他询问的是人的安危而不是马，这表明他重视人而不是畜生。现在，偷马的人被判死刑，偷牛的人被加重惩罚。如果有人乘车骑马在驰道上行驶，官员苛责不休，如果他不停下来，就会被当作偷马贼，同样被判死刑。如果有人在伤人后带着刀剑逃跑，难道也可以说是偷了武库的兵器并杀人吗？如果君主制定了法律而民众违反了，难道可以说他们当面藐视君主的法令吗？严重的罪行可以判死刑，轻微的可以免除，这不是法律的真正意图。法律是根据人的情感而制定的，不是用来设陷阱陷害人的。因此，《春秋》在审判时，是根据人内心的动机来定罪的。心怀善意却违反了法律的人可以被免罪，心怀恶意却符合法律的人应受到惩罚。如果有人伤害了他人但不严重，他的意图并不十分恶劣却符合法律，我们能说他是偷盗并伤人的人吗？或者是执法者过于苛刻了吗？为什么这样的做法让人感到不服气？在古代，伤人造成伤口的人要受到惩罚，偷盗有赃物的人要被罚款，杀人的人要被判死刑。现在，如果有人为了自卫而夺取他人的武器并伤害了他人，被判与杀人同罪，这难道是法律的真正意图吗？”

大夫沉默了一会儿，低下头，然后又抬起头，没有做出回答。

御史曰：“执法者国之辔衔，刑罚者国之维①楫也。故辔衔不饬，虽王良不能以致远；维楫不设，虽良工不能以绝水。韩子疾有国者不能明其法势，御其臣下，富国强兵，以制敌御难，惑于愚儒之文词，以疑贤士之谋，举浮淫②之蠹，加之功实之上，而欲国之治，犹释阶而欲登高，无衔橛③而御捍④马也。今刑法设备，而民犹犯之，况无法乎？其乱必也！”

「注释」

① 维：系物的大绳。

② 浮淫：轻薄淫逸。

③ 橛（jué）：马口所衔的横木。

④ 捍：通“悍”，强悍。

「译文」

御史大夫桑弘羊说："法律执行者是国家的缰绳和马嚼子，而刑罚则是国家的系船大绳和桨。因此如果缰绳和马嚼子得不到整治，即便是杰出的车夫王良也无法驱车远行；如果没有船绳和桨，即便是出色的船匠也无法渡过水流。韩非曾深感痛苦，因为那些统治者未能清晰地理解法律的力量，用以指导臣民，富强国家，增强军力，以此来对抗敌人和灾难，却迷失在无知儒者的花言巧语中，怀疑有智慧的士人的谋略，提拔那些轻浮而无实的害虫，凌驾于那些真正有功的人之上，希望以此治理国家，就像抛弃了梯子却想攀登高峰，或者没有马衔却想控制强悍的马。现在即便是刑法已经完备，人们仍旧违法，更不用说没有法律的情况下会如何了？这必然会导致社会陷入混乱！"

文学曰："辔衔者，御之具也，得良工而调。法势者，治之具也，得贤人而化。执辔非其人，则马奔驰。执轴[①]非其人，则船覆伤。昔吴使宰嚭[②]持轴而破其船，秦使赵高执辔而覆其车。今废仁义之术，而任刑名之徒，则复吴、秦之事也。夫为君者法三王，为相者法[③]周公，为术者法孔子，此百世不易之道也。韩非非先王而不遵，舍正令而不从，卒蹈陷阱，身幽囚，客死于秦。夫不通大道而小辩，斯足以害其身而已。"

「注释」

① 执轴：掌舵。

② 宰嚭（pǐ）：即太宰嚭。本名伯嚭，系春秋时楚伯州犁之孙。楚诛伯州犁，伯嚭奔吴，吴以为大夫，后任太宰，故称太宰嚭。

③ 法：仿效。

「译文」

文学之士说："马缰和马嚼子是驾驭马匹的工具，只有在熟练的车手操作下才能发挥作用。法律的力量和治理的手段，只有在贤者的引导下才能臻于化境。如果执马缰的人不优秀，马就会失控奔跑；如果掌舵的人不称职，船就可能倾覆损坏。历史上，吴国由太宰伯嚭掌舵，结果导致船只破裂；秦国由赵高执掌马缰，结果导致车辆翻覆。如果现在放弃了儒家仁义的教导，而任用那些只知刑名的人，那么历史上吴国和秦国的悲剧就会重演。君主应当学习夏禹、商汤、周文王三代圣王的法则，宰相应当效仿周公，研究思想学说的学者应当效仿孔子的教诲，这些是千百年来不变的真理。韩非背离了先王的教导，不遵循正道，最终陷入困境，被囚禁并客死他乡。不学习广博的大道而只专注于琐碎的辩论，最终只会害了自己。"

申韩第五十六

御史曰："待周公而为相，则世无列国。待孔子而后学，则世无儒、墨。夫衣小缺，憏[1]裂[2]可以补，而必待全匹而易之；政小缺，法令可以防，而必待《雅》《颂》乃治之；是犹舍邻之医，而求俞跗[3]而后治病，废污池之水，待江、海而后救火也。迂而不径，阙而无务，是以教令不从而治烦乱。夫善为政者，弊则补之，决则塞之，故吴子以法治楚、魏，申、商以法强秦、韩也。"

「注释」

① 憏（chì）：残帛。

② 裂：缯帛的残余。

③ 俞跗：传说为黄帝时的良医。

「译文」

御史大夫桑弘羊说："如果非要等着周公做丞相，那世上就不会有诸多国家了。如果非要等到孔子做老师然后才学习，那世上就不会有儒家和墨家了。衣服上破了小的缺口，明明用一小块布就能将它缝补起来，却非要等到用整匹布来换；政务上有了小的缺陷，明明用法律和禁令就可以弥补，却非要用《诗经》里的《雅》《颂》去治理。这就像生病了不求邻近的医生诊治，却非要去求远方的名医俞跗诊治一样；就像不用身边的污池废水，却非要等从长江、大海运来水之后才去救火一样。宁可绕远路却不走捷径，有了缺点却没有补救措施，这就会让人们不服法律禁令，秩序也会越来越混乱。善于执政的人，当发现弊政时就会加以弥补，有了漏洞就会立刻堵塞，所以吴起用法律和禁令将楚国和魏国治理得很好，申不害和商鞅用法家思想让秦国和韩国变得富强。”

文学曰：“有国者选众而任贤，学者博览而就善，何必是周公、孔子！故曰法之而已。今商鞅反圣人之道，变乱秦俗，其后政耗乱①而不能治，流失②而不可复，愚人纵火于沛泽，不能复振；蜂虿螫人，放死③不能息其毒也。烦而止之，躁而静之，上下劳扰，而乱益滋。故圣人教化，上与日月俱照，下与天地同流，岂曰小补之哉！”

「注释」

① 耗乱：昏乱。

② 流失：指失去良风善俗。

③ 放死：指将蜂、虿（chài，古书上说的蝎子一类的毒虫）放跑弄死。

「译文」

文学之士说：“执政的君主会从很多人中选拔出贤能之人并加以任用，有学问的人都会博览群书，择善而从，为什么非要等周公、孔子呢！不过是效法他们罢了。商鞅违反了圣人之道，让秦国的良善风俗变坏，所以秦国的政治才变得混乱而不能治理，失去良风善俗而无法恢复。这就像一个愚蠢的人在沼泽里放火，这片土地也就无法恢复原貌了。这就如同毒蜂、毒蝎咬了人，即便将蜂、蝎放跑、弄死，也无法消除它们的毒害一样。烦躁不安的时候就要想办法静下来，如果国家上下都焦躁烦扰，那混乱就会越来越严重。所以说，圣人的教化，就像日月一样光照大地，就像天地共同流转，怎么能说成小的弥补呢！”

御史曰：“衣缺不补，则日以甚，防漏不塞，则日益滋[①]。大河之始决于瓠子也，涓涓尔，及其卒，泛滥为中国害，灾梁、楚，破曹、卫，城郭坏沮，蓄积漂流，百姓木栖[②]，千里无庐，令孤寡无所依，老弱无所归。故先帝闵悼其灾，亲省河堤，举禹之功，河流以复，曹、卫以宁。百姓戴其功，咏其德，歌‘宣房塞，万福来’焉，亦犹是也，如何勿小补哉！”

「注释」

① 滋：指漏洞越来越大。

② 木栖：爬到树上栖息。

「译文」

御史大夫桑弘羊说："衣服破了不补，就会破得一天比一天更严重；堤坝漏水却不堵塞，漏洞就会一天比一天更大。当初，黄河在瓠子决口时，最开始也不过是涓涓细流而已，可到了后来竟然泛滥成灾，成了中原的一大祸害，甚至淹没了梁、楚地区，冲破了曹、卫一带，城墙被洪水冲垮，财物四处漂流，老百姓只能爬到树上栖息，千里之内都看不见房屋，孤儿寡妇没有依靠，老弱者也找不到归宿。所以，已故的武帝同情百姓受灾，亲自前去视察河堤，就像当年大禹治水一样治理黄河，黄河决口这才得以修复，曹、卫一带才终于获得安宁。百姓们感激武帝的治河之功，歌咏他的大恩大德，歌中说'宣房决口堵塞，千福万福来临'。事实就是如此，怎么能说不需要小弥补呢！"

文学曰："河决若瓮口，而破千里，况礼决乎？其所害亦多矣！今断狱岁以万计，犯法兹多，其为灾岂特曹、卫哉！夫知塞宣房而福来，不知塞乱原而天下治也。周国用之，刑错不用，黎民若四时各终其序，而天下不孤。《颂》曰：'绥我眉寿，介以繁祉[①]。'此夫为福，亦不小矣！诚信礼义如宣房，功业已立，垂拱无为，有司何补，法令何塞也？"

「注释」

① 祉（zhǐ）：幸福，福气。

「译文」

文学之士说："黄河决口之初也只有瓮口大小，可最后却能冲破千里，何况是礼义有所决口呢？它的危害势必会更多！如今，每年都有数以万计的案件，犯法的人也越来越多，它所造成的危害又岂止是曹、卫一带呢！你们只知道"堵塞宣房，幸福来临"，却不知道杜绝乱世的根源才会让天下大治。周国重礼法，而弃刑罚，百姓就像四季交替那样自然变化，各守本分，普天之下也就没有孤寡之人了。《诗经·周颂·雍》说：'保佑我平安长寿，赐给我许多幸福。'上天的赐福也算不小了！如果朝廷信仰诚信礼义，能像对待堵塞宣房那样，那么功业就能够建立，皇帝也可以垂衣拱手，无为而治了，（如此）官吏们还需要补救什么，还需要用法令去堵塞什么呢？"

御史曰："犀铫①利银，五谷之利而间草之害也。明理正法，奸邪之所恶而良民之福也。故曲木恶直绳，奸邪恶正法。是以圣人审于是非，察于治乱，故设明法，陈严刑，防非矫邪，若隐括②辅檠③之正弧刺④也。故水者火之备，法者止奸之禁也。无法势，虽贤人不能以为治；无甲兵，虽孙、吴不能以制敌。是以孔子倡以仁义而民从风，伯夷遁首阳而民不可化。"

「注释」

① 犀铫（yáo）：犀利的大锄。

② 隐括：矫正斜曲的器具。

③ 辅檠（qíng）：矫正弓弩的器具。

④ 弧刺：犹狐刺，歪斜不正。

「译文」

御史大夫桑弘羊说：“犀利的大锄，锋利的锄头，对五谷有利但对苗间的杂草有害。严明法律公正审理，是奸人歹徒所害怕的，但却是良民百姓之福。所以，弯曲的树木讨厌取直的绳墨，奸人歹徒憎恶公正的法律。因此，圣人明辨是非，洞察治乱，制定了明确的法律，颁布了严厉的刑法，防止为非作歹的现象，矫正奸邪之事，就像用隐括和辅檠去矫正曲木一样。可见，水是用来防备火灾的，法律是用来禁止奸邪的。没有法律和权力，即便是圣贤之人也不能治理国家；没有盔甲兵器，即使是孙子、吴起也无法战胜敌人。所以，孔子倡导仁义时，民众却并不听从；伯夷逃往首阳山隐居，也无法将人民感化得同他一般。”

文学曰：“法能刑人而不能使人廉，能杀人而不能使人仁。所贵良医者，贵其审消息[①]而退邪气也，非贵其下针石而钻肌肤也。所贵良吏者，贵其绝恶于未萌，使之不为，非贵其拘之囹圄而刑杀之也。今之所谓良吏者，文察[②]则以祸其民，强力则以厉其下，不本法之所由生，而专己之残心，文诛假法，以陷不辜，累无罪，以子及父，以弟及兄，一人有罪，州里惊骇，十家奔亡，若痈疽之相泞[3]，色淫之相连，一节动而百枝摇。《诗》云：‘舍彼有罪，沦胥以铺。’痛伤无罪而累也。非患铫耨之不利，患其舍草而芸[4]苗也。非患无准平，患其舍枉而绳直也。故亲近为过不必诛，是锄不用也；疏远有功不必赏，是苗不养也。故世不患无法，而患无必行之法也。”

「注释」

① 审消息：审察脉象阴阳盛衰。

② 文察：根据法律条文苛察。

③ 泞（nìng）：原意为泥浆，此处指毒疮溃烂。

④ 芸：通“耘”，除草。

「译文」

文学之士说：“法律能够判罚人，却无法让人廉洁；法律能够判人死罪，却无法让人变得仁义。人们之所以将良医看得很重，就是看重他可以准确把握脉象的阴阳盛衰，能够祛除邪气，而不是看重他懂得运用银针去扎皮肉。人们之所以将好的官吏看得很重，就是看重他可以在罪恶尚未萌发时斩断恶念，让人不去犯罪，而不是看重他知道将犯人关进大牢判刑或杀死。现在所谓的优秀官员，只知道用法律条文苛察黎民，用强权暴力去残害下属，不根据立法的初心，却专门听凭自己的残暴之心，假借法令条文的名义，去构陷无辜的民众，并株连众多无辜的亲属，儿子株连父亲，弟弟株连兄长，一人有罪，一州一里都为之惊骇，十个家庭都为之逃亡，就像毒疮持续溃烂、好色淫乱互相影响，一根枝节动摇，百根树枝摇晃。《诗经·小雅·雨无正》说：‘一人有罪，要受到惩罚，他人无罪，也要受到牵连。’诗句感伤的正是无罪而受到株连。不怕锄草的锄头不锋利，怕的是留着杂草不锄，却锄掉禾苗。不怕没有测量水平的标准，只怕舍弃曲木反而去纠正直木。因此，对关系亲密的人犯错却不处罚，就像有锄头却不锄掉杂草；对关系疏远的人有功劳却不给予奖赏，就像禾苗无法获得养育。所以，国家不怕没有法律，只怕没有切实可行的法律。”

周秦第五十七

御史曰："《春秋》无名号，谓之云盗，所以贱刑人而绝之人伦[①]也。故君不臣，士不友，于闾里无所容。故民耻犯之。今不轨之民，犯公法以相宠[②]，举弃其亲，不能伏节[③]死理，遁逃相连，自陷于罪，其被刑戮，不亦宜乎？一室之中，父兄之际，若身体相属，一节动而知于心。故今自关内侯以下，比地于伍，居家相察，出入相司[④]，父不教子，兄不正弟，舍是谁责乎？"

「注释」

① 人伦：中国古代儒家伦理学说的基本概念之一，指人与人之间的道德关系。

② 相宠：互相以为光荣。宠，尊崇。

③ 伏节：伏罪。

④ 司：通"伺"，探问消息。

「译文」

御史大夫桑弘羊说："《春秋》中不记载罪人的名号，只称他们为'盗'，目的是贬低罪犯，将他们排除在各类人之外。因此，君主不将罪犯视为臣子，士人不将罪犯视为朋友，在乡里罪犯无处立足。这使得人们羞于犯罪。现在，一些违法的人，在触犯了国法后，却相互引以为光荣，完全抛弃了对亲人的责任，不低头认罪，不断逃窜，最终自食其果，被判处刑罚，这难道不是合理的吗？在一个家庭中，父与子、兄与弟之间的关系，就像身体的各个部分紧密相连，一个关节触动，心灵便能感应。因此，现在从关内侯到普通百姓，房屋临近的五家被编为一伍，邻里之间、家庭成员之间相互检查，进出互相监督，如果父亲不教育儿子，兄长不纠正弟弟，除了父兄，还能责怪谁呢？”

文学曰：“古者，周其礼而明其教，礼周教明，不从者然后等之以刑，刑罚中，民不怨。故舜施四罪而天下咸服，诛不仁也。轻重各服其诛，刑必加而无赦，赦惟疑者。若此，则世安得不轨之人而罪之？今杀人者生，剽攻[①]窃盗者富。故良民内解怠，辍耕而陨心[②]。古者，君子不近刑人，刑人非人也，身放殛而辱后世，故无贤不肖，莫不耻也。今无行之人，贪利以陷其身，蒙戮辱而捐礼义，恒于苟生。何者？一日下蚕室[③]，创未瘳[④]，宿卫人主，出入宫殿，由得受奉禄，食大官享赐，身以尊荣，妻子获其饶。故或载卿相之列，就刀锯而不见闵，况众庶乎？夫何耻之有！今废其德教，而责之以礼义，是虐民也。

「注释」

① 剽攻：抢劫，掠夺。

② 陨心：失去信心。

③ 蚕室：古时受宫刑者的牢狱。

④ 瘳（chōu）：病愈。

「译文」

文学之士说："在古代，礼仪被精心制定，教育被明确施行。当礼仪完备且教育清晰时，就会对那些不遵守的人按照不同等级施行相应的刑罚，而这样的刑罚公正适中，民众不会因此有怨言。正因如此，舜帝对共工、兜、三苗、鲧这四个罪人施以惩罚，全天下的人都心悦诚服，因为舜帝处罚的是不仁之徒。不管罪行轻重，都会受到相应的惩罚，刑罚一旦确定就坚决实施不会轻易赦免，唯有在证据不足的情况下才会考虑赦免。如果能做到这一点，那么世上怎会有不守规矩的人并要对他们加以惩罚呢？但现在，杀人者仍然存活，抢劫和盗窃者变成了富翁。因此，善良的百姓变得内心懈怠，放弃了耕作，失去了信心。在过去，君子会远离那些受过刑罚的人，因为受刑者不被视为正常人，他们或者被流放或者被杀死，给他们的后代带来了耻辱，所以无论贤人还是不肖之人，人人都对此感到羞耻。而现在，那些品行不良的人，因贪婪而陷入牢狱，受到惩罚和羞辱，却放弃了礼义，只是为了苟且偷生。这是为什么呢？因为他们在受到宫刑进蚕室后不久，伤口尚未愈合，就被派去皇宫守卫君主，进出宫殿，享受朝廷的俸禄，食用御厨给的食物，他们自己享受尊荣，妻子儿女也因此过上富裕生活。因此，即使是位高权重的官员，面临严刑峻法刀锯之刑，也不会感到悲伤，更何况是普通百姓呢？他们还有什么羞耻可言！现在，道德教育已被废除，却用礼义来苛责百姓，这无疑是对民众的虐待。”

“《春秋传》曰：‘子有罪，执其父。臣有罪，执其君，听失之大者也。’今以子诛父，以弟诛兄，亲戚相坐，什伍[1]相连，若引根本之及华叶，伤小指之累四体也。如此，则以有罪反诛无罪，无罪者寡矣。臧文仲治鲁，胜其盗而自矜。子贡曰：‘民将欺，而况盗乎！’故吏不以多断为良，医不以多刺为工。子产刑二人，杀一人，道不拾遗，而民无诬心[2]。故为民父母，以养疾子，长恩厚而已。自首匿相坐之法立，骨肉之恩废，而刑罪多矣。父母之于子，虽有罪犹匿之，其不欲服罪尔。闻子为父隐，父为子隐，未闻父子之相坐也。闻兄弟缓追以免贼，未闻兄弟之相坐也。闻恶恶止其人，疾始而诛首恶，未闻什伍而相坐也。《老子》曰：‘上无欲而民朴，上无事而民自富。’君君臣臣，父父子子。比地何伍，而执政何责也？”

「注释」

① 什伍：古代户籍与军队的编制。户籍以五家为伍，十家为什；军队以五人为伍，二伍为什。

② 诬心：欺骗心理。

「译文」

“《春秋公羊传·成公十六》中提到：‘如果儿子犯了罪，却去逮捕他的父亲；如果臣子犯了罪，却去逮捕他的君主，这是审判中的重大失误。’现在，因为儿子的罪行而惩罚父亲，因为弟弟的罪行而惩罚兄长，亲戚之间互相牵连，邻里十家五家之间也互相连坐，这就像是把树木连根拔起连累了花朵树叶，伤了小指连带着影响四肢。这样一来，因为一人有罪导致无罪的亲属和邻居受到惩罚，普天之下无辜的人就变得稀少了。春秋时期的臧文仲治理鲁国，打败了盗贼后自我夸耀。孔子的弟子子贡说：‘普通百姓都可能欺骗，何况是盗贼呢！’因此，不能因为官员断案多就认为他是好官，也不能因为医生针灸多就认为他是良医。春秋时期郑国执政大夫子产只惩罚了两个人、处死了一个人，结果郑国的道路上无人拾遗，民众也没有欺诈之心。作为民众的父母官，应当像抚养生病的孩子一样，对他们施以厚恩。自从汉家设立了首谋藏匿罪人互相牵连的法律以来，父子兄弟骨肉之间的亲情被废弃，受刑的人数增多了。父母对子女，即使知道他们有罪，也会尽力将他们隐匿起来，就是因为不愿意承担牵连的罪责。我听说过儿子为父亲隐瞒，父亲为儿子隐瞒，但未曾听说过父子互相牵连。我听说过兄弟之间放慢追捕以让罪犯逃脱，但未曾听说过兄弟互相牵连的。我听说过仅仅针对作恶者本人的厌恶，以及对始作俑者的惩罚，但未曾听说过邻里之间十家五家互相连坐的。《老子》第五十七章说：‘当权者无私欲，民众自然朴素；当权者不过多干预，民众自然富足。’君应当如君，臣应当如臣，父应当如父，子应当如子。邻里之间何须互相牵连，执政者又何必要求他们互相监督呢？”

御史曰："夫负千钧之重，以登无极[1]之高，垂峻崖之峭谷，下临不测之渊，虽有庆忌之捷，贲、育之勇，莫不震慑悼栗[2]者，知坠则身首肝脑涂山石也。故未尝灼而不敢握火者，见其有灼也。未尝伤而不敢握刃者，见其有伤也。彼以知为非，罪之必加，而戮及父兄，必惧而为善。故立法制辟，若临百仞之壑，握火蹈刃，则民畏忌，而无敢犯禁矣。慈母有败子，小不忍也。严家无悍虏，笃责急也。今不立严家之所以制下，而修慈母之所以败子，则惑矣。"

「注释」

① 无极：没有穷尽，看不到山顶。

② 栗：恐惧。

「译文」

御史大夫桑弘羊说："承担着千钧之重，攀登那望不到顶的高峰，悬崖峭壁之上，深渊之下，即便是庆忌那般敏捷、孟贲和夏育那样勇猛的人，也都会心惊胆战，因为他们知道一旦跌落，必将身首异处，肝脑涂地。所以，那些未曾被火烧伤的人也不敢去触火，因为他们见过别人被火烧伤的后果；那些未曾被刀割伤的人也不敢去触刀，因为他们见过别人被刀割伤。人们知道为非作歹就会受到惩罚，甚至连累到自己的父兄，自然会因恐惧而选择行善。因此，制定法律就像是面临百仞的深渊边缘，如同手握炽热的火焰、脚踏锋利的刀刃，这会让人民感到畏惧忌惮，没人敢违反禁令。慈母往往养出败家子，因为她不忍心对孩子的小过失严加管教。而严格的家庭则没有无法无天的仆人，因为他们的管教严厉而迅速。现在，如果不采取严格的家庭管教措施，反而效仿慈母养育败家子的方式，那就太糊涂了。”

文学曰：“纣为炮烙[①]之刑，而秦有收帑之法[②]，赵高以峻文决罪于内，百官以峭法断割[③]于外，死者相枕席[④]，刑者相望，百姓侧目重足，不寒而栗。《诗》云：‘谓天盖高，不敢不局。谓地盖厚，不敢不蹐。哀今之人，胡为虺蜥！’方此之时，岂特冒蹈刃哉？然父子相背，兄弟相嫚，至于骨肉相残，上下相杀。非刑轻而罚不必，令太严而仁恩不施也。故政宽则下亲其上，政严则民谋其主，晋厉以幽，二世见杀，恶[⑤]在峻法之不犯，严家之无悍虏也？圣人知之，是以务和而不务威。故高皇帝约秦苛法，以慰怨毒之民，而长和睦之心，唯恐刑之重而德之薄也。是以恩施无穷，泽流后世。商鞅、吴起以秦、楚之法为轻而累之，上危其主，下没其身，或非特慈母乎！”

「注释」

① 炮烙：本作“炮格”。相传是殷代所用的一种酷刑。用炭烧铜柱使热，令有罪者爬行其上。人堕入火炭中即被烧死。

② 收帑之法：将犯人妻子收录为官府奴婢。帑，通“孥（nú）”，妻子儿女。

③ 断割：指肢体被斩断刺割。

④ 枕席：同“枕藉”，纵横相枕而卧。

⑤ 恶：通“乌”，哪里。

「译文」

文学之士说：“纣王制定了残酷的炮烙之刑，秦国实行了收录罪人妻子儿女为官府奴婢的法令，赵高在朝内依据严苛的法规定罪，百官在各郡县以严酷的法律斩断刺割民众的身体，被杀的人互相枕藉，受刑者随处可见，百姓们侧目而行，步履维艰，无不战栗。《诗经·小雅·正月》中说：‘天如此之高，人们不敢不低头；地如此之厚，人们不敢不小心翼翼地行走。可悲的是现今的人们，怎么都变成了毒蛇和蜥蜴！’在那样的时代，岂止是冒着烈火、脚踏刀刃呢？然而，父子之间背离，兄弟之间互相欺骗，甚至亲人间相互残杀，上下阶层互相仇杀。这并非因为刑罚过轻或执行不严，而是因为法令过于严苛，缺乏仁义和恩德。政策宽容时，民众会亲近上层；政策严苛时，民众则会谋害其主。晋厉公因政策严苛被囚禁至死，秦二世胡亥被赵高杀害，这哪里是峻法之下无人敢犯、严厉的家庭无悍奴呢？圣人明白这一点，因此务必追求和谐而非威严。所以高祖皇帝简化了秦朝的苛刻法律，以此安抚对朝廷怨恨的民众，培养百姓和睦的心态，唯恐刑罚过重导致仁德不足。因此，汉朝的恩德广施无穷，福泽流传至后世。商鞅、吴起认为秦楚的法律过轻而增设法令，结果危及了君主，自身也遭殃，这或许并不仅仅是因为慈母的溺爱吧！”

诏圣第五十八

御史曰："夏后氏不倍言，殷誓，周盟，德信弥衰。无文、武之人，欲修其法，此殷、周之所以失势，而见夺于诸侯也。故衣弊而革才[①]，法弊而更制。高皇帝时，天下初定，发德音，行一切[②]之令，权也，非拨乱反正之常也。其后，法稍犯，不正于理。故奸萌而《甫刑》作，王道衰而《诗》刺彰，诸侯暴而《春秋》讥。夫少目之网不可以得鱼，三章之法不可以为治。故令不得不加，法不得不多。唐、虞画衣冠非阿，汤、武刻肌肤非故，时世不同，轻重之务异也。"

「注释」

① 革才：重新裁制新衣。才，通"裁"。

② 一切：一时权变。

「译文」

御史大夫桑弘羊说："夏朝人从不违背诺言，殷朝人只相信立誓，到了周朝只有订立盟约才能取信，可见道德信用越来越衰落。

没有周文王、周武王时期的人，却想推行他们那个时候的法律，这就是殷商和周朝失去权势，被诸侯夺取天下的原因。所以，等衣服破了就要去裁制新衣，等法律出了问题就要重新制定。高祖皇帝时期，天下刚刚安定，高祖皇帝发号施令，实施德政，这是一时的法令，而不是拨乱的正常法令。后来，犯法的人越来越多，讼诉无法获得正确处理。因此，随着奸邪之事不断出现，才有了《尚书·甫刑》的诞生；随着王道衰微，才有了《诗经》那些讽刺诗的出现；诸侯暴虐，所以才出现《春秋》进行讥刺。渔网的网眼少了，就无法捕捉鱼类，高祖临时制定的“约法三章”不能长久治民，所以法令才不得不增加，法条才不得不增多。尧、舜时期在衣冠上画图不是出于袒护，汤、武时期对犯人使用肉刑也不是故意严惩犯人。这是因为时代不同，刑罚的轻重也不一样。”

文学曰：“民之仰法，犹鱼之仰水，水清则静，浊则扰；扰则不安其居，静则乐其业；乐其业则富，富则仁生，赡则争止。是以成、康之世，赏无所施，法无所加。非可刑而不刑，民莫犯禁也；非可赏而不赏，民莫不仁也。若斯，则吏何事而理？今之治民者，若拙御之御马也，行则顿之，止则击之。身创于棰，吻[①]伤于衔，求其无失，何可得乎？乾谿[②]之役土崩，梁氏内溃，严刑不能禁，峻法不能止。故罢马不畏鞭棰，罢民不畏刑法。虽曾而累之，其亡益乎？”

「注释」

① 吻：嘴唇。

② 乾谿（xī）：地名。春秋时属楚。

「译文」

文学之士说："百姓依赖法律，就像鱼依赖水一样，水清鱼就安静，水浑鱼就会受到惊扰。同样，社会混乱，百姓就会受到惊扰而无法安居；社会清静，百姓才会安居乐业。安居乐业才会富裕，富裕才会让仁义产生，丰足才会停止纷争。所以，在成、康时期，没有什么奖赏，也没有什么法令可加。不是能够判刑却不判刑，而是因为百姓没人犯禁；不是能够奖赏却不奖赏，而是因为百姓没有人不仁义。如此一来，官吏还有什么事需要处理呢？可现在治民的官吏，就像笨拙的车夫驾驶马车，马在行走时却要它停下来，马停下来时却又去鞭打它。马的身体被鞭棰抽伤，嘴角被马嚼子勒破，这种情况下还要求马不犯错，这怎么可能呢？楚灵王因为修建乾谿台，所以国家土崩瓦解，梁国从内部开始崩溃，就连严刑峻法也无法禁止。所以，疲惫的马是不怕鞭棰的，疲惫的百姓也是不怕刑法的。因为即便用严刑峻法来束缚他们，对改变国家灭亡这件事也不会产生有益的作用。"

御史曰："严墙三刃，楼季[①]难之；山高干云[②]，牧竖登之。故峻则楼季难三刃，陵夷则牧竖易山巅。夫烁金[③]在炉，庄跻不顾；钱刀在路，匹妇掇之；非匹妇贪而庄跻廉也，轻重之制异，而利害之分明也。故法令可仰而不可逾，可临而不可入。《诗》云：‘不可暴虎，不敢冯河。’为其无益也。鲁好礼而有季、孟之难，燕哙好让而有子之之乱。礼让不足禁邪，而刑法可以止暴。明君据法，故能长制群下，而久守其国也。”

「注释」

① 楼季：战国时魏国善于腾跳的勇士。

② 干云：高入云霄。

③ 烁金：熔化金属。烁，通“铄”。

「译文」

御史大夫桑弘羊说：“两丈多高的高墙，即便是善于登高的楼季也难以攀登；高耸入云的山峰，连牧童也可以登上山顶。因为高墙险峻，会让楼季难于登上，因为山坡平缓，所以牧童才能轻易攀登山顶。将熔化的黄金扔在火炉里，连庄蹻都不会看一眼；将钱币丢在路上，普通的妇女也会拾捡它。这并不是说普通妇女贪婪而庄蹻廉洁，只是因为法律处置的轻重不同，所以利害分明。因此，法令是能够信赖且不可逾越的，是可以面对但不可侵犯的。《诗经·小雅·小旻》说：‘不可赤手空拳与猛虎搏斗，不能没有舟船就去渡河。’因为这样做是没有好处的。鲁国崇尚礼义却出现了季孙氏、孟孙氏之灾，燕哙迷信禅让却导致子之之乱。可见礼让不足以禁止奸邪，但刑法却能够防止暴乱。圣明的君主依靠法令，所以能够长期统治臣下，长久地守住政权。”

文学曰："古者，明其仁义之誓，使民不逾；不教而杀，是虐民也。与其刑不可逾，不若义之不可逾也。闻礼义行而刑罚中，未闻刑罚行而孝悌兴也。高墙狭基，不可立也。严刑峻法，不可久也。二世信赵高之计，渫[1]笃责而任诛断，刑者半道，死者日积。杀民多者为忠，厉民悉者为能。百姓不胜其求，黔首[2]不胜其刑，海内同忧而俱不聊生。故过任之事，父不得于子；无已之求，君不得于臣。死不再生，穷鼠啮狸[3]，匹夫奔万乘，舍人折弓，陈胜、吴广是也。当此之时，天下俱起，四面而攻秦，闻不一期而社稷为墟，恶在其能长制群下，而久守其国也？"

御史默然不对。

「注释」

① 渫（xiè）：繁重。

② 黔首：战国、秦时对国民的称谓。

③ 穷鼠啮狸：狸，狸猫。比喻被人欺压过甚，虽力不敌，亦必反噬。

「译文」

文学之士说："古时候，用仁义誓约来约束百姓，让百姓不违反礼仪。不进行教育就杀戮，这是在残害民众。与其制定刑法，让其不可违反，倒不如提倡礼仪，让百姓不敢违反。听说过推行礼义，就能让刑罚适中，却没听说过推行刑罚，就能让孝悌之风兴起的。在狭窄的地基上修筑高墙，势必是无法建成的；用严刑峻法来治理国家，势必是不能长久的。秦二世胡亥听信了赵高的计谋，施行繁重的刑罚，路上的行人有一半都受过刑，被处死的也日益增多。官吏通过多杀百姓来表示忠诚，想方设法残害百姓来展示能力。百姓承受不了官府的苛求，人民受不住朝廷的严刑，国内的百姓有共同的忧患，而无法生存下去。所以，超过能力范围的事，就连父亲也无法获得儿子的帮助，连君主也不能对臣子提出无止境的要求。如果到了穷途末路的地步，走投无路的老鼠也敢啃咬狸猫，匹夫也会奔向君主与他拼命，贵族的门客也敢杀死主人，陈胜、吴广就是这样的人。到那个时候，天下共同起义，从四面八方攻打秦朝，听说不到一年的时间，秦朝就覆灭了，哪里又能够长期统治臣民，长久地守住政权呢？”

御史默然不答。

大夫曰：“瞽师[①]不知白黑而善闻言，儒者不知治世而善訾议。夫善言天者合之人，善言古者考之今。令何为施？法何为加？汤、武全肌骨而殷、周治，秦国用之，法弊而犯。二尺四寸之律，古今一也，或以治，或以乱。《春秋》原罪，《甫刑》制狱。今愿闻治乱之本，周秦所以然乎？”

「注释」

① 瞽（gǔ）师：盲人乐师。

「译文」

御史大夫桑弘羊说："盲人乐师虽然不知白黑，却擅长辨别声音；儒生虽然不懂如何治国，却擅长批评朝廷。善于讨论天道的人应当能够合乎人间的事，善于谈论古代的人应当能够考察如今的实际情况。政令为什么要实行？法条为什么要增加？商汤、周武王实施肉刑而国家能够获得治理，秦朝使用周朝的法律但仍然有人犯法。就制定写在二尺四寸竹简之上的法律来说，古今都是一样的，有的因为法律而治理好了，有的因为法律却陷入大乱。《春秋》主张根据动机来追究犯罪，《甫刑》则要求根据刑法断案。现在我想听一听治和乱的根本原因，导致周朝和秦朝一治一乱的原因是什么呢？"

文学曰："春夏生长，圣人象而为令。秋冬杀藏，圣人则而为法。故令者教也，所以导民人；法者刑罚也，所以禁强暴也。二者，治乱之具，存亡之效也，在上所任。汤、武经礼义，明好恶，以道其民，刑罪未有所加，而民自行义，殷、周所以治也。上无德教，下无法则，任刑必诛，劓鼻盈蔂①，断足盈车，举河以西，不足以受天下之徒，终而以亡者，秦王也。非二尺四寸之律异，所行反古而悖民心也。"

「注释」

① 劓（yì）鼻盈蔂（léi）：割下的鼻子装满土筐。劓，中国古代割

掉犯人鼻子的刑罚。蔂，盛土的土筐。

「译文」

文学之士说："春夏万物生长，圣人效法这种天道而制作政令。秋冬万物肃杀，圣人效法这种天道而制定法律。所以，令就是教化的意思，它是用来教化民众的工具；法律意味着刑罚，是用来禁止强暴的方式。法令二者，都是治理国家的工具，也都有存国、亡国的效果，关键在于君主如何使用法律。商汤、周武王运用礼义作治理国家的纲领，明辨善恶，引导民众，虽然没有施加刑罚，但民众却能自己遵行礼义，这是殷、周治理得好的原因。上面不用德行教化，下面没有法则，滥用刑罚，厉行诛杀，割下的鼻子装满了土筐，砍下的脚装满了车，以至于整个黄河以西的地区，都不足以容纳天下的犯人，最终才导致了国家的灭亡，秦始皇就是如此。这并不是写在二尺四寸的竹简上的法律有什么不同，而是秦朝所做的事情违反了古人的传统、违背了民心。"

大论第五十九

大夫曰："呻吟槁简[①]，诵死人之语，则有司不以文学。文学知狱之在廷后而不知其事，闻其事而不知其务。夫治民者，若大匠之斫，斧斤而行之，中绳[②]则止。杜大夫、王中尉之等，绳之以法，断之以刑，然后寇止奸禁。故射者因槷[③]，治者因法。虞、夏以文，殷、周以武，异时各有所施。今欲以敦朴之时，治抏弊之民，是犹迁延而拯溺，揖让而救火也。"

「注释」

① 槁简：谓破旧的简册。

② 中（zhòng）绳：木工用墨线取直，因谓合乎墨线为"中绳"。

③ 槷（niè）：箭靶。

「译文」

御史大夫桑弘羊说："哼唱干枯破旧的竹筒，背诵死人的言论，这样的官员不像文学之士。那些文学之士只知道监狱在朝廷之后，却对狱中的实际情况一无所知，即便听闻了一些，也不明白该如何处理。治理百姓就像木匠施工，挥动斧斤，一旦符合绳墨就会停下手来。像杜周这样的大夫、王温舒这样的中尉，他们用法律来惩处罪犯，用刑罚来断定罪行，这样一来，盗贼就会停止他们的行为，邪恶就会被制止。所以说，射箭的人依靠箭靶来瞄准，治理国家的人则依靠法律。虞、夏时期依靠文治，殷、周时期则依靠武力，不同的时代有不同的治理方法。现在想要用古时候的简朴教育来治理今天狡猾的民众，就像拖延着去救落水的人、打躬作揖去扑灭火灾一样。”

文学曰：“文王兴而民好善，幽、厉兴而民好暴，非性之殊，风俗使然也。故商、周之所以昌，桀、纣之所以亡也，汤、武非得伯夷之民以治，桀、纣非得跖、跻之民以乱也，故治乱不在于民。孔子曰：‘听讼吾犹人也，必也使无讼乎！’无讼者难，讼而听之易。夫不治其本而事其末，古之所谓愚，今之所谓智。以棰楚正乱，以刀笔[①]正文，古之所谓贼，今之所谓贤也。”

「注释」

① 刀笔：诉讼状文，此处指刑罚。刀笔原意为写字的工具。古代用笔在竹简上写字，有误则用刀刮去重写，所以“刀笔”连称。

「译文」

文学之士说：“当文王执政时，人们倾向于行善；而在幽王和厉王时代，人们却偏向暴行。这并非人们本性发生了变化，而是时代的风气造就了他们。所以，商和周朝的兴盛，以及桀王和纣王的灭亡，并不是因为汤王和武王得到了伯夷这样的民众才天下大治，也不是因为桀王和纣王得到跖和跻这样的民众才导致大乱，治理与混乱并不取决于民众本身。《论语·颜渊》中孔子说过：‘在审判诉讼上，我和别人没有两样，最好是让诉讼本身不再存在。’要让诉讼不存在是很难的，而处理诉讼则相对容易。不从根本上解决问题，只是处理表面现象，古人认为这是愚蠢的，而现代人却认为这是智慧的。用棰杖荆条来纠正混乱，用法吏刀笔判词来纠正文治，古人认为这是破坏，而现代人认为这是贤明。”

大夫曰：“俗非唐、虞之时，而世非许由之民，而欲废法以治，是犹不用隐括斧斤，欲挠曲直枉也。故为治者不待自善之民，为轮者不待自曲之木。往者，应少、伯正之属溃梁、楚，昆卢、徐谷之徒乱齐、赵，山东、关内暴徒，保[1]人阻险。当此之时，不任斤斧，折之以武，而乃始设礼修文，有似穷医，欲以短针而攻[2]疽，孔丘以礼说跖也。”

「注释」

① 保：通“堡”，聚集。

② 攻：此处意为治疗。

「译文」

御史大夫桑弘羊说：“如今的风俗已不同于唐、虞时代，人们也不再像许由那样纯朴，然而想要通过废除法律来治理国家，就像不用纠正曲木的工具和斧斤去矫正木头，期望能够把木头从弯的弄直、直的弄弯一样。所以，治理国家的人不应指望民众自发地变得善良，制造车轮的工匠也不应期待木材自己变得弯曲适合。过去，像应少、伯正这样的人颠覆了梁、楚，昆卢、徐谷这样的团伙扰乱了齐、赵，山东和关内的暴民，依仗险要聚集人众。在那样的时候，如果不使用刑罚和武力去制服他们，反而要建立礼仪和文化，那就像一个医术不精的医生，试图用短针头治疗深层的脓肿，或者像孔子试图用礼义去说服盗跖一样无效。”

文学曰：“残材木以成室屋者，非良匠也。残贼民人而欲治者，非良吏也。故公输子因木之宜，圣人不费[1]民之性。是以斧斤简用，刑罚不任，政立而化成。扁鹊攻于凑理，绝邪气，故痈疽不得成形。圣人从事于未然，故乱原无由生。是以砭石藏而不施，法令设而不用。断已然，凿已发者，凡人也。治未形，睹未萌者，君子也。”

「注释」

① 费：通“拂”，违背。

「译文」

文学之士说：“用劣质的木头建造房屋，并不是一个优秀的木匠的做法。用残酷的手段治理人民，也不是一个称职的官员的所为。因此，像鲁班那样的大师会根据木材的自然特性来加工，而圣人则不会违背人民的本性。这就是为什么优秀的木匠很少需要斧头，而明智的官员不会滥用刑罚，一旦政策确立，教化自然而然地形成。扁鹊在治疗时会直接让药作用于病变的部位，切断病源，因此严重的疮病无法形成。圣人总是预先处理事情，因此混乱的根源就无法产生。这就是为什么治疗用的石针会被收起来而不用，法律虽然制定但不必施行。诊断已经显露的病情，处理已经发生的事情，这是普通人的做法。而能够治疗尚未完全形成的疾病，预见尚未发生的事情，这是君子的行为。”

大夫曰：“文学所称圣知者，孔子也，治鲁不遂，见逐于齐，不用于卫，遇围于匡，困于陈、蔡。夫知时不用犹说，强也；知困而不能已，贪也；不知见欺[1]而往，愚也；困辱不能死，耻也。若此四者，庸民之所不为也，而况君子乎！商君以景监见，应侯以王稽进。故士因士，女因媒。至其亲显，非媒士之力。孔子不以因进见而能往者，非贤士才女也。”

「注释」

① 见欺：被欺骗。

「译文」

御史大夫桑弘羊说："在文学领域被誉为圣人和智者的，是孔子。孔子在治理鲁国时未能成功，被逐出齐国，在卫国也无缘任职，曾在匡地被围攻，又在陈蔡之地受困。他明知自己不会为当时的人所用，仍旧坚持向各国君主进言，这是固执；明知自己处于困境却不愿放弃，这是贪婪；不明白自己会受到欺骗而投身其中，这是愚蠢；在受辱和困境中不能以死保节，这是耻辱。以上四种行为，即使普通百姓也不会去做，更何况是君子呢！商鞅得以见秦孝公是因为景监的推荐，应侯范雎是因为王稽的引荐而被用。所以说，士人依靠其他士人的推荐，女子依赖媒人的介绍。但要想真正接近君主并得到提拔平步青云，那就不是媒人或士人能力所及的了。孔子并非依靠他人的推荐去见诸侯，而是自己游历各国，这表明孔子并非贤士才女那样的人。"

文学曰："孔子生于乱世，思尧、舜之道，东西南北，灼头濡足，庶几世主之悟。悠悠者皆是，君暗，大夫妒，孰合有媒？是以嫫母饰姿而矜夸，西子彷徨而无家。非不知穷厄而不见用，悼痛天下之祸，犹慈母之伏死子也，知其不可如何，然恶已。故适齐，景公欺之，适卫，灵公围，阳虎谤之，桓魋害之[①]。夫欺害圣人者，愚惑也；伤毁圣人者，狂狡[②]也。狡惑之人，非人也。夫何耻之有！《孟子》曰：'观近臣者以所为主，观远臣者以其所主。'使圣人伪容苟合，不论行择友，则何以为孔子也！"

「注释」

① 桓魋（tuí）害之：《史记·孔子世家》："孔子去曹适宋，与弟子习礼大树下。宋司马桓魋欲杀孔子，拔其树。孔子去。弟子曰：'可以速矣。'孔子曰：'天生德于予，桓魋其如予何！'"

②狂狡：疯狂狡诈的人。

「译文」

文学之士说："孔子出生在动荡的时代，怀念尧舜的治国之道，他走遍天下，不惜头顶烈日，脚踩泥泞，只为唤醒那些昏庸的君主。但世间普遍如此，君主愚昧，大夫嫉妒，谁能为孔子牵线搭桥呢？所以丑陋的嫫母装扮自己以夸耀美貌，而西施这样的美人却徘徊无依。孔子并非不知道自己在这困苦时世中难以被用，他是为了哀悼这个世界的灾祸，就像一位慈母对着逝去的孩子一样，他明白自己无能为力，但又怎能放弃呢？因此，他去了齐国，遭到景公的欺骗；去了卫国，被灵公派人围攻；阳虎诽谤他，桓魋加害于他。那些欺骗和伤害圣人的人，是愚昧而迷惑的；那些诋毁圣人的人，是疯狂而狡诈的。这些狡诈和疯狂的人，根本不配称为人。他们哪里有什么羞耻感呢！孟子曰：'观察一个君主的近臣，可以通过他所接待的人来判断；观察一个君主的远臣，可以通过他所依附的主人来判断。'如果圣人为了迎合而伪装自己，不按照品德来选择朋友，那么他怎么能成为孔子呢！"

大夫抚然[①]内惭，四据[②]而不言。

当此之时，顺风承意之士如编，口张而不歙[3]，舌举而不下，暗然而怀重负而见责。

大夫曰：“诺，胶车倏逢雨[4]，请与诸生解。”

「注释」

① 抚然：茫然自失貌。抚，通“怃（wǔ）”。

② 四据：四肢疲乏。古人席地跪坐，臀部放在足跟之上，两手离席很近，疲乏时以两手触地。

③ 歙（xī）：通“噏”，合。

④ 胶车倏（shū）逢雨：车子用胶粘合，遇到雨水后会散开，亦以喻分解。

「译文」

大夫感到失望，羞愧难当，四肢疲乏而沉默不语。

在那时，那些随波逐流、巴结领导的人们排成一列，嘴巴张得大大的合不上，舌头卷起来也放不下，面带忧郁之色，仿佛背负着沉重的担子受到责备一般。

大夫说：“好的，就像突如其来的雨水打湿了胶车，各位学者请解散吧。”

杂论第六十

客曰："余睹盐铁之义[①]，观乎公卿、文学、贤良之论，意指殊路，各有所出，或上仁义，或务权利。

"异哉吾所闻。周、秦粲然，皆有天下而南面焉，然安危长久殊世。始汝南朱子伯为予言：当此之时，豪俊并进，四方辐凑[②]。贤良茂陵唐生、文学鲁国万生之伦，六十余人，咸聚阙庭，舒六艺之风，论太平之原。智者赞其虑，仁者明其施，勇者见其断，辩者陈其词。訚訚焉，侃侃焉，虽未能详备，斯可略观矣。然蔽于云雾，终废而不行，悲夫！公卿知任武可以辟地，而不知广德可以附远[③]；知权利可以广用，而不知稼穑可以富国也。近者亲附，远者说德，则何为而不成，何求而不得？不出于斯路[④]，而务畜利长威，岂不谬哉！

「注释」

① 义：通"议"，商量，讨论。

② 辐凑：车辐凑集于毂上，比喻人或物集聚一处。

③ 附远：使远方异族归附。

④ 斯路：这个思路，指上文所说的“广德可以附远”“稼穑可以富国”。

「译文」

看客说：“我看了关于盐铁政策的辩论，观察了公卿、学者和贤良们的争论，发现他们的观点和目的截然不同，各自基于不同的理念，有的追求道德仁义，有的专注于权力和利益。

“我听闻的却是另一番景象。周朝和秦朝虽然都曾拥有天下，统治四方，但他们的安危和国运的长短却大相径庭。曾有一位汝南的朱子伯告诉我：在盐铁会议召开之际，英才豪杰齐聚一堂，来自四面八方。像茂陵唐先生这样的贤人，像鲁国万先生这样的学者，共有六十多人，他们在皇宫前集结，传播《诗》《书》《礼》《乐》《易》《春秋》的六经之教，探讨实现太平盛世的根本之道。智者提出深思熟虑的计策，仁者阐述如何施行善政，勇者果断地做出决策，辩者激昂地展示他们的辩才。他们或正直恭敬，或温和愉快地讨论，虽然无法完全展现每个人的风采，但已足以窥见一斑。然而，由于政治上的迷雾和障碍，这些学者的见解最终被抛弃，未能付诸实践，这实在令人悲哀！朝中的公卿们只知道依靠武力可以开疆扩土，却不明白广泛施行仁德可以使远方异族归附；他们只知道利用权力和财富可以扩大财源，却不知道勤劳的农耕可以使国家富强。如果邻近的国家亲近投靠，远方的民族因仁德而来归，那么有什么事情做不到，有什么想要的得不到呢？遗憾的是，这些公卿们并不按照这样的思路行事，而是忙于积累财富、展示武力，这难道不是荒谬的吗？

“中山刘子雍言王道，矫当世，复诸正，务在乎反本。直而不徼[①]，切而不炼[②]，斌斌然斯可谓弘博君子矣。九江祝生奋由路之意，推史鱼之节，发愤懑，刺讥公卿，介然直而不挠，可谓不畏强御矣。桑大夫据当世，合时变，推道术，尚权利，辟略小辩，虽非正法，然巨儒宿学恧然[③]，不能自解，可谓博物通士矣。然摄卿相之位，不引准绳，以道化下，放于利末，不师始古。《易》曰：‘焚如弃如。’处非其位，行非其道，果陨其性，以及厥宗[④]。车丞相即周、吕之列，当轴处中，括囊不言，容身而去，彼哉！彼哉！若夫群丞相御史，不能正议，以辅宰相，成同类，长同行，阿意苟合，以说其上，斗筲之人，道谀之徒，何足算哉！”

「注释」

① 徼：窃取，抄袭。

② 炼（suǒ）：空洞，没有意味。

③ 恧（nǜ）然：惭愧的样子。

④ 厥宗：殃及宗族。

「译文」

“中山郡儒生刘子雍先生讲述了君王之道，力图纠正当时的错误，期望恢复正统的治理，回到王道根本。他的言论直率而不抄袭前人，深刻实际而不空洞，他风范典雅，真可称得上是一位博学的君子。九江郡祝先生则激扬着子路的精神，继承了史鱼的坚定，他激昂地表达了自己的愤怒，尖锐地批评了公卿的弊病。他正直不屈，真是不怕权势的勇士。桑弘羊大夫顺应时代的变化，推崇法家的策略，重视权力和利益，虽然他的方法不算正统，却使那些学识渊博的儒者面带惭色，无法自拔，他可称为知识渊博的通才。然而，他在卿相的位置上，未能以正道指引人，而是追求利益，没有效仿古代的圣贤。《周易·离卦》九四爻辞说：‘向上焚烧，弃之于道。’桑弘羊大夫处于被抛弃的位置，行为不符合正道，最终导致了自己的灭亡，甚至殃及了他的宗族。至于车千秋丞相，他处于周公、吕望那样的高位，像车轴一样稳固朝政，但他却选择了沉默，保全自己而离开，这样的人啊！这样的人啊！至于那些丞相和御史们，他们没有能力通过正确的辩论来辅助宰相，只是迎合同僚，助长同流合污，阿谀奉承，以取悦于上级，这些小人，这些谄媚之辈，又怎能算得上是真正的官员呢！”